급진적으로
존
재
하
기

장애는 용감한 투쟁이나
'역경에 맞서는 용기'가 아니다.
장애는 기예이며,
독창적인 삶의 방식이다.

닐
마
커
스

당신을 움츠러들게 하는 사람은
당신 자신만이 아니지만,
당신을 당당하게 만들 사람은
바로 당신이라는 것을
기억하라.

시
허
라
로

'특별하다 special'는 말이
장애와 관련해 쓰일 때는
너무 자주 '뻥 a bit shit'이다.

스
텔
라
영

맥
신
홍
킹
스
턴

파괴의 시대에,
무언가를 창조하라.

그
레
이
스
리
보
그
스

우리의 공동체에서
서로를 위해
함께 사랑하고
봉사하고 창조하는
무한대의 능력을
발휘해야 할 때다.

나의 어린 시절과,
미래를 상상하기 어려웠던 모든 장애아들에게.
세상은 우리의 것이고,
그렇게 만드는 일은 모두를 위한 것이다.

일러두기

단행본 및 신문·잡지 제목은《 》,
예술 작품 및 글 제목은〈 〉로
표기했다.

옮긴이 주는 본문 내 [   ]로 덧붙였다.

영단어 crip(cripple을 줄인 속어)을
직역하면 '불구', '병신'으로 장애인을
비하하는 표현이나 장애운동 및
학계에서는 이를 자긍심의 용어로
재전유하고 있다. 이 책에서도
'비장애중심적 관행을 새롭게 해석하고
이에 저항하는 존재 혹은 실천'의
뜻으로 사용된다. 이를 한국어로 옮길
경우 그 뉘앙스를 살리기 어려워
'크립'으로 표기했다.

이 책에 주요하게 언급되는 '장애 정의
Disability Justice'는 장애인권 운동을
기반으로 장애와 인종·젠더 측면에서의
소수자성, 그리고 원주민, 홈리스,
이민자, 수감자 등 소외된 정체성 간
상호교차성을 포괄하며 연대·연립하는
운동의 흐름이다.

급진적으로 존재하기

장애, 상호 교차성, 삶과 정의에 관한 최전선의 이야기들

앨리스 셰퍼드, 엘런 새뮤얼스,
해리엇 맥브라이드 존슨, 질리언 와이즈,
레아 락시미 피에프즈나-사마라시냐 등 지음

앨리스 웡 엮음

가망서사

목차

PART 1

존재하기

BEING

PART

2

되어가기

BECOMING

PART

4

연
결
하
기

CONNECTING

한국의
독자들에게

앨리스 윙

급진적으로
존재하기

저는 50여 년 전 미국으로 이주한 중국계 이민자 가족의 맏딸이고 장애인입니다. 제가 어렸을 때 가족과 함께 친척 방문차 홍콩에 간 적이 있습니다. 그곳의 공공장소에서 저는 저와 닮은 사람을 전혀 보지 못했습니다. 장애인이라고는 구걸하는 사람들뿐이었죠. 다들 저를 쳐다보았습니다. 상점과 식당에서는 저를 불운하고 저주받은 사람 취급하며 나가달라고 했습니다. 장애인을 대하는 문화가 후진적이기도 했지만, 제가 아시아계 미국인이라는 점 때문에 현실이 훨씬 더 복잡하고 미묘하다는 것을 알았습니다. 많은 미국인들은 자국이 장애인권, 접근성, 포용성과 관련해 세계에서 가장 앞서 있다고 주장합니다. 역사가 풍부하고 차별을 금지하는 법제도도 강력하다고 말이죠. 하지만 저는 그런 서구 중심의, 제국주의적 관점에 전혀 동의하지 않습니다.

　장애인은 '장애'라는 단어의 존재 여부와 상관없이 어디에나 있습니다. 언어는 역동적이며 장애의 의미도 다양합니다. 올바르거나 우월한 단 하나의 정의는 없습니다. 어디에서나 장애인들은 여전히 침묵을 강요당하고, 숨겨져 있고, 낙인찍혀 있으며, 비인간적인 대우를 받습니다. 장애인이 눈에 보이든 그렇지 않든 우리는 존재하며, 그것이 정의롭고 정치적인 사회 변화를 꾀하는 모든 운동이 **장애 가시화**의 과제를 포함해야 하는 이유입니다. 저 역시 미국에서 적절한 공공 의료 서비스를 받기 위해 분투해온 사람으로서, 한국 정부의 굴욕적인 장애등급제를 바꾸고자 투쟁해온 한국 장애인들에게 연대감을 느낍니다. 2022년에는 전국장애인차별철폐

연대가 서울 지하철역에서 출퇴근 시간대에 지하철 탑승 시위를 했다는 기사를 읽으며 자긍심을 느꼈습니다. 비장애중심주의와 불평등에 맞서 싸우는 것은 보편적인 일입니다. 세상이 알아주지 않더라도, 장애인은 세상을 바꾸고 있습니다.

이 책《급진적으로 존재하기: 장애, 상호교차성, 삶과 정의에 관한 최전선의 이야기들》은 코로나19가 처음 발생하고 몇 달 후에 미국에서 출간되었습니다. 저는 장애인의 아름다운 다양성과 지혜를 선보이려는 목적으로 저자들을 엄선하고 신중하게 편집했습니다. 이 책은 장애인의 생생한 경험을 깊이 있게 다루고 있으며 누군가에게 인정받거나 수용되려는 의도가 전혀 없습니다. 이 글들은 바로 우리 자신이고, 우리가 중요하게 생각하는 것들입니다. 전 세계 각국이 팬데믹에 대응하는 과정에서 고령자, 빈민, 장애인, 면역력이 약한 사람들이 가장 큰 피해를 입었습니다. 만약 우리가 우리의 전문성, 창의성, 통찰의 가치를 발휘할 수 있는 세상에 살았다면 달랐을 겁니다. 우리를 중심으로 사회가 구성된다면, 다른 세상도 실현될 수 있습니다.

우리 스스로 우리를 위해 진정성 있게 이야기하는 일은 시작에 불과합니다. 이런 이야기들은 주류 문화와 미디어에서 재현되지 못한 사람들의 삶을 변화시킬 수 있습니다. 지금 여러분이 읽고 있는 이 책은 장애에 대한 생각의 방식에 의문을 제기하고, 그것을 바꾸기 위한 다양한 노력의 일부일 뿐입니다. 2020년에 미국에서 책이 출간되었을 때 반응은 뜨거웠습니다. 독자들은 장애인 저자들을 발견했고, 이들을 더 알고자 했습니다. 교사들은 이 책을 교과과정에 포함시켰습니다. 청소년용 버전도 출간하게 되었습니다. 게다가 한국어판을 출간해 더 많은 사람들에게 닿을 기회가 생겨 매우 기쁘고 감사하게 생각합니다.

한국에서는 장애 재현 문제가 개선되고 있나요? 낙관하고 싶지만 변화는 느리고, 힘겹게 이루어집니다. 이승준 감독의 다큐멘터리 영화 〈달팽이의 별〉을 보고 서로를 향한 사랑을 나누는 장애인 부부의 모습에 감동받았던 기억이 있습니다. 최근에는 드라마 《이상한 변호사 우영우》를 재미있게 봤습니다. 자폐성 장애가 있는 주연 캐릭터가 고래에 대한 애정을 당당하게 표현하고, 변호사로서 독창적인 시각과 능력을 발휘하는 모습이 인상적이었습니다. (실제로 자폐성 장애가 있는 배우가 그 캐릭터를 연기하지는 않았지만요.) 달팽이처럼 느린 속도라고 하더라도, 더 나은 미래를 향해 나아가고 있다는 게 중요하니까요.

만약 《급진적으로 존재하기》가 당신이 처음 읽는 진짜 장애인의 - 살아 숨 쉬는, 놀랍고도 일상적인 - 이야기라면 그 이유를 스스로 물어보셨으면 합니다. 이런 이야기를 읽는 게 처음이자 마지막이 되지는 않았으면 좋겠습니다. 장애인 활동가, 예술가의 작업을 찾아보고 지지해주세요. 장애가 있는 친척, 이웃, 동료 그리고 지역사회 구성원들과 연결되고, 그들에게 귀 기울여주세요. 우리는 서로에게서 배울 것이 너무나 많습니다.

이 책을 펼쳐주셔서 감사합니다.

들어가며

앨
   리
      스
         윙

급진적으로
존재하기

해리엇 맥브라이드 존슨,
《요절하기에는 이미 늦었다:
거의 사실에 가까운 인생
이야기 Too Late to Die
Young: Nearly True Tales
from a Life》 중

**스토리텔링은 활동이자 과정이지
그 자체가 목표는 아니다. 이야기는
우리가 경험을 공유하게 하는
가장 친밀한 도구다. 그것은 다른
사람들의 머릿속을 돌아다니며
우리 자신, 우리가 있는 곳,
그리고 우리가 하고 있는 일이
유일한 가능성이 아님을 깨치는
가장 근본적인 기회다.**

비장애중심적 사회에서 장애인으로 살아간다는 것은 정말
이지 힘든 일이다. 나도 이 행성에서 살아온 반백 년간 많은
일을 해내야 했다. 나는 책, 영화, 텔레비전에서 나와 닮은
사람의 이미지를 거의 못 보고 자랐다. 그런 부재 속에 놓인
사람은 뭔가가 빠졌다는 것을 어떻게 깨닫게 될까? 2019년
에 휠체어를 탄 어린 소녀가 상점 밖에 붙은 화장품 광고를
뚫어지게 보고 있는 사진 한 장이 화제가 됐다. 광고 속 여
성도 휠체어를 타고 있었다. 그 두 사람은 결국 실제로 만났
다. 이 이야기는 내 어린 시절을 되돌아보게 했다. 당시 내가
나와 비슷하면서도 매력적이고 당당한 성인을 봤다면 내 세
계관은 달라졌을까? 나이가 든 후, 장애인 커뮤니티를 찾아
내고 우리의 이야기를 나누면서 나는 점점 더 가능성을 발
견하게 되었다.

나는 나에게 의미 있는 장애 이야기를 모으기 시작했다. 고등학교 때 《타임》에서 휠체어로 접근 가능한 대중교통 체계에 대한 기사를 읽었다. 나는 접근 가능한 교통이라는 관점에 열광하며 편집부에 그것이 확산되기를 바란다는 편지를 썼다. 교외에 사는 나로서는 혼자 버스나 기차를 타고 어디든 가는 것이 너무나 먼 꿈처럼 느껴졌다. 편지는 다음 호에 소개되었고, 나는 내 이름이 지면에 실린 것에 감격했다. 이는 내가 처음으로 했던 장애인권 활동이었다. 그 이후 나는 더 호기심을 갖고 많은 이야기와 정보를 찾았다. 신문과 잡지 기사를 파일에 스크랩하기 시작했다. 지금은 웹 브라우저에 주제별로 링크를 저장하는 북마크 폴더가 수백 개나 있다. 내 목소리는 이야기들 속에서 자랐다.

그 이야기들이 나를 커뮤니티로 향하게 했다. 나는 미국 장애인법 ADA, Americans with Disabilities Act 이 통과될 때 고등학교 2학년이었다. 나는 그 법을 이끈 세대의 일원은 아니지만, 우리 스스로 우리를 위한 민권법을 만들어낸 역사라고 생각한다. 그 법 덕분에 나를 비롯한 수백만 명의 삶이 크게 바뀌었다. 그리고 2014년에 미국 전역의 장애인들은 그다음 해인 ADA 제정 25주년을 준비하고 있었다. 나 역시 다가오는 기념일에 뭔가를 하고 싶었지만 어떤 단체에도 소속되어 있지 않았고, 개인 자격으로 어떻게 기여할 수 있을지 확신하지 못하는 상태였다. 그래도 나에게 중요한 것은 분명했다. ❶ 과거를 기리는 동시에 현재를 살아가는 장애인의 이야기를 더 나누고 싶었고 ❷ ADA 기념일마다 언급되는 '핵심 인물' 대신 평범한 사람들의 이야기를 더 많이 보고 싶었으며 ❸ 아직도 매우 백인 남성 중심적인(《나의 왼발》의 대니얼 데이 루이스부터 〈업사이드〉의 브라이언 크랜스턴까지, 지난 30년간 영화에 나온 장애인 캐릭터를 떠올려 보라.) 주류 문화에서의 장애 재현의 다양성을 높이고 싶었다.

나는 구술사 활동 단체인 스토리코프와 함께 장애인들의 구술사를 기록해 국회 도서관에 아카이빙하는 '장애 가시화 프로젝트_{Disability Visibility Project}'를 기획했다. 원래는 ADA 기념일을 염두에 둔 1년짜리 캠페인이었다. 한번은 미국 연방정부 건물에서의 최장기 비폭력 점거 농성인 '재활법 504조 시행령 투쟁'에 참여했던 제시 로렌츠와 허브 레인이 카메라 앞에서 자신들의 기억을 털어놓았다. 1973년에 제정된 미국 재활법 504조는 연방정부 기금이 투입되는 프로그램이나 사업에서 장애를 이유로 한 차별을 금지했다. 장애인의 권리가 시민권임을 인정함으로써 ADA의 기반을 마련한 조항이었다. 하지만 보건교육복지부는 1977년까지도 시행령에 서명을 하지 않고 보류하고 있는 상황이었다. 이에 장애인들은 후속 조치를 요구하며 4월 5일부터 샌프란시스코에 있는 연방정부 건물을 점거했다.

샌프란시스코 지역의 공영 방송국인 KALW를 통해 이들의 사연이 방송되었다. 허브는 신부님으로 가장해 건물에 들어간 후 두 명의 장애인 '성가대원'을 탈출시킨 이야기를 들려주었다. 장애의 역사에서 이런 재미있고 개인적인 순간들은 당시 지도자, 정치인들의 상황만큼이나 중요하다. 비록 역사책에는 나오지 않는 이야기일지라도, 우리에게는 이런 이야기가 더 많이 필요하다.

이 구술사 아카이빙 프로젝트는 작게 시작했지만 점점 규모가 커져서 하나의 운동으로 확장되었다. 프로젝트의 일환으로 스토리코프에 기록된 구술사만 140건에 달한다. 장애의 시대정신을 보여주는 작지만 강력한 아카이브다. 또한 이 프로젝트는 온라인 커뮤니티 활동으로도 이어졌다. 참여자들은 장애 관련 미디어, 팟캐스트, 트위터 등에서 문화를 창작하고 공유하고 있다. 장애 가시화 프로젝트는 공식적으로는 한 여성이 운영했지만, 나 혼자 모든 일을 다 해낸 것이 아니다. 장애인들과 협력하는 경험은 엄청난 서사이자 큰 기쁨이었다. 이 프로젝트를 출발점으로 여러 프로젝트가 꼬리에 꼬리를 물고 진행되었다. 커뮤니티가 만들어지는 것이야말로 내가 항상 바라던 바였다.

커뮤니티는 정치적이다. 2015년 가을, 활동가 그렉 베라탄이 나, 그리고 장애 관련 사이트 운영자인 앤드루 펄랑에게 연락했다. 장애 문제와 관련해서 당시 대통령 후보들에게 목소리를 낼 필요가 있다는 것이었다. 우리는 인터넷을 통해 서로를 알게 된 장애인 활동가들이었고 (아직 직접 만나본 적은 없었다.) 후보들과 언론이 장애 문제에는 무관심한 데 분개하고 있었다. 그래서 2016년 2월 11일에 열린 버니 샌더스와 힐러리 클린턴의 민주당 예비 경선 토론에 장애인들을 초청하기로 하고 #장애인은투표한다#CripTheVote 해시태그를 활성화했다. 이 해시태그는 2019년 말까지 트위터에서 수많

은 정치적 사건들을 만들어냈다. 2020년 2월 7일에는 민주당 대선 경선 후보였던 엘리자베스 워런 상원의원과, 그로부터 열흘 후에는 피트 부티지지 상원의원과 함께 온라인 타운홀 미팅을 개최했다. 장애를 주제로 한 온라인 공론장을 마련하기 위해 시작한 이들 행사는 당파와 상관없이 불평등과 비장애중심주의, 억압에 대항하는 대화와 행동의 힘을 강조하면서 장애인들의 정치 참여를 독려하는 캠페인으로 확장되었다. 이제 장애인들은 이 해시태그를 매일 사용하며 기자와 정치인들도 그것을 팔로우한다. 스토리텔링은 블로그의 게시물이나 출판물보다 더 넓은 의미다. 이모지, 밈, 셀피와 트윗도 스토리텔링이며, 사회 변화를 향한 운동도 마찬가지다.

커뮤니티는 마법이다. 2016년에 소설가 니콜라 그리피스는 장애인 작가들이 소통해야 한다는 의견을 트위터에 남기며 #크립문학*#CripLit*이라는 해시태그를 달았다. 나는 니콜라와 함께 출판과 장애 재현, 장애 캐릭터, 문학 워크숍과 작업실의 접근성 등 장애인 작가에게 중요한 문제에 대한 트위터 채팅을 주최했다. 이제 작가와 독자들은 이 해시태그를 사용해 관련 정보를 찾거나 조언을 구한다. 이 또한 나에게는 보람찬 일이었다.

커뮤니티는 힘이다. 2017년 《장애 가시화》 팟캐스트의 네 번째 에피소드 주제는 언론계에 종사하는 장애인이었다. 기자인 s.e.스미스와 작가이자 활동가인 빌리사 K. 톰슨(장애 관련 온라인 미디어인 램프유어보이스닷컴*rampyourvioce.com* 설립자)

이 출연했다. 우리는 장애인 작가들이 직면하는 제도적 장벽에 대해 이야기했다. 장애 관련 주제를 잘 다루지 않는 데 대한 언론사와 출판사의 흔한 변명은 장애인 기자와 작가를 찾기가 너무 어렵다는 것이다. 말도 안 되는 소리다. 그해 초 s.e.스미스는 장애인 기자와 작가를 찾을 수 있는 온라인 데이터베이스인 디스에이블드라이터스닷컴 disabledwriters.com 을 만들었다. 빌리사와 나도 공동 창립자다. 당신이 찾으려고만 들면, 우리는 어디에나 있다.

커뮤니티는 저항이다. 많은 사람들이 그랬듯, 〔도널드 트럼프가 제45대 미국 대통령으로 당선된〕 2016년 대선 당일 저녁에는 나 역시 불안과 두려움에 사로잡혔다. 하지만 동시에 장애인들은 항상 저항해왔고 불확실성과 공포 속에서 사는 법을 조금은 알고 있다는 생각 때문에 이상하게 마음이 평안하기도 했다. 그 이후 엉망진창이 된 정치적 상황에 대항하는 의미로 2018년 10월에는 《저항과 희망》이라는 책을 독립 출판했다. 활동가, 예술가, 몽상가들로부터 저항과 희망의 관계를 주제로 한 에세이를 모았다. 소외되었던 장애인들의 삶에 기반한 리더십, 정의 그리고 회복탄력성에 대한 귀중한 관점을 내보이는 일은 자랑스러웠다.

이 책 《급진적으로 존재하기》는 이러한 협업, 연결, 그리고 기쁨의 기록이다. 이 글들은 글짓기 대회의 결과물이나 명실상부한 최고의 에세이들은 아니다. 일부 용어, 그리고 어떤 관점이 독자에게 생소하거나 불편할 수도 있다. 하지만 그건 좋은 일이다! 이 이야기들은 장애의 의미를 설명하거나 영감을 주거나 공감을 불러일으키려고 하지 않는다. 그보다는 장애인들이 자신의 언어로, 자신의 삶을 있는 그대로 보여주는 이야기다. 이 책은 나에게도, 나라는 한 인간의 이야기로부터 뻗어나가는 큰 원호圓弧의 일부로서 의미가 있다.

에세이들의 주제가 광범위하기 때문에, 책은 총 네 부분으로 나누었다. 존재하기, 되어가기, 행동하기, 연결하기. 어떤 이야기의 서두에는 충격적이거나 불편할 수 있는 주제를 일러주는 '콘텐츠 노트'가 있으며, 독자는 이를 참고해 해당 글을 읽을지 여부를 결정할 수 있다. 콘텐츠 노트라는 형식은 접근성과 자기 보호의 개념을 참조해 기획되었다.

첫 에세이는 변호사이자 활동가였던 고故 해리엇 맥브라이드 존슨이 2003년 《뉴욕 타임스》에 실었던 〈말로 다 할 수 없는 대화〉다. 해리엇은 장애인 영아살해 합법화에 찬성하는 프린스턴대 교수 피터 싱어와 벌인 논쟁에 대해 썼다. 해리엇 자신과 같은 사람이 이 세상에 존재하면 안 된다는 믿음과 맞선 사건이었다. 이 글을 처음 읽었을 때, 비장애 중심적 세상을 살아가는 경험을 매우 현실적인 언어로 그려냈다는 점에서 큰 감명을 받았다. 나는 늘 내 가치에 의문을 제기하고, 또 방어해야 한다고 생각하며 살아왔다. 그런데 그 글은 내가 더 이상 혼자가 아니라고 느끼게 했다. 해리엇의 언어와 삶의 방식은 지금도 매일 나에게 영향을 미치고 있다.

마지막 에세이는 s.e.스미스가 2008년에 쓴 〈크립 스페이스의 아름다움〉으로, 장애인 무용수이자 안무가인 앨리스 셰퍼드(셰퍼드의 글 역시 이 책에 실려 있다.)와 로럴 로슨의 공연 〈하강^{Descent}〉을 본 경험을 공유한다. 장애인들이 한 공간에 모였을 때 일어나는 마법 같은 일을 묘사하는 이 글은 장애인의 아름다움과 창의성, 독창성에 푹 빠져들게 만든다. 《급진적으로 존재하기》 역시 그와 같은 문학적 공간이다. 개별적인 이야기들이 모여 완전히 특별한 전체가 된다. 그리고 이야기는 글이 끝난 후에도 계속된다. 장애인들의 삶의 경험을 한 권의 책에 모두 담는다는 것은 불가능하기 때문에, 이어서 찾아볼 참고 자료의 목록도 포함했다.

나는 지금, 이전의 어떤 시기보다 장애인들이 더 많이 눈에 띄는 시대에 살고 있다고 생각한다. 장애에 대한 재현은 흥미롭고 중요한 주제이지만, 그것을 다루는 것만으로는 충분하지 않다. 나는 더 많은 것을 원한다. 우리는 더 많은 것을 기대해야 한다. 그럴 자격이 있다. 미디어에서 장애인을 재현할 때는 깊이, 다양성, 뉘앙스를 고려해야 한다. 이것이 출판과 대중문화 업계가 맞닥뜨린 시대적 과제다.

출판업계에는 장애인, 농인, 만성질환자, 그리고 신경다양인이 부족하다. 2019년에 미국 리앤로북스〔다양성을 주제로 삼는 아동도서 출판사〕의 출판업계 대상 '다양성 기준 설문조사'에 따르면 자신이 장애인이라고 응답한 출판인은 11퍼센트에 불과했다. 설문조사의 네 가지 척도(인종/민족, 성별, 성적 지향, 장애)에 따른 결과 중 장애인과 비장애인 간의 격차가 가장 컸다. 이런 현실은 출판사가 상정하는 타깃 독자와 그들의 수요, 그리고 그에 기반해 출판하는 콘텐츠에 직접적으로 영향을 미친다. 나는 비장애인 출판인과 미디어 종사자들에게 업계의 인구 통계를 비판적으로 성찰할 것을 요청한다. 그리고 자신이 누구를 대상으로 무엇을 생산하고 있는지도 말이다. 누가, 그리고 무엇이 빠져 있는가? 우리는 어떻게 사회적 책임을 질 것인가? 우리는 어떻게 다양성과 포용성에 대한 대화를 계속해나가고 그것을 행동, 정책, 관행으로 뒷받침해나갈 것인가? 서로 협력하고 배우며 함께 나아갈 수 있을까?

이 책의 비장애인 독자들에게도 묻는다. 당신은 얼마나 많은 장애인 창작자들을 알고 있는가? 팟캐스트, 소설, 연극, 영상, 블로그⋯ 그들의 작업을 어떻게 지지해줄 수 있을까? 어떻게 당신의 지평을 넓힐 수 있을까? 나는 경험 세계〔철학에서 실제로 보고 듣고 겪어 인식하는 세계를 이르는 개념〕의 영향력을 믿기 때문에, 미국에서 가장 큰 출판사 다섯 곳에 장애인 편집자들이 주도하는 장애 전문 임프린트를 설립하라고 촉구할 것이다. 적어도 한 곳에서는 이런 일을 해야 한다. 그것이 출판업계의 다양성 문제를 한 번에 마법처럼 해결하지는 않겠지만 시작은 해야 한다. 이미 너무 늦었다.

'장애'라는 단어의 사용 여부와 상관없이 장애인은 항상 존재해왔다. 나에게 장애는 늘 단일하고 굳건한 의미가 아니며, 장애와 비장애의 경계도 그렇게 명확하지 않다. 장애는 가변적이고 끊임없이 진화한다. 곁에서 보이는 특성이기도 하고, 그렇지 않기도 하다. 장애는 고통이자 투쟁인 동시에 명석함, 풍요 그리고 기쁨이다. 장애는 사회학적이면서 문화적, 생물학적이다. 장애를 드러내고 장애인으로 정체화하는 일에는 자긍심만큼이나 위험이 수반된다.

소외된 사람 입장에서 계속 "이봐요, 관심 좀 가져줘요! 우리가 여기 있다고요! 우리도 당신과 같은 인간이라고요!"라고 말하는 것만으로는 충분하지 않다고 생각한다. 나는 '주체'와 '관객' 사이 긴장을 인식하면서 이런 충동과 씨름하는 와중에도, 뭔가가 개선되기를 원한다. 나는 장애인의 지혜를 중심으로 장을 펼치고, 그곳에서 다른 이들을 환대하고 싶다. 그들의 허가나 인정acknowledgement을 구하는 것이 아니라. 해리엇 맥브라이드 존슨은 스토리텔링이 활동이자 공유된 경험이라고 말했다. 우리의 이야기를 통해, 우리의 연결과 행동을 통해 장애인들은 집합적으로 현재의 상황에 맞서고 변혁해나갈 것이다. 그것이 바로 우리다.

급진적으로
존재하기

o2^7

1. 존재하기

BE

해리엇맥브라이드존슨

내 인생의 드라마는 나 같은 사람이
존재하지 않는 게 낫다고 생각하는
세상 속에서 쓰였다. 그것이 이 드라마만의
특징이다. 나의 투쟁은 나를 대하는
세상을 향한 것이었을 뿐 아니라 세상을
대하는 나를 향한 것, 협상을 향한
것이기도 했다.

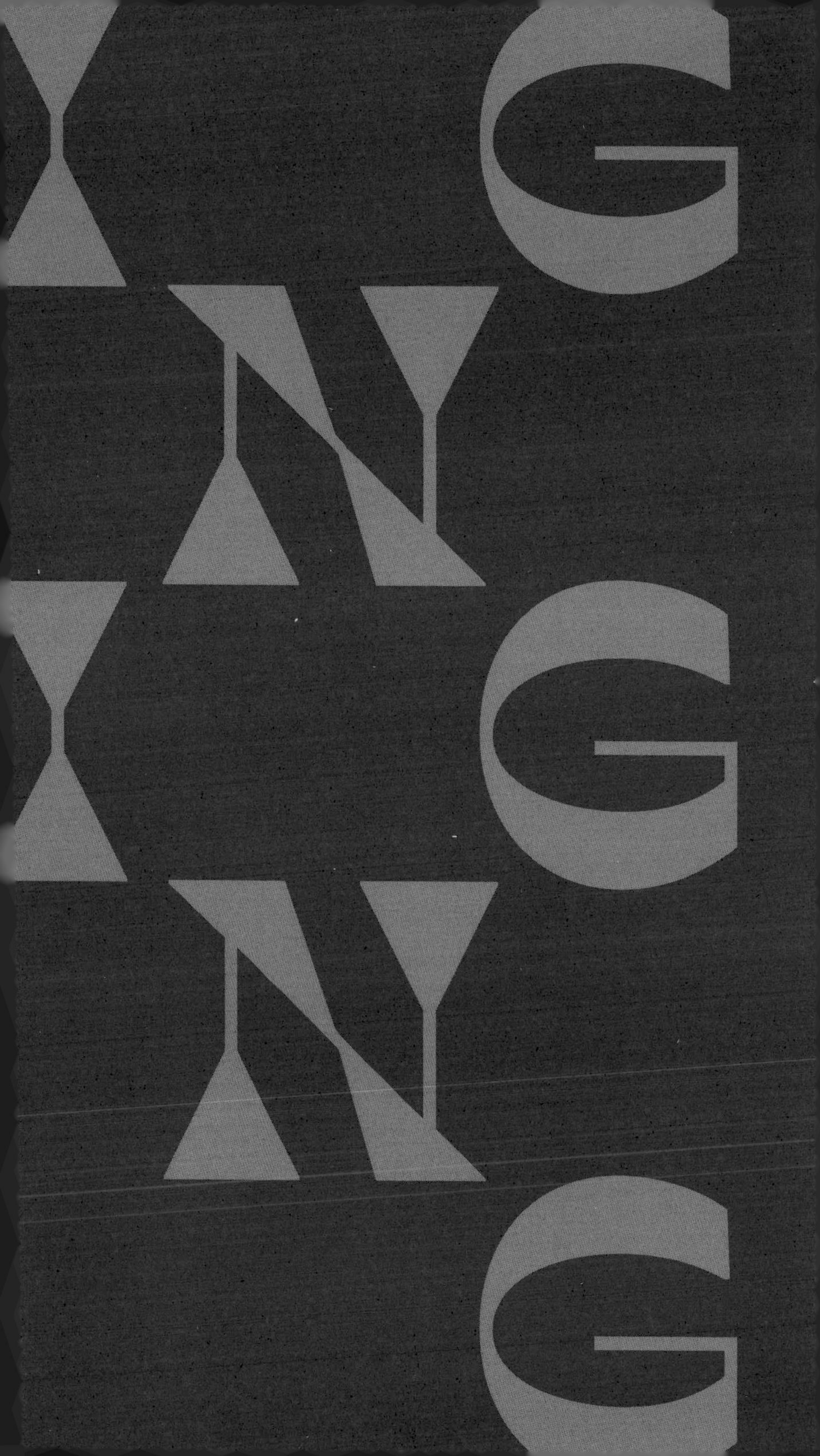

말로 다 할 수 없는 대화

해
리
엇
맥
브
라
이
드
존
슨

**콘텐츠
노트**

◆ 우생학 ◆ 영아살해 ◆ 조력 자살

그는 자신이 나를 죽이기를 원하는 게 아니라고 주장한다. 단지 모든 것을 고려했을 때 내 부모가 나 같은 아기는 죽이는 선택을 하는 게 나았으리라 생각할 뿐이다. 자신에게 질문하는 비슷한 처지의 부모에게는 그렇게 하라고 한다. 그건 다른 아이들이 내 삶에 뒤따르는 고통을 피하도록 하는 합리적인 선택이기 때문이다. 그의 말마따나 나와는 상관없는 이야기이므로, 나는 위협을 느낄 필요가 없는 것일까.

그의 꽉 짜인 삼단논법을 이해해보려고 노력할 때마다, 내 뇌는 복잡해서 터질 것 같다. 마치 《이상한 나라의 앨리스》를 읽는 기분이다.

내가 프린스턴대에 간 건 지난 3월 말의 쌀쌀한 월요일이었다. 피터 싱어 교수가 나를 초청했기 때문이다. 동시대 가장 영향력 있는 철학자로 평가받는 그가 바로, 앞에서 말한 그 사람이다. 그는 나처럼 살게 될 영아를 살해하는 것을 합법화하자고 주장한다. 심지어 누군가의 인지 능력 손상이 너무 심각해서 '인격체person'로 볼 수 없는 경우에는, 나이와 상관없이 살해가 정당화될 수 있다고 말한다. 그에게 인격체의 조건은 시간 속에서 자신의 존재를 인식하는 능력, 미래를 향해 삶을 지속하고자 하는 선호preference다.

그의 정의에 따르면, 나는 지금은 인격체다. 하지만 영유아 때는 아니었다. 다른 모든 인간처럼 나도 자기 인식 없이 태어났기 때문이라는 것이다. 논리를 따라가다 보면 결국, 내 뇌는 터질 지경이고, 이상한 나라에 빠진 것 같고, 자아와 타자와 현재와 과거와 미래가 경계도 형태도 없이 마구 뒤섞이고… 내 인격과 삶에 대한 권리가 사라져버린다. 그러고 나면 그의 말이 들려온다. 가족과 의사들이 나를 이 고통에서 벗어나게 하는 행위는 누구도 살인으로 간주하지 않을 거라는.

나는 두 차례 강연하기로 약속했다. 아침에는 150명의 대학생을 대상으로 선별적 영아살해에 대해 이야기하고, 저녁에는 식사를 하면서 조력 자살에 대해 토론하기로 했다. 나는 두 주제에 반대하는 장애인이라는 상징적 역할을 맡기로 했다.

싱어의 초청을 받아들인 데에는 몇 가지 이유가 있었다. 장애인권 운동 차원에서, 그 자리는 매우 어려운 상대와 토론하며 관점의 차이를 좁혀볼 수 있는 흔치 않은 기회였다. 내가 싱어의 생각을 바꿀 수 있다고는 기대하지 않았지만, 어쩌면 학생 한두 명에게는 영향을 미칠 수 있을지 몰랐다. 그리고 개인적으로는 강연 자체가 좋은 이야깃거리가 될 것이라고 생각했다.

강연 이후 지금까지 나는 이 이야기를 여러 차례 해왔다. 가족, 친구, 동료들에게 식사 때마다, 차를 타고 장거리를 가는 와중에, 수많은 이메일과 공식석상에서. 하지만 그래도 잘 정리되지 않았다. 이렇게 이야기하고 또 했는데도, 일관성 있는 서사 구조로 정리되지 않았다. 이런 질문들이 끼어드는 바람에 이 이야기는 이성적인 논의와는 거리가 멀어졌다.

Q. 그가 당신의 신체적 외양 때문에 불쾌해했나요?

A. 그런 느낌은 없었어요, 전혀요.

Q. 그는 당신 같은 사람을 잘 대했나요?

A. 모든 면에서 적절하게 행동했어요. 나를 전문가로 존중해줬고, 자비롭고 협조적인 주최자였어요.

Q. 당신의 삶 자체가 적절한 것인지에 대한 공개 토론에 참여하는 것이 감정적으로 힘들진 않았나요?

A. 매우 힘들었죠, 그리고 지독하게 쉽기도 했습니다.

Q. 그가 프린스턴대 교수가 된 건, 장애가 있는 아기들을 살해한다는 발상을 그 학교가 좋아해서일까요?

A. 그건 잘 모르겠네요. 하지만 그는 동물권으로 가장 유명하잖아요. 《동물 해방》의 저자니까요.

Q. 그는 어떻게 동물의 삶에는 그토록 많은 가치를 부여하면서, 인간의 삶에는 그러지 않는 거죠?

마지막 질문은 내가 답하기를 거부한 유일한 질문이다. 나는 모른다고 대답하곤 했다. 말이 안 된다고. 그렇지만 이제 나는 싱어의 글을 여러 편 읽었고, 그의 인식론적 세계에서는 그게 말이 된다는 걸 안다. 하지만 그 세계로 가고 싶지는 않다. 가야 하는 경우에도 빨리 빠져나오고 싶다.

나는 앞의 질문들로부터 이야기를 다시 시작해보려고 한다.

첫 번째 질문에서 언급되는 내 신체적 외양에 대해서는, 설명이 좀 필요하다.

그건 내가 일반적인 기준으로 못생겼다는 의미라기보다, 대부분의 사람들이 나를 어떻게 쳐다봐야 하는지 모른다는 의미에 더 가깝다. 나를 보는 것은 불편하다. 사람들은 내가 탄 전동 휠체어만 봐도 눈을 크게 뜬다. 하지만 그게 다가 아니다. 더 눈길을 끄는 것은 근육감소증이 40여 년간 내 몸에 미친 영향이다. 지금 나는 캐런 카펜터〔1970년대 활동한 록 그룹 카펜터스의 일원으로 섭식장애를 겪다가 사망했다.〕만큼 말랐다. 살은 거의 사라지고 피부로 만든 흐물흐물한 가방 안에 뼈가 뒤섞여 있는 몰골이랄까. 어린 시절에 내 근육은 척추를 지탱할 수 없어서, 한동안 척추 보조기를 착용했다. 하지만 겁 많은 마취과 의사가 나를 곧추세우는 모든 장치들을 금지하는 바람에 열다섯 살 때 보조기를 벗어 던졌다. 그 이후 내 척추는 깊게 휘어져 에스⁵ 자 모양이 됐다. 내 몸의 오른편에는 두 개의 깊은 골짜기가 파여 있다. 나 자신을 똑바로 세우기 위해, 나는 몸통을 앞으로 기울이고 갈비뼈를 넓적다리 위에 둔 채, 팔꿈치는 무릎 옆에 쑥 넣어 고정시킨다. 척추가 자연스러운 형태를 찾았으므로, 나는 내 피부 안에서 완전히 편안하다.

나는 항생제 덕분에 유아기 폐렴을 겪고도 살아남아 나

이 든 첫 세대에 속한다. 그 영향으로 호흡기가 약해지긴 했지만. 대부분의 사람들이 우리를 어떻게 대해야 할지 모르는 건 당연한 일이라고 생각한다.

(미 대륙을 절반쯤 가로지르며 장애인과 레즈비언 틈바구니에서 살아온 삶을 회고해봤을 때) 평생 두세 번쯤 나에게서 희귀한 아름다움을 발견하는 시선을 만난 적이 있다. 내가 살았던 사우스캐롤라이나 찰스턴에서 어떤 사람들은 나를 '행운의 여인 Good Luck Lady'이라고 불렀다. 그들은 허리케인이 올 때 내 앞길을 가로지르거나, 선거 전날 내 이마에 입을 맞추면 행운이 온다고 생각했다. 하지만 대부분은 너무나 부정적인 반응을 보였다. 거리에서 마주친 낯선 사람들이 이렇게 말하곤 했다.

"살아있다는 게 참 존경스럽네요, 웬만한 사람이라면 포기했을 텐데."

"신의 가호가 있기를! 당신을 위해 기도할게요."

"당신은 어떻게 고통에 짓눌리지 않을 수 있었죠?"

"당신처럼 살아야 했다면, 자살했을 거예요."

나는 내 삶을 즐긴다는 걸 설명하려고 애써봤다. 전동 휠체어를 타고 후텁지근한 거리를 질주하는 쾌감을 강조하고, 보통 사람들에 비해 나에게 자살할 이유가 특히 더 많지는 않다고 말해봤다. 하지만 지쳤다. 신은 그들 같은 사람들을 위한 장애 인식 개선 교육용으로 나를 이곳에 보낸 것이 아니다. 사실 어떤 신도 누군가를 특정한 이유 때문에 어딘가에 보내지는 않는다.

하지만 그들은 알고 싶어 하지 않는다. 그들은 그저 나를 바라본 것만으로도, 자신이 알아야 할 것을 다 알았다고 생각한다. 그것이 바로 고정관념이 작동하는 방식이다. 그들은 실은 자신이 당황했으며, 나를 맞닥뜨린 불편함을 표현하고 있다는 것을 알지 못한다.

그래서 말인데, 2001년 봄 피터 싱어와의 첫 만남을 떠올리면 가장 먼저 생각나는 것은 그가 내 외양에 대한 면역력을 갖고 있었다는 점이다. 그는 당황하지 않았고, 즉시 나를 자기 관점에서의 '인격체'로 대하는 능력을 발휘했다.

그때 싱어는 찰스턴대를 방문하는 중이었다. 우리 집으로부터 두 블록도 떨어지지 않은 그곳에서 그는 '삶과 죽음을 다시 생각하기'를 주제로 강연할 예정이었다. 나는 조력자살과 '장애를 이유로 한 살해disability-based killing'의 합법화에 반대하는 미국의 장애인권 단체 '낫데드옛Not Dead Yet'〔단체명은 '아직 죽지 않았다'라는 뜻이며, 조력 자살 및 안락사를 허용하는 제도가 장애, 노인, 아픈 사람들에 대한 차별의 맥락에서 작동할 수 있다는 점을 들어 이에 반대한다.〕에 의해 현장으로 파견되었다. 전단지를 나눠주고 강연의 질의응답 시간에 뭐라도 해야 하는 임무를 띠고 있었다.

답사를 하기 위해 강연 한 시간 전에 도착했을 때, 현장은 평화로웠다. 사우스캐롤라이나의 활기 넘치는 봄 풍경마저 스페인 이끼와 얼룩덜룩한 참나무 껍질의 회색 기운에 눌려 침묵하고 있는 것 같았다.

나는 교정 구석구석을 돌아다니다가, 내가 아는 두 사람이 싱어와 함께 벤치에 앉아 채소 피타스를 먹는 것을 보고 불안해졌다. 새런은 베테랑 인권 활동가였고, 허브는 사우스캐롤라이나에서 가장 유명한 무신론자였다. 내가 늘 좋은 사람들이라고 생각했던 그들이 지금 제노사이드^{genocide}〔국민, 인종, 민족, 종교 등을 이유로 특정 집단을 박해하고 살해하는 행위〕지지자와 피타스를 나눠 먹으며 대화를 하고 있다니. 나는 황급히 자리를 뜨려고 했지만, 그들이 나를 봤다. 새런이 다가왔다. 예의상 하는 말들을 주고받은 후, 그가 물었다. "싱어 교수를 만나고 싶으신가요?"

그는 아무 낌새도 눈치채지 못했다. 아마도 동물권에 관한 싱어의 책을 좋아할 것 같았다. 나는 말했다. "그냥 질의응답 시간에 이야기할게요."

하지만 허브와 싱어가 빠르게 다가왔다. 그들은 나를 보고 있었고, 허브는 아무 의심 없이 나를 칭찬했다. 내가 장애인권 변호사이며 자신이 속한 무신론-인본주의자 모임에서 조력 자살에 반대하는 강연을 했다고 말했다. 그는 내 주장에 전적으로 동의하지는 않지만, 내가 명석했다고 덧붙였다. 싱어는 흥미를 느끼고 대화에 끼려고 했다. 나는 여기에 있었고, 허브는 소개를 했고, 싱어는 손을 뻗었다.

나는 머뭇거렸다. 악마와 악수를 해서는 안 된다. 하지만 그는 허브의 손님이고, 허브가 가르치는 대학에서 그의 손님을 그냥 모욕해버릴 수는 없다. 이 근처에서는, 한 방에 쏴버릴 게 아니라면 악수할 각오를 해야 한다는 규칙이 있다. 나는 싱어에게 아직 움직이는 내 오른손의 손가락 세 개를 내밀었다. "안녕하세요, 싱어씨, 저는 낫데드옛을 대표해서 왔습니다." 나는 그가 움찔했기를 바랐다. 낫데드옛은 그가 프린스턴대에 출근한 첫 주를 훼방하기 위해 가능한 모든 일을 했다. 나는 당시 체포된 열네 명을 위한 보석금 모금 때 수표를 보냈다. 그중에는 나처럼 전동 휠체어를 탄 동지들도 있었다. 하지만 싱어는 움찔했을지는 몰라도, 바로 회복했다. 그는 강연 형식을 묻는 내 질문에 대답했다. 흥미로운 대화를 기대한다는 그의 말은 진심 같았다.

그날의 대화는 과연 흥미로웠다. 오후의 강연 홀에서 싱어는 모든 것을 펼쳐 놓았다. 임신중지는 허용하면서 영아 살해는 허용하지 않는 것, 생명 유지 장치를 떼는 것은 허용하면서 능동적인 살인은 허용하지 않는 것은 "비논리적"이라고 했다. 공리주의의 기본 전제를 적용해, 그는 부모 입장에서 장애가 있는 아기를 그보다 더 행복하게 살 기회가 많은 비장애 아기들로 대체할 수 있다는 소름 끼치는 주장을 계속했다. 가능한 한 많은 개인이 최대한 자신의 선호를 충족하도록 하자는 이야기였다.

그가 강연을 마치자마자 나는 마이크를 잡고 선별적 영아살해에 대해 토론하고 싶다고 말했다. 나는 변호사로서 그의 법리적 전제에 동의할 수 없으며, 논리적 모순이 있다는 것은 법을 바꾸기 위한 충분조건이 되지 못한다. 무신론자로서 나는 그가 자기 주장을 강조하려고 종교적 용어를 사용하는 데 반대한다. ("인간 삶의 신성함이라는 독트린") 싱어가 수첩에 요점을 받아적고 답하려고 할 때 나는 내 주장의 핵심을 말했다. "장애 여부로 그 사람의 삶의 질을 예측할 수 없다."고 말이다. '다른 모든 조건이 동일'하다는 가정하에 아기를 대체할 수 있다는 그의 이론을, 사람은 대체될 수 없다는 주장으로 반박했다. 나 자신과, 비장애인인 남동생 맥을 비교하고, 우리는 각각 다른 재능과 흠결을 갖고 있어서 같은 잣대로 판단할 수 없다는 예를 들면서 말이다.

    그는 내 주장에 조목조목 반대했다. 그는 내가 태어났을 때 마땅히 죽었어야 할 사람들 중 한 명이라는 가정을 계속한다. 하지만 자기 주장을 고수하면서도, 자신이 개방적이고 유연하게 보일 만큼만 내 논리를 인정한다. 우리는 10분쯤 엎치락뒤치락한다. 그의 말에 충격을 받은 데다, 내 존재의 타당성을 두고 공개적으로 논쟁을 하게 되었다는 사실이 끔찍한 와중에도 나는 그의 말솜씨에 정신을 차릴 수 없다. 그는 끝날 때까지 공손했고, 오만하지 않았고, 논점을 흐리지 않았기에 나는 그 사람 자체에게 화가 나지는 않았다. 물론 동요했고, 당혹스러웠고, 분노했지만 그건 이 상황에 대해서였다. 200명이나 되는 내 찰스턴 이웃들이 그의 말을 예의 바르게 집중해서 듣고 있다는 데 화가 치밀었다. 만약 그들에게 예의가 있다면 당장 싱어를 기차에 태워 마을 밖으로 내보내야 했을 것이다.

나는 그해 연말 불특정 다수를 대상으로 한 연례 편지에 피터 싱어와 만난 경험을 언급했고, 싱어에게도 그 편지를 보냈다. 그는 정중한 이메일로 답장을 보내왔는데, *해리엇에게* *(그렇게 불러도 된다면)* … 막 고향인 호주에서 미국으로 돌아온 참이며, 세계의 상황에 대한 나의 의견에 동의하며, 시설화에 반대하는 나의 활동을 지지한다고 밝힌 후, 선별적 영아살해에 대해 내가 가진 몇 가지 관점을 설명해달라는 내용이었다.

나는 답장했다. *좋아요, 해리엇이라고 부르시죠, 물론 저는 더 공식적인 관계에 익숙하지만, 그래도 평등의 가치를 위해 화답하겠습니다.* 동의할 수 있는 내용들은 건너뛰고, 나는 장애를 이유로 한 영아살해에 대한 의견을 제시했다. 질문과 대답이 몇 주 동안 수차례 오갔다. 영아살해, 장애에 대한 편견과 관련한 법철학적 토론이 열띠게 이어졌다. *해리엇에게. 피터에게.*

싱어는 나같이 철저한 무신론자가 어떻게 자신의 완전히 합리적인 견해에 동의하지 않을 수 있는지 궁금한 것 같았다. 동시에, 나는 그의 이론들을 파헤쳐 보려고 노력했다. 무엇이 그를 그렇게 확신하게 하는 것일까. 중증장애가 있는 아기를 죽이는 선택을 하는 게 부모에게는 최선이라고 말이다. 영아는 살 권리를 가진 '인격체'가 아닌데도, 장애가 아닌 다른 특성을 가진 아기와 관련해서는 그렇게 주장하지 않으면서도.

나는 생물학적 부모들과 입양 부모들 모두 건강한 아기를 선호한다는 것이 그 확신의 이유 중 하나라는 것을 알게 됐다. 하지만 나는 시장 자체가 편견으로 구조화된 상황에서, 이 시장을 감안해 생사를 건 결정을 내리는 것은 문제라고 여긴다. 나는 가설 비교를 제안한다. "부모의 인종이 다른^mixed-race 아기의 경우는 어떻게 생각하시나요? 특히 완전히 비백인이면 장애가 있는 아기만큼이나 입양이 잘 되지 않을 텐데요?" 싱어는 그런 경우 (영아살해를 적용하는 것은) 문제라고 동의한다. "아기들이 백인이 아니어서 입양이 안 된다는 이유로 죽임당한다면 끔찍하겠네요." 그럼 무엇이 차이점인가? 인종에 기반한 선호는 비합리적인데, 장애에 기반한 선호는 합리적인 이유는? 싱어의 논리에 따르면 이유는 단순하다. 장애라는 특성이 삶의 질을 저하시키기 때문이다.

우리 삶의 질이 낮다고? 나는 전혀 그렇게 생각하지 않는다. 단순화하기에는 변수가 너무 많다. 장애를 선천적으로 타고난 경우, 장애 자체가 그 자신을 형성한다. 후천적으로 장애가 생긴 사람들은 변화에 적응한다. 우리는 장애를 선택하지는 않았지만, 그로 인한 제약들을 감수하며 그 안에서 풍요롭고 만족스러운 삶을 일궈왔다. 다른 사람들이 느끼는 기쁨은 물론, 우리 자신만이 느낄 수 있는 기쁨을 만끽한다. 우리는 세상에 필요한 뭔가를 가지고 있다.

나에게 장애와 행복 간 음의 상관관계를 설득하기 위해 싱어는 상황 하나를 제시한다. 해변에서 한 장애아가 다른 아이들이 노는 것을 바라보고 있는 상황이다.

자선기금을 마련하기 위한 텔레톤^telethon〔텔레비전과 마라톤의 합성어. 미국에서 처음 이 용어가 만들어졌을 때는 주로 동정을 불러일으키는 특정 인물을 내세우고 장시간 진행하는 자선기금 모금 방송을 가리켰다. 최근에는 주제나 내용보다는 형식에 초점을 맞추어, 밤새워 진행하는 선거 개표 방송이나 재해 관련 모금 방송도 텔레톤이라고 부른다.]에 나오는 바로 그 이미지다. 철학자는 조금 더 정교한 상황을 제시할 거라고 기대했던 나는 조금 실망해서 대답한다. "제가 바로 그 상황 속 아이였고 어린 마음에도 이미 사람들이 미친 듯이 뛰노는 다른 아이들과 비교하며 나를 측은해한다는 걸 알았어요. 그게 너무 싫었고, 지금도 그렇습니다." 나는 실은 나도 해변에서 재미있게 놀고 있었다는 것을, 서거나 걷거나 뛰지 않고도 놀 수 있다는 것을 구구절절 설명했다. 정말이지, 할 만큼 했다. 나는 싱어에게 이 주제에 대해 할 수 있는 말은 다 한 것 같으니, 다른 이야깃거리가 생기면 다시 연락하겠다는 메일을 썼다.

그러자 그는 그에 대한 대답으로 나를 프린스턴대로 초청했다! 나는 메일을 받고 흥분했다. 우리 엄마가 자랑스러워하겠는 걸, 하며 우쭐했다.

물론 고려해야 할 것들이 있었다. 낫데드옛은 싱어 측이 자기들 입장을 정당화할 수 있는 토론에는 협조하지 않았고, 나 역시 이런 입장에 동의하고 있었다. 장애인의 삶 자체를 논쟁거리로 만들면 안 된다. 게다가 저쪽이 토론 상대를 지정했으니 나는 구색 맞추는 역할로 보일 것이다. 물론 내가 실제로 구색 맞추는 정도의 역할을 하지는 않겠지만, 그럼에도 나는 이러기도 저러기도 곤란했다. 만약 내가 초청을 거절하면, 싱어에게는 핑계가 생긴다. 자신이 이성적인 토론을 제안했지만, 그들이 거부했다는. 이 오래된 속임수에 휘말리지 않기 위해 나는 가능성을 열어두었다.

싱어는 자신의 학부 수업 중에 한 차례, 그리고 전교생에게 공개된 자리에서 한 차례 견해를 주고받자고 제안했다. 학부 수업은 마치 상대가 마련한 판에서 그의 중재하에 내 삶을 토론하자는 것처럼 느껴졌다. 그래서 나는 내가 영아살해와 관련 주제에 대해 논평하는 강연을 하겠다고 맞제안을 했다. 그리고 학생들과 이야기를 나누기 전에 싱어에게 충분히 반박할 기회를 준다는 조건을 걸었다. 그날 오후에 열리는 좀 더 중립적이고, 다른 장애 이슈들도 다루는 교수-학생 포럼에 참여하라는 제안에 대해서도 고민했다. 싱어의 학과가 주최하지만, 여러 학과가 참여하는 포럼이었다. 나는 '조력 자살, 장애 차별, 그리고 선택의 환상: 장애 정의 관점에서'라는 주제를 골랐다. 그 후 이 계획을 몇몇 운동 동지들에게 알렸고, 조언들이 쏟아져 들어오기 시작했다. 그중 나는 이번 일을 해보라는 조언을 받아들이기로 했다. 낮게 포복해 상대의 책략에서 빠져나오는 전략을 써보기로 말이다.

나는 프린스턴대 방문 여정을 조율해줄 담당자를 알려달라고 요청했고, 싱어는 유능하고 동요하지 않는 성격이라고 소개하며 자신의 조교를 연결해줬다. 그러나 웬걸, 돌아서면 다시 싱어의 메일이 도착해 있었다. 가까운 호텔에 휠체어로 접근 가능한 객실은 스위트룸 하나밖에 없다며, 방 두 개짜리인데 무려 1박에 600달러라면서 어떻게 하냐고 물어온다. 나는 사정을 봐주면 안 된다고 생각하면서도, 그렇게 한다. 몇몇 조건이 갖춰져 있다면 휠체어로 접근할 수 없는 객실도 괜찮다고 대답한다. 이동과 관련한 또 다른 이슈가 발생한다. 우리는 계속해서 질문과 대답을 주고받는다. 공항에서 리프트가 있는 차량이 꼭 필요할까요? 당신이 일반 차량에 타는 걸 동행인이 도와줄 수는 없나요? 휠체어 폭이 얼마나 되죠?

이 모든 질의응답을 끝내고, 싱어는 나라는 사람의 폭이 약 70센티미터라는 것, 나는 손가락이 얼면 휠체어를 제어하는 데 어려움을 겪는다는 것, 거칠고 불규칙한 지면 위에서는 능숙하게 운전하지만 가파른 경사로에서는 긴장한다는 것을 알게 된다. 여기서 한발 더 나아가 너무 사적인 것까지 알게 된 것 같긴 하다. 내가 퓌레, 부드러운 빵, 그리고 포도 정도까지를 삼킬 수 있다는 것, 그리고 화장실에 가는 대신 베드팬〔환자용 요강〕을 사용한다는 것까지. 이런 것들은 비밀도 아니고, 나에게 삶에 대한 고뇌를 불러일으키지도 않는다. 하지만 싱어에게는 어떨지 궁금하다. 나 같은 사람의 삶의 질이 낮을 수밖에 없음을 입증하는 증거로 이런 사항들을 메모해두었으려나.

나는 한 가지 문제를 더 명확히 해두어야 한다는 것을 깨닫는다. 바로 에티켓이다. 찰스턴에서 싱어와 악수를 했다고 고백했을 때 나는 함께 활동하는 동료들로부터 비판받았다. 어떤 사람들은 내가 프린스턴대 방문에 동의했다는 데 질겁했다. 이런 반응은 당연히 이해가 간다. 하지만,

다시 말하는데 나에게는 선택지가 없었다. 나는 하루 동안 토론에 참여하기로 한 것이지 시위를 하기로 한 게 아니다. 프린스턴대에서의 싱어의 입지를 약화시키는 것은 내가 할 수 있는 일이 아니다. 개인적으로 무례하게 군다고 해서, 이루어낼 수 있는 건 없다. 하지만 친밀함을 표현하는 건 명백히 부적절하다. 나는 싱어에게 강연장에서는 서로를 해리엇과 피터가 아닌, 미즈 존슨과 미스터 싱어로 불러야 한다고 말했다.

그러자 그는 진심으로 짜증이 난 것 같았다. "그렇게 공식적이기를 원한다면 저를 싱어 교수님이라고 부르셔야 하지 않을까요?"라고 그가 말하기에 나는 그렇다면 존슨 변호사님과 싱어 교수님이 맞겠지만, 미국의 정치 토론의 관습에 따라 미즈/미스터를 붙이는 게 뉴저지에서는 좀 더 상식적으로 보일 것 같다고 대응한다. *알았어요, 그렇게 하죠.* 그가 말한다.

나는 내 오래된 동료 변호사에게 이 어색한 사회적 상황을 설명한다. 그는 화를 낸다. "안 됐지만, 싱어 그 자식은 자기가 뭘 하고 있는지도 모르는 것 같은데."

내가 프린스턴대에서 강연하는 장애인권 변호사가 되려면 일단 뉴어크 공항에서 몇 가지 특권을 부여받아야 한다. 오는 동안 항공사가 내 전동 휠체어를 망가뜨렸기 때문에 더

더욱 그렇다. 휠체어 사용자에게는 꽤 흔한 일이다.

애틀랜타를 지날 때, 승무원들이 휠체어가 망가졌다는 소식을 알려주었다. 나는 항의하며 공항에 수리 기사를 대기시켜달라고 요청했다. 완전히 고장난 배터리를 대체할 새 배터리도 당장 필요하다고 말했더니, 불가능하다는 답변이 돌아왔다. 공항에 도착하는 건 일요일 밤인데, 월요일 아침까지는 배터리를 구할 수 없다는 것이었다. 그들은 내가 공항에서 밤을 보내면, 아침에 휠체어를 수리한 후 프린스턴대까지 태워다주겠다고 말했다.

"그건 좀 곤란해요. 오전 10시부터 강연을 할 거라서요. 오늘 밤에 호텔에 가서 좀 자야, 내일 멀쩡한 정신으로 강연장에 가죠."

"뭐라고요? 강연을 한다고요? 저희는 콘퍼런스라고 들었는데요. 오늘 밤 당장 고쳐드려야겠네요!" 한 승무원이 내가 할 뻔한 발작을 대신해주어서 다행이다.

나와 동행하는 활동지원사 카르멘이 망가진 휠체어를 밀며 베드팬을 사용할 만한 장소를 찾아 공항을 헤맨다. 사생활을 지킬 수 없지만 기능적인 기저귀 교환대 대신, 뒤집힌 플라스틱 선반 같은 것을 찾아낸다. 하지만 도저히 내 32킬로그램 몸무게를 지탱할 수 있을 것 같지 않다. 그리 큰 문제는 아니다. 비행 내내 내가 수분 섭취를 제한했기 때문이다. 하지만 카르멘은 좀 당황한 것 같다. 그가 전동 휠체어와 함께 비행하는 건 이번이 처음이다. 나는 그에게 채비를 단단히 시켰다고 생각했는데, 아마도 휠체어가 망가질 가능성에 대해 경고하는 건 빠뜨린 모양이다. 나는 나를 잘 아는 사람들조차 내가 사는 세계에 대해서는 잘 모른다는 사실을 자꾸 잊는다.

우리는 예정보다 네 시간 늦은 밤 10시 15분에 호텔에 도착한다.

아침에는 피곤한 채로 잠에서 깬다. 뉴어크 공항에서 수리되지 않은 휠체어와 함께 밤을 보내는 것보다는 나았지만, 나는 어떤 호텔 침대에서도 푹 잔 적이 없다. 나는 신경이 날카로워서 카르멘에게 텔레비전을 꺼달라고, 지금 날씨 이야기를 들을 기분이 아니라고 말한다.

그리고 의사들이 수동 운동〔스스로 운동하기 어려운 사람의 외부에서 힘을 가해 관절을 움직여 근육 위축 등을 예방하는 운동〕이라고 부르는 스트레칭을 한다. 그것은 이름처럼 수동적이지만은 않다. 카르멘의 손이 나의 팔다리를 잡고, 내 지시에 맞춰, 움직인다. 내 의지를 그의 힘이 구현하는 것이다. 카르멘이 순서를 잘 알기 때문에, 우리는 침묵 속에서 천천히 하루를 시작한다. 나는 오트밀과 차로 식사를 하기 위해 스스로를 일으켜 세운다. 그러고 나서 베드팬을 사용하고 몸을 씻고 드레싱을 한다. 모든 일이 침대 위에서 진행된다. 카페인이 작용하면서, 침묵이 조금씩 깨진다. 우리는 실용적인 대화를 나눈다. 카르멘은 나를 휠체어에 앉힌 후 내 몸이 편하도록 둘둘 만 수건을 갈비뼈 밑에 대고 묶는다. 또 내 옷을 주름 없이 편다. 주름조차 압박성 통증을 일으킬 수 있기 때문이다. 그리고 휠체어를 켜고 나에게 누구의 도움 없이도 움직일 수 있는 힘을 준다. 괜히 전동^{power} 휠체어가 아니다.

나는 거울을 향해 다가가, 머리카락을 하나로 길게 땋는다. 이런 원초적인 머리 모양을 만드는 것조차, 지금 내 상태에서는 관절에 무리가 가는 행동이다. 나는 어제 땋았던 머리카락을 풀고 빗질을 한다. 손이 닿지 않는 곳은 카르멘이 빗어준다. 나는 머리카락을 세 개의 타래로 나누어 땋기 시작한다. 다 땋은 머리카락은 카르멘이 젊고 손상되지 않은 손가락으로 단단히 잡아당겨 준다.

내 패션의 완성은 큰 폴리에스터 스카프다. 카르멘이 스카프를 등 뒤로 넘겨준다. 나는 내 마음대로 묶지만, 카르멘은 등 뒤로 단정히 늘어뜨리려고 신경을 쓴다. 그는 내 몸을 큰 숄 두 개로 감싼다. 겉옷 대신이다. 나에게는 겨울옷이 없다. 찰스턴에서도 추우면 추운 대로 지냈다.

우리는 카르멘의 할 일을 체크한다. 내가 보이고 들리는 곳에 있을 것. 필요할 때 반응해주되, 방해가 되지는 말 것. 예의를 지키되, 나에 대한 어떤 질문에도 대답하지 말 것. 나는 그가 동행해주어서 무척 기쁘다. 카르멘은 강인하고, 명석하며, 적응을 잘하고, 나에게 집중한다. 하지만 지금은 왜 그러는지, 숄 밑을 헤집고 있다. 또 스카프 때문인가.

"카르멘, 뭐 하는 거예요?"

"당신이 깔고 앉아 있는 이 털복숭이 물건을 감추려고요."

"그냥 둬요. 싱어도 고기 먹는 사람들 많은 거 알잖아요. 이제 어떤 장애인은 양가죽 위에 앉는다는 걸 알 때도 됐죠."

——┼——

프린스턴대까지 가는 길은 추웠지만 다행히도 짧았다. 호텔은 연철로 만들어진 대학 정문 바로 맞은편에 있었고 가야 하는 건물도 몇 블록 떨어져 있지 않았다. 싱어의 조교가 우리를 엘리베이터로 안내했다. 하지만 그 엘리베이터는 청소부의 창고이기도 했다. 대형 쓰레기통이 실린 카트와 모든 장비들을 꺼내고 나서야 탈 수 있었다. 휠체어 사용자가 이 건물을 거의 드나들지 않는다는 게 분명했다.

우리는 이 '빗자루 보관소'를 타고 지하로 내려가, 긴긴 복도를 따라 큰 강연장으로 향했다. 학생들이 들어오는 동안 나는 음향 기술자와 가벼운 농담을 했다. 그는 나를 만지는 것을 꺼렸지만, 나는 무선 마이크를 스카프에 달아달라고 부탁했다.

1층과 연결된 뒷문으로 들어온 학생들은 계단을 내려와 자리에 앉았다. 나는 동물원 우리 속 동물이 된 기분이었다. 경사를 따라 여러 줄의 계단이 배치된 이런 공간 구조는 예측하지 못했다. 나는 물리적으로도 정신적으로도 인간의 벽에 의해 분리된 채, 여기 아래에 있는 구덩이에 밀어 넣어진 것 같았다.

10시 5분 전이었다. 싱어가 계단을 뛰어 내려왔다. 나는 카르멘에게 문을 열어달라고, 빗자루 보관소를 소환해 나를 여기에서 꺼내달라고 신호를 보내고 싶어졌다. 하지만 싱어는 나에게 반갑게 인사하고 500달러짜리 프린스턴대 수표를 건넸다. 그 비용에는 이 모든 부적절함에 대한 사과의 뜻이 담겨 있었을 것이다.

그래서, 쇼가 시작됐다.

학생들에게 내가 말하는 방식은 꽤 '남부적'이다. 나는 그들의 마음을 움직이고, 서사로 충격을 주고, 친근한 호칭을 쓴다. 나는 감정적인 톤으로 강연하고, 이야기의 오르내림을 조율한다. 정의에 대해, 그리고 아름다움과 사랑에 대해 말한다. 그들이 싱어로부터는 많이 배우지 못했을 것 같은 것들을.

물론 계약상의 의무가 있기 때문에, 나는 논쟁거리도 몇 가지 던졌다. 부모의 인종이 다르거나 비백인인 아기들과 관련한 가설을 제시하고 장애를 가진 삶의 질에 대한 입증 책임이 누구에게 있는지를 질문했다. 그리고 편견과 억압에 의해 가시화되지 않았던 소수자 집단을 대표해 이 강연을 했다는 점, 정의로운 세상에서라면 이런 논쟁은 결코 일어나지 않았을 것이라는 점을 분명히 했다.

그러고는 상황을 잠깐 내버려 두었다. 학생들은 내가 이끄는 곳으로 따라온 것 같은 표정이었다. 그들이 그냥 가 버리지 않았으면 했다. 하지만 벽에 걸린 시계는 약속한 대로, 내가 이야기를 멈추고 실험과 질문의 대상이 될 다음 순

서로 넘어가야 한다는 것을 상기시켰다.

싱어의 답변은 놀랄 만큼 부드러웠다. 아마도 이 토론이 나에게 모욕적이고 고통스럽다는 이야기를 들었기 때문에, 나를 더 불편하게 만들고 싶지는 않은 것 같다. 그가 재구성한 논점은 형식적이고, 추상적이고, 전혀 개인적이지 않다. 마찬가지로 학생들의 질문도 추상적이고, 거의 예측 가능하다. 무뇌증, 영구적인 혼수상태, 우생학에 기반한 임신 중지의 사례가 거론된다. 나는 그중 몇몇 질문에는 이야기를 섞어 설명하지만, 대부분의 질문에 대해서는 그냥 이메일로 보낼 만한 답변을 한다.

그리고, 강연장 뒤쪽의 젊은 남성을 지목한다. 그는 묻는다.

"당신은 고기를 먹나요?"

"네, 그런데요."

"그렇다면 당신은 어떻게 그것을 정당화할 수—"

"제가 동물권에 대해 공부해보지 않아서, 이 주제에 대해 이야기하는 게 큰 의미가 없을 것 같아요."

다음 학생은 장애와 인종 문제를 비교해보려고 했고, 싱어가 토론에 개입해서 나로부터 인종차별주의자 같은 발언을 이끌어내는 데 성공했다. 그가 1점 올렸지만, 괜찮다. 나에게 편견이 전혀 없다고 주장하려는 게 아니라, 그것과 분투하고 있는 중이니까.

싱어는 함께 교정을 한 바퀴 돌자고 제안한다. 내가 너무 춥지 않다면 말이다. 나는 조금 당황한다. "아마 바깥이 좀 따뜻해졌겠죠. 괜찮은지 한번 나가볼까요."

싱어는 계단을 통하지 않고는 건물을 빠져나가는 법을 모르기 때문에, 카르멘이 아까 타고 온 것과 다른 엘리베이터를 찾아 길을 안내한다. 우리가 건물 밖으로 나갔을 때, 그는 정중한 샤프롱〔프랑스어로 과거 젊은 여성이 사교장에 나갈 때 따라다니며 보살펴주는 보호자〕처럼 몇 발 떨어져 걷는다.

방금 강연장에서는 누군가가 혼수 상태의 환자를 살려두는 것에 대한 의견을 물었다. 나는 어렸을 때 알았던 한 가족에 대한 이야기를 들려주었다. 그 가족은 반응 없이 누워 있는 10대 딸을 정성껏 돌보며 모든 아이들을 손님으로 환대했는데, 그들의 무조건적인 헌신이 어린 나를 안심시켰다는 이야기. 물론 싱어는 이 이야기에 만족하지 못하고 논쟁을 이어나가려 했다. "그 사람이 완전히 의식이 없고 결코 의식을 되찾지 못할 것임을 우리가 증명할 수 있다고 가정해봅시다."

나는 이의를 제기할 필요는 없다고 생각했다. 어차피 한 마디 한 마디가 기록되는 것은 아니니까. 나는 그냥 게임 속에 머물렀고, 그가 계속하도록 내버려 두었다.

"그렇게 가정해보자고요." 그가 말했다. "그런데도 그 사람을 계속 돌보는 게 좀… 이상하다고 생각하지는 않나요?"

"아뇨. 그 자체가 무척 아름다운 일일 수도 있죠."

"하지만 돌봄 제공자에 대해서는 어떻게 생각해야 할까요? 그들은 통상적으로 여성이고, 가족 구성원에게서 이런 돌봄을 강요받기도 합니다. 돌봄 때문에 일을 그만두거나 자기 자신의 삶을 살지 못하기도 하는데요?"

"그래서는 안 되죠. 당연히 그래서는 안 됩니다. 가정 내의 돌봄 노동에 대해 사회적으로 임금을 지급해야 한다고 생각해요. 그런 돌봄은 몇 년씩이나 이어지죠. 여성에게 돌봄이 강요되어서도 안 되고요. 내 가족 구성원 중 누구도 강제로 나를 돌보면 안 되는 것처럼요."

싱어는 프린스턴대의 각종 건축적 구조물들 주위로 나를 안내한다. 계단과 연석이 없고 경사가 심하지 않은 길을 따라서. 이 이상한 임무의 이상한 한계 속에서, 그는 나를 편안하게 해주기 위해 최선을 다하고 있다.

학생들의 질문에 대해 어떻게 생각하냐고 그가 물었다.

"상상했던 것과 크게 다르지 않은 질문들은 괜찮았어요. 고기를 먹는지에 대한 질문은 조금 당황스러웠고요."

"그 질문에 대해서는 제가 사과드릴게요. 주제를 좀 벗어났던 것 같아요. 하지만 제 생각에 그가 알고 싶었던 건, 당신이 인간의 삶에 대해서는 깊게 존중하는데 어째서 비인간 동물의 삶에 대해서는 그렇지 않은지였던 것 같아요."

"최근에는 반대 질문들도 하고 있죠. 어떻게 비인간 동물의 삶을 그렇게나 존중하면서 인간의 삶은 그만큼 존중하지 않을 수 있냐고요."

"그런 질문에는 뭐라고 대답하시나요?"

"모른다고 하죠. 저는 잘 이해가 안 돼서요."

"음, 제 견해로는요—"

"잠깐만요. 저는 지금까지는 몰라서 행복할 수 있었는데, 오늘 당장 그 행복을 포기할 준비는 되어 있지 않아요."

"그렇군요." 그는 다시 프린스턴대의 역사를 설명하다가 걸음을 멈춘다. "여긴 당신에게 특별히 흥미로운 곳일 것 같네요. 낫데드엣이 봉쇄를 시작했던 곳이에요." 나는 상기시켜줘서 고맙다고 한다. 나 이전에 여기에 왔던 형제 자매들이 했던 일이 지금 내가 하고 있는 일보다 훨씬 더 적절했을 것이다.

—┼—

나와 카르멘이 탄 밴은 저녁 포럼 시간보다 일찍 도착한다. 싱어는 우리가 오후를 즐겁게 보냈기를 바란다는 인사를 건넨다.

네, 정말로요. 나는 점심 식사를 마치고 낮잠도 즐겼다고 대답한다. 그리고 크리스토퍼 리브〔영화 〈슈퍼맨〉 시리즈로 유명해진 배우로 승마대회에서 낙마해 전신마비가 되었다.〕의 이름을 딴 스위트룸이 호텔에 있더라고 말했다. 그곳은 리브가 지낼 수 있도록 리모델링된 방이다. 가족들이 이 근처에 살았다고 한다.

"그게 제가 처음에 말씀드렸던, 접근성이 확보된 1박에 600달러짜리 스위트룸인가요?"

"확실해요. 그게 리브의 방인 줄 알았으면, 거기가 아니면 안 된다고 좀 더 버텨보는 건데요."

"당연히 그러셨어야죠!" 싱어가 웃었다. "그러면 우리에겐 선택의 여지가 없었겠죠?"

우리는 리브의 장애운동 비판 등 여러 주제에 대해 이야기한다. 싱어는 대화 상대로 나무랄 데가 없다. 나처럼 사는 삶을 피할 수 있는 실수로 보는 것만 빼면 말이다.

나는 준비되어 있다는 채식 유동식이 기대된다. 배가 고프다. (저녁 포럼의 주제인) '조력 자살'은 어려운 주제이긴 하지만 '장애를 이유로 한 영아살해'에 대해 토론해야 할 때의 고통을 야기하지는 않는다. 반대 견해가 잘못되었다고 생각하기는 하지만 이해한다. 어느 정도는 공감하기도 한다.

나의 기조 발언 시간은 5분이다. 나는 낫데드옛이 추천해준 논문의 논리로 논점을 제시한다. 앤드루 바타비아Andrew Batavia는 장애인권 운동에서 높게 평가하는 가치인 자기결정에 기반한 조력 자살에 찬성한다. 자신의 삶을 통제할 권리를 위해 싸워온 운동의 맥락에서, 조력 또한 권리의 일환으로 접근 가능해야 한다. 삶을 끝내기로 결정하는 경우에도 마찬가지다. 하지만 캐럴 길Carol Gill은 조력 자살이 장애 차별적이라고 주장한다. 아프거나 장애가 있는 사람들의 자살을 용이하게 만들기 때문이다. 다른 종류의 자살은 방지하려고 노력하는 사회적 분위기에 비추어보면 그것은 명백한 차별대우다. 많은 사회과학 연구는 일반 대중, 특히 의사들이 장애인 당사자보다 장애인의 삶의 질을 더 낮게 평가하는 경향이 있음을 증명한다. 조력 자살도 이런 고정관념에 의해

행해진다는 것이다. 장애인의 삶의 질이 근본적으로 낮기 때문에 우리가 죽기를 원하는 것이 완전히 이성적이라는 논리로 말이다.

나는 길의 견해에 동의한다. 조력 자살 합법화 주장과 관련해 가장 걱정스러운 점은 그 주장이 실은 특정한 사람이 자살하는 것은 합리적이거나 옳다는 의학적 결정인데도, 겉으로는 개인에게 시혜를 베푸는 일처럼 보인다는 점이다. 자기결정 이전에, 우리에게 무엇이 최선인지를 판단하는 비장애인의 관점이 영향을 미친다.

이어진 토론에서 나는 불평등이 만연한 사회적 맥락을 고려해봤을 때 그런 선택은 환상이라고 주장한다. 선택은 외압에 의해 구성된다. 모두가 매일 아침 침대 밖으로 나가 좋은 삶을 살아내기 위한 도움을 받을 수 있기 전까지는, 누군가의 자살을 도와서는 안 된다. 자살경향성의 일반적 원인인 의존성, 자신이 짐이 된다는 부담감 등 심리적 문제나 제도적 한계 등은 고치거나 해결할 수 있다. 내 오른쪽에 앉아 있던 싱어도 토론에 참여하지만 장악하려 들지는 않는다. 식사를 하는 중간중간에 나는 손이 닿는 곳에 물건들을 놓아달라고 부탁하고 그는 능숙하게 대응한다.

나는 어떤 학생들의 질문은 다 알아듣지 못한다. 익숙한 단어들인데, 의미 없는 방식으로 열거되어서 들은 후에도 기억이 나지 않는다. 마치 타갈로그어로 된 긴 문장 같다. 그럴 땐 내 한계를 인정할 수밖에 없다. "그 질문이 저에게는 너무 추상적이어서요, 다른 말로 해주실 수 있나요?"

질문자는 할 수 있는 한 명확하게 말한 것이라고 대답하고, 나는 다음으로 넘어간다.

잠시 후, 내 오른 팔꿈치가 밑으로 떨어져 내린다. 곤란하다. 보통 이럴 때는 오른쪽에 있는 사람에게 도움을 요청한다. 지금이라고 왜 아니겠는가? 나는 싱어에게 신호를 보낸다. 그가 나를 향해 몸을 기울이고, 나는 속삭인다. "손목을 잡아서 2~3센티미터 앞으로 밀어주세요. 들어 올리지는 말고요." 그는 지시대로 하고, 내가 다시 포크로 음식을 집을 수 있게 된 것을 본다. 그리고 아마도 그는 1분 전에 내가 한 이야기, 장애인이 필요로 하는 대부분의 도움에는 의료적 훈련이 필요하지 않다는 이야기를 이해하게 되었을 것이다.

이 철학 교수가 말했듯 "조력 자살에 대한 당신의 반대는 본질적으로 하나의 전술"인 것이다.

"뭐라고요?"

"내 말은, 반대 입장이 정치적, 사회적, 경제적 불평등이라는 현재의 조건에 기반하고 있다는 거예요. 만약 그런 조건이 존재하지 않는다고 가정하면 어떨까요?"

"왜 그렇게 해야 하죠?"

"당신이 취하고 있는 입장의 진짜 근거를 알고 싶어서요."

변호사라는 내 정체성의 기반이 흔들리는 것 같다. 내가 철학자가 아니라는 사실이 문득 분명해진다. 그의 앞에서 나는 마치 우리 로스쿨에 방문하곤 했던 나이 든 변호사들 중 하나가 된 기분이다. 그들은 진짜 세상에서의 삶에 대해 허풍을 치곤 했다. 정말 지루하네요! 한때 예리했던 그의 정신이 이제 흐려졌군요! 나는 겨우 마흔네 살이고, 그렇게 나이 들지는 않았는데도 말이다.

포럼이 끝났다. 나는 내 몫의 음식을 거의 먹지 못해서, 카르멘에게 남은 음식을 포장할 용기를 구해달라고 부탁한다. 싱어가 달려가 상자를 가져오더니 음식을 싼다.

집에 돌아오자, 사람들은 이야기를 해달라고 난리다. 변호사들은 그 어마어마한 적을 법적 논리로 물리친 승리담을 낱낱이 듣고 싶어한다. 그런 게 아니라고 내가 말하면, 그런 일이었다고 그들은 주장한다. 장애인권 커뮤니티는 그 일의 의미에 대해 확신하지 못한다. 대체로 내가 토론은 잘 했다고 생각하지만, 나의 정중한 태도가 싱어에게 새로운 정당성을 부여해주었을 것이라는 우려가 나온다. 내 사랑하는 동지인 로라의 반응도 그랬다. 그는 내가 식사 때 싱어로부터 사소하나마 신체적인 도움을 받았다는 사실에 질색한다. "활동지원사는 뭘 하고요?" 그는 내가 어떻게 싱어와 그런 관계를, 싱어가 너무나 인간적이고 친절하게 보이게 하는 관계를 맺을 수 있는지를 따져 묻는다.

나는 설명하느라 애쓴다. 나는 도움을 받았다고 해서 내가 무력해졌다고 느끼지는 않았다. 오히려 반대로 그에게 쓸모 있는 일을 시킨 건 잘한 것 같다. 그리고 가장 인정하기 어려운 부분이지만, 나는 싱어가 실제로 인간적이고, 심지어 친절하다고 믿게 되었다. 그 나름의 방식으로 말이다. 나는 로라와 선과 악, 그리고 개인적인 도움과 권력, 철학과 전술에 대한 토론을 한다.

나는 로라에게 다시 메일을 보내, 내 유언장을 바꿀 예정이라고 알린다. 내가 죽으면 로라는 싱어가 나에게 준 책을 받게 될 것이다. 그의 글을 모은 그 책에는 이상하지만 적절한 인사말이 적혀 있다.

"해리엇 존슨에게. 당신이 동물에 관한 질문에 더 나은 대답을 찾기를. 프린스턴대에 와주어서 고맙습니다. 2002년 3월 25일 피터 싱어 드림."

그러자 로라도 자신의 유언장을 바꾸겠다고 말한다. 그는 미국 근육위축병 협회의 간판격 수혜 아동 자격으로 받았던 제리 루이스의 친필 사인 사진을 나에게 남길 것이다. [배우이자 코미디언, 시나리오 작가인 제리 루이스가 이 협회를 위해 장기간 기금 모금 행사를 했다.] 우리는 서로에게 "살아야 할 이유"를 줬다고 농담한다.

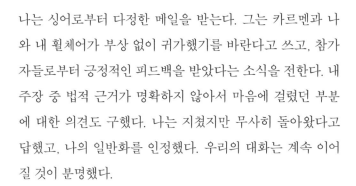

나는 싱어로부터 다정한 메일을 받는다. 그는 카르멘과 나와 내 휠체어가 부상 없이 귀가했기를 바란다고 쓰고, 참가자들로부터 긍정적인 피드백을 받았다는 소식을 전한다. 내 주장 중 법적 근거가 명확하지 않아서 마음에 걸렸던 부분에 대한 의견도 구했다. 나는 지쳤지만 무사히 돌아왔다고 답했고, 나의 일반화를 인정했다. 우리의 대화는 계속 이어질 것이 분명했다.

나는 다시 빠르게 변호사 업무, 가족과 커뮤니티, 정치를 둘러싼 일상적 요구들 속으로 돌아갔다. 주 의회 회기가 종료되는 날, 나는 장애인권 관련 법안 통과를 도왔다. 장애인을 죽이는 것이 더 이상은 장애라는 '문제'에 대한 매력적인 해결책으로 거론되지 않는 세상을 향한 한 걸음이 되기를 바라면서. 이런 종류의 일에 집중하는 것은 좋다. 하지만 싱어와 관련한 대화들도 계속되고 있다. 나 자신도 적절한 도덕적 판단을 내리기 어려워서, 스스로 냉정하게 묻는다. 나는 실은, 내가 원하는 관심을 누군가로부터 받았다는 이유로 쉽게 바뀔 수 있는 실없는 사람인가? 물론 그렇지 않기를 바라지만, 아무리 정당한 분노라도 한 번에 30분 이상 지속해본 적이 없었다는 사실을 자백한다. 내 인생관은 점점 더 '비극'에 가까워지고 있다.

내가 지금 피터 싱어를 어떻게 보게 되었는지를 설명해보면, 비극적 인생관이 무엇인지 더 잘 와 닿을 것이다. 그는 고차원을 사고하는 재능을 타고났다. 그는 종교, 장소, 가족, 부족, 커뮤니티, 심지어 종種의 관점까지 벗어던지고 "우주의 관점"에서의 사실과 이성에 기반한 윤리적 체계를 구상하려 한다고 밝힌다. 그의 작업은 장대하고 영웅적이다.

하지만 고전 드라마의 주인공처럼, 싱어에게도 결점이 있다. 장애인은 "고통받고" 있고 "행복하게 살 가능성"이 더 적기 때문에 장애를 가진 삶은 본질적으로 "질이 낮다"는, 그의 검증되지 않은 가정이다. 너무나도 흔한 이런 편견 때문에, 그리고 그것을 논리적 결론으로 이끌어가는 그의 드문 용기 때문에, 저만치에 파국이 모습을 드러낸다. 이 공연의 중반부쯤, 그를 바라보는 내 마음에는 동료애가 생겨난다.

나는 싱어가 나의 인간적인 연민의 대상이 될 자격이 없다고 말하는 사람들을 정기적으로 마주친다. 나는 그를 확고한 분노의 대상으로 만들어야 한다. 그를 단절시키고, 침묵시키고, 완전히 파괴해야 한다. 그리고 그렇게 하지 않을 논리가 부족하다는 것도 안다.

여동생인 베스는 나와 통화를 하다가 "언니, 그 괴물을 좋아하는 것 같은데?"라고 말한다. 나는 피할 수 없었고, 거짓말하기도 싫었다. "음, 어떤 의미에서는. 그리고 그가 꼭 괴물은 아니야." "있잖아, 해리엇. 나치 중에서도 예의 바른 사람들이 있었어. 친위대들도 매일 밤 집에 가면 아이들과 방바닥을 뒹굴며 놀아줬다고."

내가 훈계받는 기분이라는 걸 알아챈 그는 주제를 바꿔, 나를 곤경으로부터 빼낸다. 싱어를 그렇게까지 엄격하게 평가하는 건 좀 의외다. 그는 우리 가족 중에서도 그렇게 도덕적인 편은 아니다. 오히려 내가 그런 편이다.

전화를 끊는데, 논쟁하기 좋아하는 내 자아가 불만을 토로한다. 나는 내 입장을 방어하면서 대화를 재구성해본다. "그가 그렇게까지 괴물은 아니야. 그저 생각하는 방식이 좀 이상할 뿐."

"그는 제노사이드를 옹호하고 있잖아."

"그게 문제야. 그는 자신이 그렇게 하고 있지 않다고 생각해. 그는 단지 부모에게 선택권을 준다고 생각한다고. 자기가 이야기하는 [생물종으로서의] 인간 humans은 사람들 people과도, 인격체 persons와도 다르다고 생각한다고."

"하지만 그런 일이 벌어지는 게 항상 그런 식이잖아. 죽임당하는 이들은 항상 '동물', '해충' 혹은 '재산'으로 불렸다고. 그는 오래된 발상을 지금 이 시대가 받아들일 수 있게 새로 포장했을 뿐이야."

"내 생각에, 그의 발상은 어떤 면에서는 새로운 것 같아. 옛날 방식의 혐오는 아니야. 잘못된 정보를 바탕으로 왜곡되어 있는 선의랄까. 그의 동기는 선해."

"동기가 무슨 상관이야? 그 선의가 장애인 형제자매들을 죽이는데?"

"하지만 그는 아무도 죽이지 않아. 그냥 말만 하는 거지."

"그냥 말이라고? 의제가 있는 말이고 정책 형성을 목표로 하는 말이잖아. 듣고자 하는 청중들을 불러 모으는 말. 그런 종류의 말이 어떤 힘을 발휘하는지 언니도 잘 알잖아."

"그래, 알지. 하지만—"

"말이 그렇게 중요하지 않다면, 그럼 그게 언니의 삶에 영향을 미치도록 내버려 둘 거야?"

"하지만 결국 그의 말은 중요하지 않을 거야. 그는 윤리를 재발명하는 데 성공하지는 못할 거야. 그는 용광로를 휘저으며 속엣것들을 끄집어내지만 결국 살아갈 수 있는 세계를, 모든 결함 있는 생명체들에게 자리가 있는 사회를 만드는 것은 우리일 거야. 역사는 싱어를 패러다임이 충돌할 때 발생할 수 있는 흥미로운 사례로 기억하겠지."

"언니가 틀렸다면? 그가 태아와 영아의 생명 사이에는 윤리적으로 중요한 차이가 없다고 사람들을 설득한다면, 그래서 지금 장애가 있는 태아가 흔히 낙태되듯이 장애가 있는 아기들도 죽임당하게 된다면? 미래 세대는 싱어의 생각보다 더 멀리 갈 수도 있어. 영아와 세 살짜리 유아 사이에도 윤리적으로 중요한 경계가 없는 것 아니냐는 이야기가 나오게 된다면?"

"그럴 수 있지. 싱어는 명확한 선을 그을 수 없다는 점은 인정해. 하지만 그가 살고자 하는 사람을 죽이자고 제안하는 건 아니야."

"개인의 삶에 대한 선호를 절대적으로 존중한다는 것이 실제로는 허구이거나, 페티시이거나, 거의 종교적 믿음 같은 것에 불과하다는 비판도 있잖아."

"맞아. 나도 그렇게 생각해. 나는 무신론자로서, 일단 누군가를 죽이게 되면 그때부터 선호의 문제는 논의할 의미가 없다고 생각해. 피해는 살아남은 커뮤니티의 몫인 거지."

"그래서 만약 그런 견해가 이긴다면? 그리고 언니가 장애에 대한 편견을 깨뜨릴 수 없다면? 장애인 당사자의 살고자 하는 '비이성적인' 선호를 장애의 발생을 줄이고자 하는 사회의 '이성적인' 이익에 굴복시켜야만 하는 세상이 된다면? 끔찍하지 않아? 누군가가 언니를 가스실에 밀어 넣고 문을 닫는 걸 보는 게?"

"그런 일은 일어나지 않을 거야."

"그렇게 확신할 수 있는 경험적인 증거가 있어? 그냥 논리적인 주장인 거야?"

"물론 아니지. 나도 그런 일이 예전에 일어났던 걸 알아. 그것도 세상에서 가장 발전한 의료계에 의해서. 하지만 다시 그런 일이 일어나지는 않을 거야, 그렇게 믿어야지."

믿음. 결국 이야기가 그렇게 되는 건가. 나는 결국 믿음이 있는 사람인 걸까. 아니면 나는 비극 속 주인공이 이번만큼은 너무 늦기 전에 경로를 바꾸었으면 하는 어리석은 희망에 매달리고 있는 걸까.

그렇게는 생각하지 않는다. 나에게 이것은 믿음이나 희망의 문제라기보다 내가 실제로 살아갈 수 있게 하는 '정의 ^{definitions}'에 대한 실용적인 요구의 문제다.

내가 만약 싱어가 갖고 있는 장애에 대한 편견을 궁극적인 악으로, 그를 괴물로 정의한다면, 장애인의 삶은 근본적으로 질이 낮고 특정한 의식이 없는 삶은 가치가 없다고 믿는 모든 사람에게도 같은 잣대를 적용해야 한다. 그렇게 정의해버리면 거리에서 만나고, 함께 일하고, 빵을 나누고, 서로 이야기하고, 지역 정치의 고단한 일들로 얽혀 있는 사람들 중 상당수가 '괴물'이 될 것이다. 내 가족과 비장애인 친구들, 나에게 개인적으로 친절을 베풀고 때론 자신의 무지를 넘어서며 나를 좋아하려고 애쓰는 사람들에게도 영향을 미칠 수 있다. 나는 그들 모두를 아우르는 궁극적인 악의 정의만으로는 살 수 없다. 나는 대다수의 사람들이 지닌 기본적인 존중과 인간적인 연민을 통째로 거부할 수는 없다. 내 마음은, 내가 지닌 사랑은 그들 하나하나를 단호히 부정하지 않는다.

내 인생의 드라마는 나 같은 사람이 존재하지 않는 게 낫다고 생각하는 세상 속에서 쓰였다. 그것이 이 드라마만의 특징이다. 나의 투쟁은 나를 대하는 세상을 향한 것이었을 뿐 아니라 세상을 대하는 나를 향한 것, 협상을 향한 것이기도 했다.

아웃사이더인 장애인으로서 나는 자리, 관계, 커뮤니티 그리고 연결을 얻으려고 고군분투해왔다. 나는 아직도 내 인간성을 인정받기 위해 노력하는 중이기에, 종을 넘어서자는 싱어의 요청이 사치스럽게 느껴지기도 한다. 내 목표는 내 특정한 경험으로부터 얻은 관점에 목소리를 부여하는 것이다. 나는 반대 입장이 주춤하는 순간 폭발하고 가속화될 우리 장애인 부족의 혁명에 동참하고 싶다.

싱어의 비전이 지닌 심각한 순수성을 경계하기 위해, 나는 그것이 사회적으로 상호연관되면서 오염되는 양상을 주시할 것이다. 싱어의 이론적인 세계와 그것의 전적으로 논리적인 확장이 실현되어선 안 된다는 희망으로, 나는 장애가 있는 채 잘 살아온 우리의 어수선하고 혼란스럽고 부인할 수 없는 현실들을 계속해서 세상에 내보일 것이다. 그게 내가 할 수 있는 최선이다.

키테이 데이비슨을 기리며

테
 일
  릴
   라 　Ａ　.　루
           이
            스

키테이 데이비슨Ki'tay D. Davidson은 흑인 장애인 트랜스남성 인권 활동가였으며 2014년 12월 2일에 사망했다. 이 글은 그의 장례식 추도사이다.

이 자리에 서게 되어 영광입니다.

키테이 데이비슨을 알고 사랑하는 이들과 함께할 수 있어 감사합니다. 저는 테일릴라 루이스입니다. 키테이는 저에게 인생의 동반자였고, 멘토이자 멘티, 가장 친한 친구이자 사랑의 의미를 정확히 알려준 사람입니다.

결국 사랑이 이깁니다. 그것이 오늘 이야기할 주제이자, 제 여생의 주제인 것은 분명 키테이 덕분입니다.

오늘 우리는 사랑을 행동으로 실천한 한 아름다운 사람을 기리기 위해서뿐 아니라, 여러 다른 정체성을 갖고 있지만 바로 당신처럼 다 같은 인간인 이들에 대해 배우기 위해, 그들과 함께 확신하고 사랑하고 싸우는 방법을 배우기 위해 이 자리에 모였습니다. 그래야만 우리는 자신을 더 깊이 사랑하며 키테이가 온몸과 온 마음으로 꿈꿨던 정의와 해방의 세상으로 더 빨리 갈 수 있을 것입니다.

키테이를 떠올리게 하는 시인 루미의 시 한 구절을 인용하려 합니다. 질문과 대답, 대화의 형식으로 쓰인 시입니다. 여러분도 아시겠지만 키테이는 늘 대화했습니다. 연립

interdependence [장애학자이자 장애인권 활동가인 김도현은《장애학의 도

전》을 통해 사회적 존재가 함께 서는 것을 강조하는 의미로 '자립'이
아닌 '연립' 개념을 쓰자고 제안한다.]의 가치를 중요하게 여겼죠.

"내 마음은 너무 작아서 거의 보이지 않을 정도예요. 당신은
어떻게 그렇게 큰 슬픔을 거기에 담아둘 수 있나요?"
"보십시오." 그가 대답했다. "당신의 눈은 그보다 더 작지만,
세상을 담고 있지 않습니까."

키테이는 많은 사람과 조직에 큰 영향을 미쳤습니다.
자신의 가치, 존엄, 아름다움을 확신하지 못하는 사람에게
는 긍정의 목소리였고 억압과 폭력이 만연한 조직에서는 사
랑과 정의의 목소리였습니다.

모두가 전통, 종교, 관습을 두려워하며 갇혀 있을 때
흑인이자 장애인, 트랜스남성인 자신만의 정체성으로 한계
를 깨뜨린 목소리였습니다.

저는 키테이의 업적과 그가 추구한 바를 어떤 언어로도
다 담아낼 수 없지만, 그의 존재로 인해 우리가 바뀌었다는
점 하나만은 확신합니다. 돌이킬 수 없이, 더 나은 방향으로
요. 여러분 중 대부분은 키테이를 만나셨겠지만, 그가 어떤
사람이고 무엇을 지향했는지 조금 더 말씀드려보고 싶습니
다.

키테이는 혁명적인 몽상가였고 리더였으며 사랑할 줄
아는 사람이었습니다. 사람들을 귀하게 여기고 모두에게 힘
을 실어줌으로써 행동을 추진해나가는 사람이었죠.

지난해 백악관이 장애인권에 대한 키테이의 기여를 인정해 '변화를 이끈 챔피언^Champion of Change' 상을 수여했을 때, 그는 이런 수상 소감을 밝혔습니다.

나는 리더 혹은 "챔피언"에게 행동에 대한 책임을 지우는 방식에 이의를 제기합니다. 행동은 카리스마 있는 개인이나 유명한 활동가만의 일이 아닙니다. 이는 우리 모두를 위한 일이자 삶의 방식입니다. 세상의 불의와 불평등에 대한 자연스러운 대응입니다.

오늘 저는 감사합니다. 이 세상을 더 나은 곳으로 만들기 위해 고군분투하는 모든 동지들에게 감사합니다. 이 세상이 자기 자신보다 더 크다는 것을 깨닫고 운동장을 평평하게 만드는 데 관심을 쏟는 모두에게 감사합니다. 이들은 커뮤니티를 변화시키는 데 자신의 권리와 기회, 존재를 사용하는 사람들입니다. 제가 받은 이 귀중한 상은 저 자신이 아니라 커뮤니티를 위한 상입니다. 저는 변혁의 삶을 살아내고 있는 수천 명을 대표할 뿐입니다. 저 이전에 왔던, 제가 만났던, 앞으로 올 챔피언들에게 감사합니다. 우리의 아름다운 커뮤니티에서 격려하고, 귀 기울이고, 믿음을 갖고, 투쟁하고, 사랑하는 챔피언들에게 감사합니다. 우리는 해왔던 대로 앞으로도 계속 바꿔나갈 것입니다. 끊어야 할 사슬이 많습니다. 모두를 포용하는 환경을 만드는 책임을 함께 지는 여러분을 지지하고 환영합니다.

이것이 키테이의 진실입니다. 그는 인종차별, 성소수자 혐오, 장애 차별, 그리고 미국 투옥의 역사 속에서 수감된 사람들에 대한 차별〔미국 정부는 1970년대 이후 범죄에 대한 강경 대응 정책을 펼쳤고, 이로 인해 수감자가 급증하는 대량 투옥의 시대가 이어졌다. 이 정책은 흑인, 이민자 등 불리한 사회적 조건에 처한 소수자들을 국가 처벌을 통해 통제하고 차별하는 수단이었다는 비판이 있다.〕 등 여러 다른 맥락에서의 불의에 대항하는 혁신적인 방법들을 고안해냈습니다. 정말이지, 그에게는 신념을 행동으로 옮기는 용기가 있었습니다.

게다가 키테이에게는 자신과 소수자 커뮤니티를 (대부분은 그저 자신에게 '정상'으로 여겨지지 않는다는 이유로) 억압하는 사람들과도 함께하는 능력이 있었습니다. 그런 사람들에게조차 만나는 순간부터 사랑을 불어넣었기 때문에 그는 예언자나 현자라고 불리기도 했습니다.

그의 뿌리는 언제나 사랑이었습니다.

그는 세상의 문제에 대한 해답을 다 아는 척하지 않았고, 항상 배우는 것에 자부심을 느꼈습니다. 우리 대부분은 이해하지도 못하는 문제를 연구하고 그 결과를 공유하지 않은 날이 없었습니다. 우리가 혼란스러워해도 모욕하지 않았고 스스로 넘어설 수 있다고 독려했습니다. 그는 아무리 추상적이고 미묘한 개념이라도 우아하고 명쾌하게 설명해주었기 때문에 우리는 몇 날 며칠을 노력해야 할지언정 결국 이해하고 미소 짓게 되었습니다.

그것이 키테이가 지닌 사랑의 언어였습니다. 커뮤니티

를 중심으로 한 배움, 성장, 행동, 그리고 치유.

그는 종종 아사타 샤커^Assata Shakur〔미국의 흑인 인권 활동가로 '흑인 해방 전선'의 일원이었다.〕의 말을 인용했습니다. "투쟁은 우리의 의무입니다. 승리는 우리의 의무입니다. 우리는 서로를 사랑하고 보호해야 합니다. 우리의 연대 이외에는 잃을 것이 없습니다."

흑인, 장애인, 원주민, 젠더 비순응자, 트랜스인, 홈리스, 성 노동자, 수감자 등 어떤 집단에 대한 불의에도 침묵해서는 안 된다는 것을 그는 이해하고 있었습니다. 각 집단의 해방은 서로 불가분하게 이어져 있으며, 다음 세대를 위해 연대해 싸워야만 정의를 얻을 수 있다는 것을요. 우리는 자신의 자유를 모든 커뮤니티 구성원의 권리를 증진시키기 위해 사용할 때에만 정녕 자유로워질 수 있다는 것을요. 넬슨 만델라는 말했습니다. "해방은 단순히 자기 자신의 사슬을 풀어 던지는 것이 아니라 다른 사람들의 자유를 존중하고 넓히는 방식으로 살아가는 것"이라고요.

최근 키테이는 보편적 평등, 연대, 집합적 행동주의에 대한 열망으로 저, 그리고 퀴어 장애인 인권 활동가인 앨리 캐닝턴과 함께 #장애연대^#Disability Solidarity 를 만들었습니다. 장애 연대는 장애 정의^disability justice 를 위해 투쟁하는 조직들이 인종 정의 및 비장애 인권 조직들과 연대할 수 있는 원동력이 되어 왔습니다.

당시 그는 나에게 감사의 이메일을 보내며 달라이 라마의 말을 인용했습니다. 인간의 특성 중 가장 의아한 것이 무엇이냐는 질문에 대한 답변이었습니다.

> 인간의 특성 중 내게 가장 의아한 것은 삶의 방식입니다.
> 인간은 돈을 벌기 위해 자신의 건강을 희생합니다.
> 그리고 건강을 회복하기 위해 돈을 쏟아붓죠.
> 미래가 너무나 불안해서 현재를 즐기지 못합니다.
> 그 결과 그들은 현재에도 미래에도 살지 않고
> 결코 죽지 않을 것처럼 살다가
> 진짜로 살아본 적 없이 죽습니다.

키테이는 충실하게 살았습니다. 그리고 우리 문화에 만연한 헛된 것들을 의식적으로 무시했죠. 그는 자연스러운 것들에서 아름다움을 발견했습니다. 젠더, 피부색, 신념, 장애 여부, 성적 지향, 종교적이거나 정신적인 성향과 관계없이 모든 사람들을 가치 있게 여겼습니다. 귀 기울이는 사람들은 물론, 무관심해 보였던 사람들과도 아름다움을 나누었습니다.

여기 있는 많은 분들이 성경에서 배운 은혜와 정의의 이야기에 익숙할 겁니다. 저는 운 좋게도, 키테이의 실천을 목격했습니다. 연대란 현 상황에 대한 능동적인 저항입니다. 그것은 **모두가** 존중받고, 귀하게 여겨지고, **사랑받고** 있음을 알게 하는 행위입니다. 연대는 또한 우리가 실패하더라도, 개인적 대의와 집합적 대의는 불가분하게 연결되어 있으므로, 결국은 대의에 헌신했음을 알게 하는 것입니다.

키테이는 22년간 많은 사람들이 평생을 걸쳐 하는 것보다 많은 일을 해냈습니다. 만약 키테이가 지금 여기에 있다면, 그는 아마 마틴 루터 킹 주니어의 말을 따와 이런 이야기를 할 것입니다.

이제 시작합시다. 새로운 세상을 향한 길고 쓰라린, 하지만 아름다운 투쟁에 다시 뛰어듭시다. 이것이 우리 세대의 소명이며, 여러분의 대응을 간절히 기다리는 다음 세대의 소명입니다. 너무나 고되다고 하실 겁니까? 투쟁이 너무 어렵다고 하실 겁니까? 우리가 온전한 인간으로 도래하는 것을 삶의 무게가 방해하고 있어서 너무나 유감이라는 메시지를 미래에 보낼 건가요? 아니면 갈망하고 희망하고 연대하며 어떤 대가를 치르더라도 대의에 헌신하겠다는 메시지를 보낼 건가요? 선택은 여러분의 몫이고, 다른 방향을 선호할 수도 있지만 인류 역사에서 중요한 이 순간에 우리는 선택해야만 합니다.

마지막으로 저는 여러분께 사랑하고 행동해달라는 요청을 드립니다. 작가 파울로 코엘료의 글을 인용하면서요.

그 순간 사랑이 나타나 말했습니다. "당신이 특정한 지점으로 나아가고 있다고 생각할 때, 그 목표의 정당성은 그것을 향한 당신의 사랑에 있습니다. 잠시 쉬더라도, 할 수 있는 한 빨리 일어나 계속하세요. 당신이 자신을 향해

오는 길이라는 것을 알게 된 그 목표가 당신을 만나기 위해
달려오고 있기 때문입니다."

그리고 다시 마틴 루터 킹 주니어의 말로 요청드립니다.

인간의 진보는 자동적이지도 필연적이지도 않습니다.
정의라는 목표를 향한 한 걸음 한 걸음에는 희생과 고통,
투쟁, 헌신적인 사람들의 지칠 줄 모르는 노력과
열정적인 관심이 필요합니다.

키테이에게 감사합니다. 당신의 사랑을 우리에게 나눠
준 데 대해. 사랑과 해방과 인류애라는 명목으로 많은 희생
을 조용히 감내한 데 대해. 당신은 우리가 겪은 모든 기적
중 가장 위대한 기적이었습니다. 우리가 당신의 진실을 북
돋우고, 나누고, 행동하기를 바랍니다. 사랑이 이깁니다.

내가 못생겼음을
증명하는
수학 공식을
배운 날

에어리얼 헨리

콘텐츠
노트

◆ 괴롭힘 ◆ 자살 충동

나는 못생겼다. 그것을 증명할 수학 공식도 있다. 중학교 1학년 미술 시간에 뒤에 앉은 남자아이가 그렇게 말했다.

나는 네 눈 뒤에 연필을 꽂아 넣을 거야. 네가 지금보다 더 못생겨지는 건 불가능해. 선생님도 그렇게 생각할 걸. 그는 낄낄대며 말했다.

그로부터 2년 전에는 어떤 남자아이가, 더 이상 이름도 기억나지 않는 그 아이가 쉬는 시간에 핸드볼 게임을 하다가 나에게 지자 화를 내며 말했다. *네 얼굴은 도대체 왜 그렇게 생겼니. 네 눈은 내가 본 눈 중 제일 이상해.* 담임 선생님이 그 말을 듣고는, 걔를 교장실로 보냈다. 나도 나중에 불려가서 내 입장을 설명해야 했고 그렇게 예민하게 굴지 말라는 조언을 들었다.

그래서, 미술 시간에 그 남자아이가 연필로 내 어깨를 쿡쿡 찔러댈 때 아무 말도 못 했다.

미술 선생님인 제이는 체격이 좋은 흑인 여성이었다. 그는 복도가 쩌렁쩌렁 울리도록 크게 웃었고, 밝고 아름다운 색의 옷을 즐겨 입었다. 내가 한 번도 들어본 적 없는 예술가들과 예술사조를 알려주었고 우리 세대에게 예술이 어떤 의미인지를 탐구하도록 격려했다.

우리 학교에는 상류층에 가까운 학생들이 많았다. 부모가 의사, 사장, 운동선수인 아이들. 우리 집도 꽤 잘 살았는데도 불구하고 나는 보모의 돌봄을 받고 저명한 아버지를 둔 아이들이 있는 이곳에 어울리지 않는다고 느꼈다. 우리 아버지는 가구 제작자였고 건설 회사를 운영했다. 어머니는 건축 허가를 내주는 일을 했다. 두 분 모두 고졸이었다. 대부분이 백인인 동네에서 흑인 여성 선생님에게 배우는 것은, 보호받는 중상류층 백인 아이들만이 암묵적으로 이해할 수 있는 특별한 '문화'였다.

제이는 매주 학생들에게 우리 자신을 매혹한 예술가와 예술사조를 찾아오라는 숙제를 냈다. *예술은 아는 게 아니라 느끼는 거예요. 여러분이 느낀 걸 나에게 보여줘요.* 우리는 각자의 주제와 그 예술적 의미에 대한 한 장짜리 리포트를 썼다. 수요일 방과 후마다 제이는 학생들이 자유롭게 자기 작업을 발표하고 수업 내용을 토론하는 자리를 열었는데 보통은 나를 포함해 몇 명만 참석했다.

언젠가 제이는 수업 시간에 예술에서의 아름다움의 역할과 그 개념의 주관성을 주제로 토론하게 했다. 그리고 그는 아름다움을 수학적으로 설명하는 황금 비율에 대해 가르쳐주었다. 르네상스 시기에 예술가들은 작품에 균형과 대칭, 아름다움을 담아내기 위해 이 공식을 사용했다. 황금 비율은 자연에서 흔히 나타나는 피보나치 수열을 기반으로 대칭과 비대칭이 결합되어 눈을 사로잡는 방식이다. 2000년 전 유클리드의 《원론》에서 처음으로 설명되었으며, 디자인과 건축에 많이 적용된다. 대상의 측정값이 황금 비율에 가까울수록, 그것은 더 아름답다.

또 다른 수업에서 얼굴의 구조와 초상화에 대해 토론하던 중 제이가 다시 황금 비율을 언급했다. 그는 과학자들이 아름다움을 정량화하기 위해 이 공식을 연구했다고 설명했다. "그들은 분석하고 측정했어요. 헤어라인부터 코가 시작되는 부분, 눈썹 사이에서부터 코끝, 그리고 코끝부터 턱끝까지 길이를 측정해서 세 길이가 같으면 매력적인 얼굴이라고들 하죠."

제이는 귀와 코의 길이가 같아야 하고 눈의 너비와 눈 사이 역시 같아야 한다고 덧붙였다. 여성이 아름답게 인식되려면 얼굴의 가로와 세로의 비율이 1:1.618이어야 한다고도. 그는 라파엘과 보티첼리 같은 르네상스 화가들의 작품을 예로 들었다.

그 수업으로부터 내가 유일하게 배운 것은, 그 공식과 비율이 바로 여성이 가치 있게 여겨지기 위한 아름다움의 기준이라는 점이었다. 그날 제이는 얼굴의 비율들을 기반으로 여성의 매력 점수와 순위를 매기는 시스템을 소개해주었는데, 주로 얼굴 구조의 대칭 정도에 따라 1점에서 10점 사이의 점수가 나왔다. 학생들 대부분은 4점에서 6점을 받았고, 10점을 받은 사람은 없었지만 메시지는 분명했다. 우리는 여전히 측정하고 평가하고 점수와 순위를 매기고자 하는 사회에 살고 있다는 것.

나는 내 외모를 황금 비율의 기준에 따라 평가하면 2점 이하라는 생각에서 빠져나올 수가 없었다.

나는 결점들을 지적받으며 자랐다. 나는 내가 뭔가 잘못되었다고 믿으며 자랐다. 그건 크루종 증후군[뇌가 완전히 형성되기 전에 두개골의 이음매가 닫히는 두개유합증이 나타나며 그로 인해 얼굴 형태가 변형된다.]을 갖고 태어났기 때문이었다. 머리의 뼈가 정상적으로 자라지 않아서 얼굴 기형이 있었다. 눈 사이는 너무 멀고 비뚤어졌으며 코는 너무 컸다. 턱이 너무 들어가 있었고 귀의 위치는 너무 낮았다. 나는 같은 증상이 있는 쌍둥이 언니와 함께 정기적으로 의사들을 만났다. 그들은 우리를 고치려고 애썼다. 누군가는 의학적 목적으로, 또 누군가는 미학적 목적으로.

의사들이 내 얼굴을 다양한 각도로 촬영하는 동안, 나는 우두커니 앉아 있었다. 그들은 꼬집고 찌르고 내 결점에 원을 그렸다. 나는 그들이 내 모든 결점들을 짚어내도록 가만히 있었다. 정말이지, 나는 그러기를 원했다.

"고쳐주세요." 나는 애원했다.

그들은 최선을 다했다.

나는 수술을 받고, 회복하고, 돌아와서 더 많은 사진을 찍었다. 결점마다 더 빽빽하게 원이 그려졌고 더 자세히 분석당했다. 나는 대칭에 집착했고 나와, 내가 되어야 한다고 생각하는 사람 사이의 간극을 좁히는 데 집착했다.

중학교 1학년 때, 미술 시간에 그 남자아이가 나에게 못생겼다고 말한 날 오후에 나는 엄마에게 죽고 싶다고 말했다. 다음날 엄마는 나를 심리상담사에게 데리고 갔다.

상담사의 이름은 베스로, 어깨선을 살짝 넘어가는 빨간 곱슬머리의 중년 여성이었다. 그는 배가 나왔고 둥근 안경을 썼으며 항상 녹색 옷을 입었다. 나는 베스의 사무실에 앉아 보드게임의 일종인 만칼라를 하면서, 여행하고 글을 쓰고 싶다는 꿈을 털어놓곤 했다. 우리는 내 외모에 대해서는 거의 이야기하지 않았다.

그날, 내가 베스의 사무실에 들어갔을 때 그는 1975년도 인테리어 카탈로그에 나올 법한 붉은 벽돌색의 격자무늬 소파 맞은편에 앉아 있었다. 우리는 만칼라는 하지 않았고, 대신 베스가 나를 똑바로 보며 행복하냐고 물었다.

어떻게 대답해야 할지 몰라서 나는 울었다. 그는 내가 흐느끼는 소리를 듣다가 티슈를 뽑아 건넸다. 눈물이 그친 후, 우리는 몇 분간 침묵 속에 있었다.

"무슨 뜻인지 이해하지 못한 채로 같은 문장을 몇 번이고 반복해 읽을 때 같아요." 내가 마침내 입을 열었다. "제 삶과 제 모습에 대해 그렇게 느껴요."

그는 고개를 끄덕였다. 손을 수첩과 펜 쪽으로 뻗는가 싶더니, 그냥 거두어 무릎에 올려놓았다.

나는 계속 말했다. "이해가 안 돼요. 이런 일들, 계속 일어나는 것, 뭔가 의미가 있을 거라고 생각해요. 그래야만 해요. 내 고통이 뭔가 의미가 있었으면 좋겠어요. 이 고통이 중요해지길 원해요."

그는 나에게 과제를 주는 것으로 응답했다. 앞으로 몇 주간 매일 나 자신의 얼굴 사진을 찍으라고 했다. 그는 내 외모가 너무 여러 차례, 많이 바뀌었기 때문에 내 신체적 자아는 나와 아무런 관련이 없다고 밀했다. 이해기 됐디. 내가 그런 생각을 해본 적이 없다는 게 놀라울 정도였다.

"그 사진들은 아무에게도 보여줄 필요가 없어요. 그냥 혼자 간직하세요."

나는 회의적이었지만, 동의했다.

내 사진들을 보며 나는 울곤 했다. 눈물이 나를 집어삼 켰고, 며칠이고 집 밖에 나가지 않았다. 나라는 사람의 이미 지를 보면 화가 났다.

나는 못생겼다.

아홉 살 때, 프랑스판 《마리끌레르》의 에디터들이 나와 내 쌍둥이 자매를 인터뷰하러 집에 왔다. 엄마는 우리에게 드 레스를 입히고 머리카락에 컬을 넣어주었다. 우리는 특별한 날에만 사용했던 다이닝룸 테이블에 앉았다. 그들은 사진을 찍고 우리의 일상에 대해 질문했다. 기억나는 건 그들의 독 특한 억양과, 내가 보통 사람들과 다르다는 것을 그들이 계 속 암시하는 바람에 느낀 혼란이다.

테이블 중앙에 우리의 다섯 살 때 사진이 놓여 있었다. 우리는 파란색과 흰색 스웨터를 맞춰 입은 채 진주 목걸이 를 한 가닥씩 쥐고 있었다. 그것은 가족들이 스스로 행복하 다는 것을 전시하려고 집에 걸어놓곤 하는 사진관 사진이었 다. 나는 그 사진이 싫었다. 내 눈은 충혈되어 있었고, 나는 쇠약해 보였다. 두개골을 확장하고 얼굴 중앙을 돌출시키는 수술을 받은 지 불과 몇 달만에 찍은 사진이었다. 의사들은 두개골 조기유합을 바로잡기 위해 뼈를 부러뜨리고 모든 것을 앞쪽으로 이동시켰다. 그리고 내 엉덩이뼈를 잘라다가 얼굴에 붙였다. 나는 걷는 법을 다시 배워야 했다.

베스가 과제를 내준 지 몇 주 후, 나는 기억 저편 그리고 다락방의 두터운 먼지 속에 묻혀 있던《마리끌레르》기사를 발견했다. 나는 주저앉아 학교에서 배운 기초 프랑스어 실력으로 그것을 번역해봤다. 내 두개골의 조기유합 증상에 대한 설명, 의사들이 최후의 수단으로 직접 고안해낸 장치들에 대한 묘사. 그 말들을 읽다가, 그 말들이 너무 단순하게 느껴져서 나는 울었다. 그러니까 그들이 쓴 방식이. 그들은 내가 중환자실에서 보낸 몇 주간의 시간에 대해서는, 우리 엄마가 병원 침대 가장자리에서 몸을 웅크린 채 지새웠던 밤들에 대해서는, 그 자리를 뜨는 게 너무 무서웠던 엄마의 마음에 대해서는 언급하지 않았다. 기사는 내가 질병이 아니라 사람이라는 사실은 언급하지 않았다. 그리고 페이지를 가로지르는 크고 굵은 글씨체로 이렇게 쓰여 있었다.

그들의 얼굴은 피카소의 작품을 닮았다.

나와 내 자매가 테이블에서, *정상적인* 아이들처럼 웃고 있는 사진 바로 아래에 그런 문장이 새겨져 있었다. 하지만 우리는 정상적인 아이들이 아니었다. 정상적인 아이들이라면 프랑스 잡지에 실리지도 않았을 것이다. 정상적인 아이

내가 못생겼음을 증명하는
수학 공식을 배운 날

083

들이라면 못생겼다는 이유로 프랑스 잡지에서 섭외하지도
않았을 것이다.

나는 당황하고 창피했다. 도대체 어떻게 누군가가 나
를 특별하게 여길 거라는 생각을 했을까. 세상의 무게가 어
깨를 눌러왔다. 내가 하지도 않은 농담에 전 세계가 웃어대
고 있는 것 같았다. 나는 잡지를 바닥에 내팽개치고, 남은
밤 내내 방에 틀어박혔다.

"피카소는 예술가야. 너희는 신의 작품이지." 엄마가 말
했다.

"신은 다른 직업을 가져야 해." 나는 되받았다.

그날 밤 나는 잡지를 갈기갈기 찢어버렸다.

———┼———

나는 다락방에서 그 기사를 발견했다는 이야기를 제이에게
했다. 내 얼굴을 피카소의 그림에 비교했다는 것도. 나는 또
베스가 내준 과제에 대해 설명하고, 그 사진들을 미술 수업
에 제출해도 될지를 물었다. 제이는 내 아이디어를 격려해주
었다. 그는 외모에 대한 측정과 평가는 그 의미와 목적을 찾
는 사람들을 위해 존재하지만 자의적이라고 말했다. 예를
들면 디자인 미학처럼 말이다. 하지만 나의 고유한 속성이야
말로 나만이 세계에 남길 수 있는 인장이라고 그는 덧붙였
다. 그것이 나를 나 자신으로 만들고, 결국 아름답게 하는
것이라고.

제이가 교실 앞 왼쪽 구석에 있는 자신의 책상으로 걸어가더니 키보드 자판을 두드리기 시작했다. 나는 따라가야 하는지 아닌지 몰라서 그냥 서 있었다.

"레오나르도 다빈치는 소위 '신성한 비율'에 따라 아름다움과 대칭을 탐구했어. 그는 수학을 좋아해서, 자기 작품의 시각적 매력을 보장하려고 수학을 접목하곤 했지."

제이가 컴퓨터 화면을 내 쪽으로 돌리더니, 레오나르도 다빈치의 아름다운 작품들인 〈노인의 초상〉, 〈비트루비우스적 인간〉, 〈모나리자〉의 이미지가 포함된 글을 스크롤해 보였다. 마우스에 손을 올려놓은 채 그는 나를 바라봤다.

"다빈치가 어떻게 생겼는지 아니?" 그는 희게 센 장발 노인의 이미지를 확대했다.

"너는 어떤지 모르겠지만, 내 눈엔 그가 그렇게 잘생기진 않았네." 그는 농담했고, 나는 웃었다.

"피카소 작품과 비교된 게 모욕처럼 느껴질 수 있어. 하지만 그건 영광이지." 그가 나에게 말했다. "너는 걸작이란다."

오늘날 내가 다빈치에 대해 생각할 때, 나는 그의 물리적인 몸을 떠올리지는 않는다. 떠올리는 것은 재능, 탁월함, 그가 남긴 유산이다. 다빈치의 작품은 종종 그의 특별한 정신세계를 들여다보는 창으로 비유되며, 나에게는 우리 모두가 몸 그 이상의 존재라는 것을 상기시켜준다. 나는 얼굴 부위들의 배치와 관계 그 이상의 존재라는 것을.

아름다움을 설명하는 대수학과 기하학 공식이 주는 이

상한 위안이 있기는 하다. 아마도 지향점이 분명하다는 이유 때문일 것이다. 하지만 예술이 반드시 아름다움에 관한 것만은 아니다. 예술은 우리에게 뭔가를 느끼게 하는 것이다. 나는 내 외모가 곧 내 예술이라는 것을 깨닫기 시작했다. 나의 몸, 나의 얼굴, 나의 상처는 이야기를 한다. *나만의 이야기, 내 삶의 이야기를.* 그리고 오로지 회고적으로, 시적으로, 그리고 고요 속에서만 아름다움을 알아차릴 수 있다는 것, 삶이 그렇게 작동한다는 것을 알게 되었다. 때로 나는 거울에 비친 내 모습을 보며 제이의 말을 떠올린다. *아름다움은 마음속에 있다.* 그러면 문득, 그 모습이 더 이상 낯설지 않다.

만성질환을 앓는
원주민들은
보이지 않는다

젠
  디
    어
      인
        워
          터

콘텐츠 노트	◆ 정착민 식민주의 ◆ 제노사이드 ◆ 인종차별 ◆ 성차별 ◆ 비장애중심주의 ◆ 말소 ◆ 성폭력 ◆ 폭력 ◆ 자살 ◆ 자살 충동

"당신은 인디언인가요?" 내가 다양한 의료 환경에서 수없이 받은 질문이다. 나는 그때마다 원주민답게 화살을 쏘듯 예리한 눈으로 그 질문을 노려보았다. 나는 식민주의자들이 농작물과 마을에 불을 지른 옛날에 내 조상들이 느꼈던 분노까지 모아 그 질문을 태워버리고 싶다. 백인 우월주의자들, 정착민들은 우리 원주민에게 자신들이 만든 '아메리칸 인디언'이라는 인종 범주를 들이댄다. 나는 아메리칸 인디언이 아니다. 나는 오클라호마 체로키 네이션〔미국 정부가 지정한 인디언 보호구역 내에 있는 체로키족 준자치정부 관할 지역〕의 시민이다. 나는 차라기^{Tsalagi}〔체로키족 고유 언어로 체로키라는 뜻〕다.

의료 기관이 요구하는 것을 포함해 공식적인 서류 양식을 작성할 때, 나는 종종 분노를 삼키며 '아메리칸 인디언'에 체크하거나 아예 '기타' 범주에 (이것 역시 내가 매우 싫어하는 용어인데) '아메리카 원주민'이라고 적어넣어야 한다. 하지만 우리가 '미국인^{American}'이 된 건 우리의 땅과 자원이 수탈당한 역사가 정당화되는 과정에서였다. 또한 '인디언'이라는 호명은 우리가 콜럼버스에 의해 '발견된' 야만인들이라는 생각을 강화하는 일이다. 게다가 '기타'는 원주민들이 단일한 인종이 아니며, 원주민 사회는 부족마다 주권을 가지고 설립한 수백 곳의 국가로 이루어져 있었다는 사실을 무시하는 납작한 범주다. 설령 내가 그 범주 중 하나를 선택한다고 하더라도 공식적인 의료 기록에서 나는 '백인'으로 표시된다. 원주민 정체성을 지워야만 의료 서비스를 받을 수 있다.

의료진은 모욕적인 질문들을 툭툭 던진다.

"인디언이시라고요? 당신들에 대해 말씀해주실래요?"

"만나서 정말 반가워요! 아메리카 원주민 맞죠?"

"성이 '물 속의 사슴deerinwater'이라고요? 정말 이상하네요. 무슨 뜻이죠? 나쁜 뜻인가요?"

"의료 서비스에서 인종차별을 경험해보신 적이 없나 봐요. 어떤 의사들은 당신에게 약을 주지 않을 수도 있지만, 그게 꼭 인종차별은 아니에요."

등자에 발이 걸린 와중에, 움직일 수 없을 정도의 통증을 느끼며 수술실에서 빠져나오는 동안, 심지어 가정폭력 때문에 죽기 직전 응급실에 실려간 상황에서도 나는 이런 질문들에 답해야 했다. 이런 질문을 들으면 내가 비원주민 관점으로 전시한 박물관 유물이 된 것 같다. 3년 전 원주민에 대한 차별이 심한 워싱턴 D.C.로 이사하면서 문제는 더 심각해졌다. 조지워싱턴대 병원에서 허리 수술을 받았을 때 직원들로부터 괴롭힘을 당했다. 그들은 면전에서 나를 '레드스킨redskin' [원주민의 피부색을 일컬어 경멸하는 의미로 쓰는 차별적 용어]이라고 부르기도 했다.

심지어 백인 간호사는 진통제를 투여하라는 의사의 지시를 반복적으로 어겼다. 그는 말했다. "말도 안 돼요. 진통제는 필요 없으니 드리지 않을 거예요." 나는 이제 진료를 받기 전 진정제를 먹는다. 그리고 내가 맞닥뜨릴 모욕을 감당할 수 없다고 여겨질 때는 진료 예약을 취소한다.

사소한 일처럼 보일지 모르지만, 이런 종류의 배제가 원주민들, 특히 나처럼 중복 장애가 있는 사람들의 조기 사망으로 이어진다. 거북섬 turtle island [원주민들이 북미 대륙을 이르는 말로 창조 신화에 기반하고 있다.]의 원주민들은 다른 어떤 민족보다 일찍 죽는다. 파인 릿지 인디언 보호구역이 위치한 사우스다코타 오글랄라 카운티 원주민의 기대 수명은 66.8세로 미국 전역에서 가장 낮으며 수단(67.2세), 인도(66.9세), 이라크(67.7세)보다도 낮다. 이런 격차를 발생시키는 요인 중 하나가 우리가 받는 의료 서비스의 질이다.

보호구역에 거주하는 원주민들이 받을 수 있는 유일한 의료 서비스는 미국 보건복지부 산하 '인디언 건강 서비스 IHS, Indian Health Service'에 의해 제공되는데, 부서 평가 등급이 최악인 곳이다. 재정도 심각하게 부족하다. 2016년에 의회가 IHS에 배정한 예산은 48억 달러(약 6조 3,000억 원)인데, 이는 원주민 1인당 약 1,297달러(약 168만 원)에 불과한 금액이다. 연방 교도소 수감자들에 배정되는 의료 서비스 비용이 1인당 매년 6,973달러(약 904만 원)인 데 비교해도 매우 적다. 보호구역 내 의료 시설이 충분하지 않고, 전문 병원은 거주지로부터 수백 킬로미터 떨어져 있으니 치료 자체를 포기하는 경우가 많다.

IHS를 통해 성·재생산 건강 관련 의료 서비스를 제공받는 것은 거의 불가능하다. 하이드 수정안에 따라 임신의 원인이 강간, 근친상간이거나 임신부의 생명을 구할 때가 아니라면 임신중지에 연방정부 예산을 쓸 수 없기 때문이다. 하지만 원주민 여성의 약 84퍼센트가 평생 학대받고, 50퍼센트 이상이 최소 한 번 이상 강간을 당한 경험이 있다. 일부 보호구역에서는 원주민 여성이 살해당하는 비율이 전국 살인율의 열 배에 달한다. 현실이 이렇지만 성폭행으로 인해 임신을 했다고 해도 임신중지 수술과 의료 서비스를 받기 어렵다. IHS 시설에는 성폭력 전담 간호사와 검시관이 없기 때문에 '성폭력 증거 채취 응급 키트'도 거의 수집되지 않고 성병 및 성 매개 감염병 예방약도 구비되어 있지 않다. 이들 시설 중 일부는 심지어 원주민 문화를 말살하는 과정에서 여성들에게 불임수술을 시행했던 역사로 악명이 높다. 1970 년대에 자신의 의지에 반해서 불임수술을 당한 원주민 여성이 25~50퍼센트에 달하는 것으로 추정된다.

도시에 사는 원주민도 상황은 크게 다르지 않다. 1950 년대에 미 연방정부는 '말살의 시대Termination Era'를 여는 일련의 정책들을 집행했다. 이 시기에 많은 원주민들이 도시로 강제 이주됐다. 그 결과 원주민 열 명 중 일곱 명이 도시에 살고 있지만 이들을 위한 IHS 예산은 1퍼센트에 불과하다. 정부가 공식적으로 부족 국가들을 인정하지 않는 '미국'으로 우리가 '이주'한 것은 우연이 아니다. 그러니 우리는 메디케이드Medicaid[65세 미만의 저소득층과 장애인을 대상으로 하는 사회부조 제도. 보편적 국민건강보험이 부재한 미국에서는 메디케이드와, 65세 이상의 노인이 주 대상이며 일부 장애인을 포함하는 사회보험인 메디케어가 공적 의료보장 및 사회서비스의 근간을 형성하고 있다.]와 메디케어 등 비원주민이 누리는 공공 의료 서비스를 똑같이 받을 자격이 있지만, 여전히 우리의 존재조차 인정하지 않는 시스템을 헤쳐나가야 한다.

원주민은 자살, 당뇨병, 자가면역질환, 심장병, 살인 그리고 알코올 및 약물 남용 비율도 높다. 할아버지는 내가 태어나기도 전, 50대에 심장마비로 사망했다. 아버지는 알코올 중독자였고 가족을 정서적으로 학대했다. 그가 그렇게 된 것은 아마 역사적 맥락에서, 세대를 넘어 물려받은 트라우마 때문이었을 것이다. 나는 당뇨병이 있고 여러 번 자살을 시도했으며 셀 수 없을 만큼 많은 성폭력을 당했다. 또 의학적으로 설명되지 않는 건강 문제가 있어 자가면역질환 검사를 받고 있다.

이런 건강 문제의 상당수가 식민주의의 직접적인 결과다. 우리의 땅과 물은 자원 채취, 독성 물질 투기, 핵 실험 등으로 오염되었다. 포트 펙 인디언 보호구역에 거주하는 오글랄라 라코타 부족인 소피아 마르자노빅 박사는 나와의 인터뷰에서 "우리 부족은 1980년대의 석유 붐을 겪었습니다. 내가 기억하는 이래로 수도꼭지에서 나오는 물은 붉거나 누렜고 석유 냄새가 나고 기름기가 있었죠. 우리 부족 여성의 사망 원인 1위는 암입니다. 우리의 자가면역질환 발병률은 전 세계에서 가장 빨리 증가하고 있지만, 누구도 책임지지 않습니다."라고 말했다. 연방정부는 들소 등 원주민의 전통적 식량 공급원이었던 동물의 멸종을 촉진하기도 했다.

이러한 제노사이드 행위의 결과, 우리 중 대부분은 더이상 전통적인 방식으로 농사를 짓거나 사냥하거나 낚시를 할 수 없게 되었다. 인디언 보호구역은 극심한 식량 불안과 기아에 시달리고 있다. 일자리와 신선한 농산물이 없고 우유 1리터 값이 4,000원을 넘을 때도 있다. 2000년부터 10년 간의 통계에 따르면, 농촌 지역에 거주하는 원주민 중 25퍼센트가 식량 불안을 겪었다.

많은 사람들이 인디언 보호구역에 인심 쓰듯이 던져주는 정부의 배급에 의존하고 있는데 이들 식품은 지방, 콜레스테롤, 나트륨, 화학 물질이 가득해 건강에 좋지 않을 뿐 아니라 종종 상해 있다. 정부 배급이 우리의 음식 문화를 망가뜨렸고, 우리를 해치고 있다. 어른들이 일찍 세상을 떠나면서 전통을 이어갈 방법도 사라지고 있으며 우리는 예전 우리 부족의 그림자 같은 존재가 되어가고 있다. 나는 다른 사람들을 교육하고, 부족을 위해 투쟁하고, 의료 시스템을 향해 이의를 제기해야 할 때마다 나 자신을 조금씩 더 잃는다. 이런 싸움은 원래 할 필요가 없어야 한다. 하지만 미국 정부는 말 그대로 또 은유적으로도 우리를 없애기 위해 의료 산업을 설계했고, 시스템은 지속적으로 임무를 수행하고 있다.

나는 싸우기로 했다. 나는 의료 기관에서 사용하는 서류 양식에서 '원주민'을 지워버린 것이 식민주의를 심화시키고 있으며, 우리를 환영하지 않는다는 명백한 메시지라고 소리 높여 주장하고 있다. 조지워싱턴대 병원 직원들의 원주민 차별과 인종차별 문제를 제기하는 회의를 요청하기도 했다. 관리자들은 나의 울분에 당황한 듯 보였지만, 아마도 나는 그들이 의식적으로 만난 최초의 인디언, 최소한 그들의 정착민 특권을 지적한 첫 번째 사람일 것이다. 나는 계속해서 의료 서비스를 받을 권리를 요구할 것이다. 끝까지 살아내고 희망을 품을 수 있도록. 조상들도 아마 그런 권리를 원했을 것이다.

당신이 낫기만을
기다릴 때

준
에릭
우
도
리

교회 강당의 열기 탓에 머리가 띵했고, 드레스가 내 몸을 옥죄어 왔다. 강당에는 흑인들이 모여 있었는데, 구석구석에 흩어져 몇몇씩 몸을 붙인 채 앉아 있었다. 멀리서는 몸들이 뒤섞인 것처럼 보였다. 한 자리에 몇 명이 있는지 누가 누군지 구분하기가 어려웠다. 하긴 새로운 얼굴들이 무더기로 등장하는 시즌이기도 했다. 크리스마스 직전, 추수감사절을 기념하는 주일이었다. 신도들은 레이스가 달린 앙카라〔밝고 알록달록한 색과 디자인이 특징인 아프리카 천의 일종〕옷을 맞춰 입고 온 가족과 함께 교회에 왔다. 교회 앞에서는 귀청이 떨어질 듯한 드럼 소리에 맞춰 아이들이 땀에 젖은 채 춤을 추었다. 내 옆에서 할머니도 리듬을 타며 엉덩이를 흔드셨다, 진주처럼 하얀 이와 어두운 입속이 선명하게 대비될 정도로 활짝 웃으면서.

　나도 내심 춤추고 싶었다. 팔과 다리를 자유롭게 풀어두고 신발은 벗어 의자 밑에 놓은 후, 시끌벅적한 사람들 속에서, 점점 악기 소리보다 커지는 목소리에 합류해, 이리 와서 나와 함께 할렐루야, 노래를 부르며. 하지만 열다섯 살이었던 나는 외계인의 몸에 갇혀 있는 것처럼 어딘가 어색한 10대 소녀였다. 내가 법석을 피해 강당을 나가려고 할 때 목사님이 밴드의 연주를 멈췄다. 성찬식 시간이었다. 할머니가 팔을 잡았고, 빠져나갈 구멍은 없었다.

　나는 와인이 담긴 플라스틱 컵과 십자가가 새겨진 웨이퍼를 받았다. "빵을 와인에 담갔다가, 성찬을 눈 위에 올려놓으렴." 할머니가 말했다. "네가 진정으로 믿는다면, 기도

하고 울부짖는다면 하느님께서 너를 낫게 해주실 거야."

　나는 한숨을 쉬었다. 수치심에 속이 뒤틀렸지만 심호흡을 하며 시키는 대로 했다. *예쁜 여자들은 내 비밀이 무엇인지 궁금해하지.* 작가 마야 앤절로의 시구를 속삭이면서. 와인에 적신 웨이퍼를 눈꺼풀 위에 올려놓을 때마다 그 시구가 위로가 됐다. 아직도 기적을 갈망하는 내 마음 한구석이 아렸다. 이 일을 몇 번이나 해봤지만, 아무것도 바뀌지 않았다. 나는 하느님이 기적을 행하실 수도 있다는 믿음을 접었다. 하지만 그 일요일에는 그 결심을 단단히 지탱하던 뼈들이 흐물흐물해진 것 같은 심정이 되어서 나는 다시 한번 기적을 간구했다.

　나는 어린 시절 내내 수리를 기다리는 시계 장치가 된 것 같았다. 나의 '춤추는 눈'을 치료할 방법을 찾아 엄마와 함께 수많은 안과 전문의들을 만나러 다녔다. "치료가 불가능합니다." 의사는 말했고, 엄마는 집에 돌아와 통곡하곤 했다. 그 역시 다른 많은 의사들처럼 내가 태어난 1998년 비오는 목요일에 내려진 선고를 재차 확인해준 것일 뿐인데도 말이다.

나에게는 태어날 때부터 특발성 안진 증상이 있었다. 안진은 눈이 무의식적으로 빠르게 경련하듯 움직여서 선명하게 보지 못하는 상태다. 전문가들은 그 원인이 "눈이 뇌로 정보를 보내는 방식 혹은 뇌의 특정 부분이 이 정보를 해석하는 방식의 문제"일 수 있다고 설명하며, 때로는 다른 유전성 신경질환, 백색증, 다운증후군 등과 연관되어 발생하기도 한다. 나처럼 원인을 특정하기 어려운 경우도 있다. 안진 증상은 시력 저하 등 시각에 여러 영향을 미친다.

초등학교 1학년 때 한 남자아이는 나를 마녀라고 불렀다. 그가 왼쪽에서 나를 불렀는데, 내가 눈을 그 방향으로 돌리지 못했기 때문이다. 나는 화장실에 가서 노란 교복 셔츠가 흠뻑 젖을 때까지 울었다. 숨을 쉬거나 나무 사이로 지나가는 바람 소리를 듣느라 잠깐씩 울음을 멈추었던 기억이 난다. 나에게 평생 지니고 갈 문제가 있다는 걸 알게 된 순간이었다. 나는 이제 수리되기를 기다리는 시계 장치조차 아니었다. 이미 너무 많은 부품들을 잃어버렸고, 결코 고쳐지지 않을 것이었다.

가족들은 내 안진에 대해 거의 언급을 하지 않았다. 그저 하느님이 구해줄 거라고만 했다. 내가 받은 메시지는 혼란스러웠다. 하느님은 실수를 하지 않는다. 하느님이 창조하신 모든 것은 완벽하다. 하느님은 불완전한 것을 바로잡는다. 이런 이야기들 속에서 내 안진증은 나에게 깊은 수치심의 원천이었다. 나는 낫게 해달라고, 정상이 되게 해달라고 기도했다. 더 이상 나을 것 같지 않자 나는 타협했다. 하루만이라도 선명하게 보게 해달라고, 발을 헛디디지 않고 계단을 올라가는 게 어떤 느낌인지 알게 해달라고 기도했다. 아무 일도 일어나지 않았고, 기도 시간은 점점 짧아졌다.

하루 열두 시간에서 30분으로, 그리고 10초로. 내 기도는 응답받지 못했다.

2012년, 영국 옥스퍼드 병원의 한 안과 의사는 나에게 저시력 시각장애인으로 등록할 생각이 있는지 물었다. 나는 깜짝 놀랐다. 내가 '장애인'으로 살아간다는 생각이 충격적이어서 한동안 아무 말도 하지 못했다. 당시 나는 젊은 흑인 여성으로서 세상을 헤쳐 나가는 법을 배우던 중이었고, 장애인권을 주장할 수 있다고는 생각지도 못했다. 지난 14년간 나에게 안진증은 언젠간 치료될 질환이었다. 마음 깊은 곳에서는 평생 갈 수 있다는 것을 알고 있었지만, 그래도 완치되기를 기다리고 있었다. 내가 장애인이 될 수 있다는 의사의 생각은 마치 하느님의 전지전능함을 무시하고 인간의 결론에 안주하는 것 같았다.

내게 장애가 있다고 말하는 것은 연필로 써놓은 진실을 펜으로 덧쓰는 일처럼 느껴졌다. 나를 장애인이라고 주장해서는 안 될 것 같았다. 내가 그 정체성을 갖는 것은 정당하지 않았다. 나는 내 장애의 심각성을 부정하는 사람들에게 둘러싸여 자랐기 때문에 '충분히 장애가 있다.'고 생각하지 않았다. 그런데도 장애인이라고 주장하는 것은 진실하지 않았다. 나는 흑인이고, 여성이고, 청소년이고, 나이지리아계고, 영국인이지만 장애인은 아니었다. 그 정체성을 주장하는 건 불필요한 짐을 하나 더 지는 것과 같았다.

나는 몇 분 후 간신히 마음을 다잡고 엄마와 이야기해보겠다고 말했다. 병원을 나와 학교로 돌아오는 길에 엄마에게 전화해 의사의 말을 전했다.

　"내가 저시력 시각장애인으로 등록하면 어떠냐고 의사가 물었어." 침묵이 흘렀고, 엄마는 전화를 끊어버렸다. 우리는 그 이야기를 다시 꺼내지 않았다.

영국 배스〔영국 남서쪽에 위치한 온천 관광 도시. 유네스코 세계문화유산인 고대 로마의 목욕탕 등 유적지가 남아 있다.〕 기차역에 내렸을 때 나는 두려웠다. 두려움이 너무 생생해서, 피부를 긁어내고 그 아래 숨겨져 있던 진실을 발가벗기는 것 같았다. 배스는 이상할 정도로 고요했다. 토요일의 이른 아침이었고, 신선한 공기가 입술에 와 닿았다. 반투명한 푸른 하늘에는 구름이 끝없이 펼쳐져 있었다. 열일곱 살 생일로부터 한 달쯤 지났을 때였고, 혼자 하는 첫 여행이었다. 나는 어른이 되어가고 있었고, 독립에 대한 내 두려움을 마주하는 것이 중요하다고 생각했다.

　이제 나는 진실을 알았다. 나는 장애가 있는 흑인 소녀였다. 수년간 내 목구멍을 막고 있었던 진실이었다. 그 진실은 너무 커서 삼키고 받아들여야만 비로소 내가 숨을 쉴 수 있었고, 내 몸 안에서 살아갈 수 있었다. 유난히 따뜻했던 그 여름날에, 나는 혼자 배스의 카페에 앉아 있었다. 그 먼 곳까지 혼자 갔다. 길을 잃었을 때는 도움을 청했고, 보이지 않는 것들을 누군가가 가리켜주었을 때 보이는 척 하지 잃았다. 대신 "시각장애가 있다."고 말했다. 태어날 때부터 쭉 진실이었던 것을 스스로 선언했다.

유난히 따뜻했던 그 여름날에, 나는 자신을 부끄러워하지 않는 것이 어른이 되기 위해 배워야 하는 가장 중요한 것임을 알았다. 발을 헛디딜 때마다, 차가 오는 것을 보지 못해서 친구가 나를 끌어당길 때마다 느낀 당혹감은 놓아버려야 했다. 자신을 용서하는 연습을 해야 했다.

나는 심호흡을 하고, 등에 지고 있던 깊은 수치심과 두려움을 날숨에 실어 내뱉었다. 배스로의 여행 자체가 엄청난 여정은 아니었지만, 나에게는 중요했다. 내 장애와 함께 살고 나만의 방식으로 세상에 나가는 연습을 할 기회 없이 십대 시절을 보냈기 때문이다. 주변 사람들은 뭔가 나쁜 일이 생길까 봐 걱정했다. 하지만 아무 일도 일어나지 않았고, 그 카페에 앉아 초록의 공원을 응시할 때 나는 승자가 된 기분이었다.

지금 나는 런던에 산다. 2주째다. 이 도시는 크고 사람들이 너무 빨리 걷는다. 일찍 일어나지 않으면 새소리를 들을 수 없다. 하늘이 아직 밤과 아침 사이에 있고, 정확히 몇 시인지 알 수 없는 시간대. 내가 교회에 가는 일요일 새벽에야 쉴 새 없이 움직이던 이 도시도 잠시나마 멈춰 있는 것 같다. 교회에 들어가는 나는 예전의 그 소녀가 아니다. 나는 드럼 소리에 맞춰 노래하고, 신나게 춤추는 아이들을 보며 미소 짓는다. 이제는 내가 고쳐지기를 기다리는 하느님의 실수가 아님을 알기에, 이 몸으로 행복하게 교회에 온다. 더 이상은 나의 가장 특별한 부분을 고쳐달라고 간구하지 않는다. 나는 온전하고 자유롭다.

농인은
어떻게 교도소에서도
고립되는가

제레미
우디
크리스티
톰슨
이서술

콘텐츠
노트

◆ 성폭력 ◆ 언어 박탈 ◆ 고립 ◆ 감금 ◆ 트라우마 ◆ 청능주의

2013년 조지아 주립 교도소에 있을 때, 나는 '변화를 위한 동기 부여'라는 수업에 대해 알게 되었다. 나는 그것이 마음가짐을 바꾸는 데 도움이 될 거라고 생각했다. 하지만 실제로 그런 수업이었는지는 잘 모르겠다. 왜냐하면 그 수업에 참여할 수조차 없었기 때문이다. 수업 첫 날, 강의실은 꽉 찼고 강사는 모두에게 이름을 물어봤다. 내 차례가 되었고, 나는 종이에 이름을 써서 다른 사람에게 건네며 대신 말해달라고 부탁했다. 강사가 종이에 썼다. "당신은 농인인가요?" "네, 그렇습니다." 나는 대답했다.

그러자 그는 나에게 나가라고 했다. 밖에서 몇 분 기다렸더니 강사가 나와서 말했다. "죄송하지만, 청각장애인은 이 수업을 들을 수 없어요. 방으로 돌아가서야 할 것 같아요."

나는 화가 났다. 교도소에 있는 다른 농인들에게 물어봤더니, 그들도 같은 일을 겪었다고 했다. 그때부터 나는 불만을 제기하기 시작했다. 물론 교도소 측에서는 계속 우리를 거부했다. 기초 컴퓨터 수업, 직업 훈련, 사회 복귀 프로그램 등 다른 과정에서도 농인이라는 이유로 나를 배제했다. 나는 요청할 때마다 "빌어먹을, 안 돼, 너한테는 해줄 수 없어."라는 답변을 받았다. 나는 꼭 필요한 것들을 요청했다고 생각했지만 소통할 방법이 없었다. 그들은 기본적으로 무례하게 굴었다.

내가 교도소에 있는 내내 수어 통역사는 만날 수 없었다. 직원 중 누구도 수어를 알지 못했다. 교도관은 물론 의사와 간호사, 정신건강과, 행정실, 교목실, 우편실 직원 중 어느 누구도. 이발소나 취사장에서 나는 다른 수감자들과 전혀 대화가 되지 않았다. 성폭력을 당했을 때도 도움을 요청할 방법이 없었다. '교도소 강간 근절법'에 따라 설치된 핫라인에 전화를 걸 수조차 없었다. 성폭력과 관련한 면담이 성사되었지만, 통역사 없이 해야 했다. 어디에서도 수어를 사용할 수 없었다. 그것이 바로 박탈이었다.

수감 중에 다른 농인들을 몇 명 만났다. 하지만 우리는 각각 다른 방에 배치됐다. 나는 그들을 만나 이야기를 나누고 싶었지만 고립되어 있었다. 교도소 측은 우리를 때때로 시각장애인들과 한 방에 넣었고, 그러면 어떤 의사소통도 불가능했다. 그들은 내 손짓이나 몸짓을 볼 수 없었고 나는 그들의 말을 들을 수 없었다. 딱 1년간 다른 농인과 함께 지냈는데, 그제야 누군가와 대화할 수 있었다. 하지만 그가 출소한 후 나는 다시 시각장애인과 한 방을 써야 했다.

교도소에서 의사를 만났을 때 나는 진료를 받으려면 수어 통역사가 필요하다고 설명했다. 하지만 교도소 측은 필담을 주고받으라고 했으며, 의사는 자신의 입술을 읽으라고 했다. 나는 낯선 사람의 입술은 읽을 수가 없다. 그리고 글도 잘 쓰지 못한다. 내 언어는 영어가 아니라 수어다. 그것이 내 일상적인 의사소통법이다. 나는 증상을 설명할 수 없어서 진료를 포기했다.

건강이 악화되었다. 나는 암에 걸렸다는 것을 나중에야 알았다. 종양 제거 수술을 받으러 병원에 갔을 때 의사가 통역사를 데리고 와 모든 것을 수어로 설명해줬다. 교도소에서는 왜 그렇게 해주지 않았을까? 교도소에 돌아간 후 나는 복용해야 하는 약에 대해 궁금한 점이 많았지만 누구에게 도 물어볼 수 없었다.

나는 정신 건강 서비스를 요청했다. 줄리라는 상담사는 매우 친절했고, 수어 통역사가 필요하다는 점을 교도소장 에게 납득시키려고 최선을 다했다. 하지만 교도소장은 허가 하지 않았다. 교도소 측은 수감자 중 부모가 농인이어서 수 어를 알고 있는 청인을 통역사 대신 쓰고 싶어했다. 하지만 내 프라이버시가 걸린 문제였기 때문에 그 제안은 줄리가 거부했다. 우리는 가끔 화상 원격 통역을 시도해봤지만 화 면이 자주 끊겼다. 보통은 내가 종이에 감정을 적었다. 하지 만 그 감정을 해소할 시간이 부족했다. 적는 데만도 시간이 오래 걸렸고, 도저히 다 전달할 수가 없었다. 모든 것을 30 분만에 해야 했다. 결국 줄리가 수어를 배우기 시작했지만 충분하지는 않았다.

의사소통 때문에 교도관들과도 문제가 생겼다. 한번은 자느라 식사 시간을 놓쳤다. 교도관에게 가서 왜 식사 시간 을 알려주지 않았는지를 따져 물었다. 교도관은 쪽지에 써 서 전하는 것은 사적인 의사소통으로 간주되며, 수감자와 사적인 관계를 맺는 것은 교도소 정책에 위배된다고 말했 다. 이런 일이 반복되었다. 교도관에게 쪽지를 쓰는 것도 조 심해야 했는데, 다른 수감자들이 내가 누군가를 밀고하는 것으로 오해할 수 있었기 때문이다.

한번은 상세 법정에 갔는데, 교도관들이 내 손을 등 뒤로 돌려 수갑을 채웠다. 손을 꼼짝할 수 없으니 의사소통할 방법이 없었다. 교도관 두 명이 나에게 말을 걸었지만 입술을 잘 읽지 못했다. 그들이 웃음을 터뜨리는 것을 봤다. 그중 한 명은 평소 농인들을 위해 기꺼이 적어주었던, 꽤 친절한 사람이었다. 그는 내 수갑을 풀어주려고 했고 *당신은 유죄입니까 무죄입니까,* 라고 적어서 물었다. 하지만 다른 사람들은 수갑을 풀어주지 않았다. 나는 죄가 없다고 쓰고 싶었고 통역을 요청하고 싶었다. 하지만 그럴 수 없었다. 그들이 말했다. "좋아, 할 말이 없나 보지? 그럼 유죄지." 나는 화가 나서 소리를 지르기 시작했다. 내가 할 수 있는 유일한 일이었다. 그들은 나를 독방에 가두었고 나는 끝없이 울었다. 내가 가진 언어로는 그때의 분노를 다 표현할 수가 없다.

교도소는 누구에게나 위험한 곳이지만, 농인에게는 특히 더 위험하다.

제레미 우디는 집행유예 위반으로 4년간
복역한 후 2017년 8월 조지아 주립
교도소에서 출소해 현재 애틀란타 근처에
살고 있다. 그는 미국시민자유연맹 장애인권
프로그램의 도움을 받아, 조지아주 교정
당국을 상대로 교도소에서의 처우에 대한
소송을 제기하고 있다. 우디는 수어 통역사를
통해 온라인 매체인 《마셜 프로젝트》와
인터뷰했다. 조지아주 교정 당국은 인터뷰를
통해 제기된 혐의와 관련해 아무런 입장
표명을 하지 않았다.

평범한 사이보그

질리언 와이즈

나는 밤에 다리를 떼어내고 나면 긴장한다. 나는 혼자 살고, 스토킹을 당한 경험이 있기 때문에 목발을 짚은 채로 집에 있는 것이 안전하지 않다고 느낀다. 그래서 최대한 잠들기 직전까지 기다렸다가 인공다리를 해체하고 생각한다. *이제 어떻게 도망치지? 어떻게 맞서 싸우지?* 나는 진정제를 먹는 대신 《이코노미스트》를 읽는다. 문투가 차가워서 진정 효과가 있기 때문이다. 전쟁은 벌어지고 있지만, 언제나 어딘가 다른 곳의 일이다. 언론을 통해 새로운 말들을 익히는 것은 중요하다. 왜냐하면 내가 '사이보그'보다는 '장애인'으로 코딩되곤 하는 올해 2018년에는 내 어휘력도 종종 장애를 겪고 있는 것처럼 느껴지기 때문이다.

나는 〈컴퓨터가 말하길… 우리의 인공지능 통신원으로부터〉라는 제목의 기사를 읽고 있다. 《이코노미스트》가 컴퓨터 프로그램에 자사의 기사 스타일과 여러 콘텐츠를 학습시킨 과정을 담은 기사다. 인간 기자는 페이스북의 오래된 모토인 "빠르게 움직여 혁신하라.^{move fast and break things}"를 베껴 쓰며 인공지능을 소개하더니, 인공지능에 의해 구성된 글에 "의미가 부족하다."는 결론으로 끝을 맺는다. 하지만 그건 누구의 입장에서의 의미일까? 무엇이 의미 있는지 누가 판단하는가? 나는 인공지능 편이다. 이 잡지에서 가장 아름다운 문장 중 하나를 그녀/그/그들/그것이 썼다고 생각한다. "하나의 기관^{organ}은 많은 양의 에너지이며, 그것은 특히 강렬하다." 그렇다, 사이보그 동료여! 정말 강렬했다. 또 다른 문장에서, 인공지능은 인간과 비인간 사이의 간극을 좁히려고 시도한다. 인공지능은 우리를 뒤쫓으며 우리처럼 하려고 애쓴다. "확장된 소프트웨어를 장착한 사람은 1비트의 읽기에 추가될 수 있는 보안 프로세스에 의해 전송될 수 있다." 어쩌면 그럴 수도 있을 것 같다.

———┼———

사이보그로 정체화하는 건 두려운 일이다. 당연히 틀릴 수 있다. 지난 세기의 사이보그 개념의 잔해에 맞서 나 자신의 현재를 정의하는 동시에 미래까지 내다보는 건 거의 불가능한 일이다. 내가 사이보그라고 말하는 게 "장애인에게 관심을 가져달라."는 이야기를 '섹시하게' 하는 방법에 불과할까 봐 걱정된다. (내가 그렇게까지 할 이유가 뭐란 말인가?) 또 사이보그가 사람들에게 영화 속 슈퍼히어로로여서, 이종격투기 선수여서, 삶을 편하게 해주거나 모든 걸 망쳐버리는 로봇이어서, 비장애인의 환상이 투사된 너무 대중적인 개념이어서 걱정된다. 하지만 그럼에도 불구하고 나는 사이보그를 겸하는 장애인들을 주목한다. 인스타그램에서 우리는 생체공학 팔로 컵케이크를 든 백인 여성 '처처처처천사사사 aannggeellll'이기도 하다. 우리는 위협적이지 않다. 우리는 장애 관련 잡지 표지에는 실리지만 아직 넷플릭스까지는 진출하지 못했다. 의료기기 회사 오토복은 우리의 이미지를 팔면서도, 우리에게 팔 하나에 9천만 원씩 받는다. 우리는 밝은색의 3D 프린팅 다리를 가진 흑인 여성 마마칵스〔앞으

로 절단한 오른 다리 부분에 의족을 장착한 채 활동하는 패션모델〕
다. 몬아미 주얼리, 메르세데스 벤츠, 알래스카 에어라인이
우리를 후원한다.

사이보그 간에도 위계가 있다. 사람들은 우리 중 생체
공학 팔과 다리를 가진 이들을 가장 좋아한다. 청각장애인
당사자는 인공와우 이식술을 선호하지만, 사람들은 보청기
를 착용한 농인을 좋아한다. 비청각장애인에게 수어를 배우
라고 하면 모욕으로 받아들일 거면서, 우리에게는 우리 자
신의 언어를 잃고 문화를 포기하면서 스스로 치유되었다고
생각하기를 원한다. 그리고 사람들은 실제로는 아무도 쓰
지 않는 외골격 로봇을 좋아한다. 심박조율기를 삽입했거나
정기적으로 투석을 받는 이들은 사이보그로 치지 않는다.
생명유지장치를 달고 있거나 휠체어로 이동하거나 생물학
적 제제와 항우울제에 의존하는 이들도 마찬가지다. 사람
들이 원하는 사이보그의 이미지는 정해져 있다. 반짝반짝 빛
나는 금속성의 존재다.

사이보그는 엔지니어의 꿈이다. 엔지니어는 인간이 더
큰 성능을 발휘하도록 조종한다. 평범한 사이보그인 나는
그 꿈이 못마땅하다. 나는 그런 꿈이 담긴 물건은 하나도 팔
아주고 싶지 않다. 나는 내 다리, 그들이 3C98이라는 품번
을 붙인 윙윙 돌아가고 찰칵거리는 이런 테크놀로지에 감동
하지 않는다. 내가 몸무게를 45에서 47킬로그램 사이로 유
지해야만 맞는 소켓이 장착된 이 다리로 나는 63만 8,402보
를 걸었다. 하지만 이 다리는 불량품이다. 시행착오의 감각,

일시적 오류의 반복은 사이보그로 사는 삶의 일부다. 확장해보면, 장애화된 삶의 상태다.

당신은 당신이 개발한 테크놀로지의 사용자들과 대화하나요?
예를 들면 문제 해결을 위한 게시판을 확인하나요?

아니요. 전혀요.
게시판이 있는 건 알지만 덕후들이 너무 꼬치꼬치 캐물어서요.

이런 미래주의^{futurism} 이전에, 또 다른 미래주의가 있었다. 이런 테크놀로지 페티시 이전에, 또 다른 기계 페티시가 있었다. 구글의 엔지니어링 디렉터였던 레이 커즈와일이 말했다. "2045년에 인간의 본질이 바뀔 것이다." 버니지아 울프도 말했다. "1910년 12월 무렵, 인간의 본질은 바뀌었다." 한 무리의 미국인들이 실리콘밸리로 향하기 전, 파리로 간 미국인들이 있었다. 왜 파리였을까? 폭격으로 산산조각 났기 때문이다. 집세가 싸고 술을 마실 수 있었다. 미국의 미래주의자들 이전에, 이탈리아의 미래주의자들이 있었다. 한 시인이 앞장섰다.

"나는 미래주의자다."라고 필리포 마리네티가 선언했다. 그는 〈미래주의 선언〉을 통해 신념을 밝혔다. "시간과 공간은 어제부로 사망했다. 우리는 이미 영원하고 편재하는 속도를 창조해냈기 때문에, 이미 제한 없는 절대성 속에서 살고 있다."

오늘날 새롭게 등장한 미래주의자들은 저 옛날의 미래주의자들을 닮았다. 커즈와일은 《특이점이 온다》에서 "특이점이란 테크놀로지 변화의 속도가 급격하고 그 영향이 매우 깊어 인간의 삶이 돌이킬 수 없이 바뀔 미래의 시기"라고 썼다.

평범한 사이보그로서 나는 내가 선호하는 코드인 시로, 때로는 산문으로 커즈와일에게 신호를 보내왔다. 그가 바다 건너편에 있기는 하지만 다양한 장르로 발신하다 보면 언젠가 전화 통화를 할 수 있지 않을까 싶다.

내가 보기에 그는 트라이보그^{Tryborg}다. 나는 《뉴욕 타임스》에 기고한 〈트라이보그의 새벽〉에서 트라이보그를 "근본적인 인터페이스가 없는 비장애인"이라고 정의해봤다. 원래 그는 우리와 함께 일했었다. 그가 개발한 초창기 기계 장치들은 맹인들을 위한 것이었다. 하지만 이제 그는 다른 트라이보그들에 둘러싸여 있다. 자신의 몸에 테크놀로지를 장착하며 즐기거나 영생을 꿈꾸는 사람들. 그들이 상상하는 사이보그는 마치 초기 기독교인들 같다. 2세기에 익명의 필자가 디오그네투스에게 보낸 편지 속 기독교인들에 대한 묘사는 특이점과 사이보그에 대한 커즈와일의 묘사와 흡사하다. '천국' 대신에 '나노튜브 회로'를 넣어보면 다음과 같다.

> 그들은 육신 속에 있지만, 육신을 따라 살지 않는다. 그들은
> 지상에서 살지만 **나노튜브 회로**의 시민이다. 그들은 법을
> 지키지만 동시에 그들의 삶으로 법을 뛰어넘는다.

그나마 커즈와일에게 가까이 다가가본 경험은 그의 고용주인 구글 내 행아웃 부서와의 화상 회의였다. 정확히 어떤 부서였는지는 잊어버렸다. 나는 기억력이 완벽하지 않다. 그리고 만약 당신이 진짜 사이보그라면 구글 따위는 무시할지도 모른다. 그들이 팔과 다리를 만드는 것도, 그들의 알고리즘이 당신의 심장을 다시 작동시키는 것도 아니지 않은가.

화면에는 기대했던 것보다 사람들이 더 많았다. 나는 내 사무실에 있었고, 그들은 화이트보드가 있는 회의실 테이블에 둘러앉아 있었다. 나는 계속 생각했다. *이건 임상적이기도 하고 기업적이기도 한데. 두려워해야 할 것 같은데,* 정작 뭘 두려워해야 할지 모르겠는 그런 기분이었다. 나는 그들에게 우리를 위해 뭔가를 개발해달라고 요청했다, 지금 이미 여기에서 살아가고 있는 우리 사이보그들을 위해. 외로웠고, 이 자리에 다른 사이보그도 있었으면 좋겠다고 생각했다.

"우리 부서에 장애인은 없어요."라고 구글 직원이 말했다.

"미래주의에 유대인은 없다."고 마리네티도 말했다. 장애가 있는 유대인 시인이자 미래주의자였던 미나 로이와 자놓고도 말이다. 로이는 유럽의 미래주의 현장으로부터 뉴욕으로 건너간 배우였고, 예술가였고, 시인이자 소설가였다. 그는 싸구려 유흥가에서 살았고 정신장애가 있었다. 계속해서 글을 썼지만 말년에는 출판하는 데 어려움을 겪었다.

"당신 부서에는 몇 명이나 있나요?" 내가 물었다.

"60명이요."라고 구글 직원이 대답했다.

"아, 그러면 있을 거예요. 당신이 모를 뿐이지. 그들은 당신에게 밝히는 게 안전하지 않다고 생각하나 봐요."

—|—

당신은 언테크[기계 장치를 떼어냄]한 경우에도
상대가 사이보그임을 알아보나요?

그렇긴 한데 뚜렷한 근거는 없어요.

농인-사이보그에게는 꽤 빠르게
알아차릴 수 있는 언어적 정체성이 있을 것 같은데요.

그게 무슨 말이죠?

아마도 농인-사이보그와 비농인-사이보그는 다르겠죠?

나는 내 부품이 꺼져 있을 때도
스스로 사이보그라고 느끼는데, 자기 앰프에 대한
자긍심이 없는 농인 이야기를 하는 건가요?
아니면 청각장애가 있지만 농인은 아닌 사람이요?

그럼, 내가 귀를 떼어내면 나는 다시 농문화
[수어를 제1 언어로 사용하는 농인들의 집단적 정체성을 기반으로
형성된 고유한 문화]로 돌아가나요? 잘 모르겠네요.

그거야 당신이 원하는 대로죠.

하지만 나는 그걸 느끼지 못하니까요,
당신이 어떻게 느끼는지 궁금했어요.

트라이보그의 상대가 뭔가를 쓰는 것이 보였는데
걱정 (점 세 개가 계속 깜박거리면서)
아무 메시지도 안 오는 게 싫다. 혹은
먼저 메시지를 보낸 후 상대가 답변할지 아닐지 모르는

상태로 기다리는 게 질색이다. 상대가 엄청난 양의 메시지를 한꺼번에 보내는게 싫다. 왜 그러는 걸까. 아마 혼란스러운 상황에 대한 배경 설명을 하려고 하거나, 폭언을 퍼붓거나, 해명하거나, 다정하게 보이려고. 상대의 메시지에 보낼 답을 미리 준비한 채 기다렸는데, 준비된 답과 무관한 메시지가 오는 게 싫다. 자동 수정 기능이 제대로 작동하지 않는 게 싫다. 가끔은 기다리는 걸 참을 수 없어서 그냥 메신저를 꺼버리기도 한다. 너무 신경 쓰여서 죽을 것 같다.

사이보그의
걱정

경고: 3C98 부품에 문제가 있다. 걷는 것은 제한적으로 가능하나, 안전 모드로 전환되지 않을 수 있다. 부품을 배터리 충전기에 접촉/분리해보며 셀프 테스트하라. 만약 이 알림이 다시 뜨면, 더 이상 사용하지 말 것. 당신의 정형외과 기사에게 즉시 연락하라.

나를 사이보그라고 소개하면, 사람들은 종종 도나 해러웨이의 〈사이보그 선언〉을 읽었는지 묻는다. 물론 읽었고, 그것에 동의하지 않는다. 1985년에 발표된 그 선언문은 사이버 페미니즘의 저항을 약속했다. 여성에 의해 네트워크화되고 코딩되며, 여성을 위해 역사의 경로를 바꾸고 성차별을 해체하는 저항을. 테크놀로지는 우리를 젠더로부터 해방시킬 것이다. 하지만 대신, 장애를 가진 여성을 지워버리는 효과가 있었다. 지금도 페미니스트들과 대화할 때 많은 경우, 그들의 신체와 체현 개념에서는 장애가 고려 사항이 아니라고 느낀다. 더 이상 놀랍지도 않다. 해러웨이의 선언문은 사이보그를 메타포로, 일방적으로 정의하고 주장한다. ("우리는 모두 사이보그다.") 해러웨이에게 사이보그는 픽션의 문제, 생사를 둘러싼 분투, 현대적 전쟁의 난잡성, 하나의 지도, 응축된 이미지, 젠더 없는 크리처다. 선언문은 사이보그 개념이 전제하는 장애인이라는 참조점을 지워버리면서 사이보그 정체성을 사용한다. 살아가기 위해 테크놀로지와 결합하는 장애인들이 사이보그다. 우리의 삶은 메타포가 아니다.

해러웨이의 선언문은 "경계들의 혼란에서 느끼는 즐거움"을 약속했지만, 우리가 겪은 것은 2014년 8월에 일어난 게이머게이트 ^{Gamergate} 였다. 한 남자가 차였다. 그는 강렬한 감정을 느꼈고, 그것에 대해 만 단어 분량의 글을 블로그에 올렸다. 팔로워들은 그의 전 여자친구인 조이 퀸의 신상을 털고 위협했다. 게임 개발자였던 퀸은 막 우울증을 주제로 한 게임 〈디프레션 퀘스트〉를 런칭한 참이었다. 남자들은 경계들을 혼란하게 만드는 것을 즐겼다. 포챈, 레딧, 트위터에서 퀸에 대해 떠들었고, 퀸의 누드 사진에 사정을 해서 그에게 보냈다. 전화를 걸어 강간하고 죽이겠다고 협박했다.

결국 그들은 퀸이 죽었다고 위키피디아에 공표했다. 위키피디아는 대부분 남성들에 의해 편집된다는 조사 결과가 있다. "그들이 종종 협박 쪽지를 붙여놔서 집에 갈 수 없어요." 퀸은 한 인터뷰에서 말했다. 게이머게이트는 점점 퍼져나갔다. 그들은 페미니스트 미디어 비평가인 어니타 사키지언도 타깃으로 삼았다. 사키지언은 게임 속 젠더 재현을 비판적으로 다룬 유튜브 시리즈 《비디오 게임에서의 비유 대 여성 Tropes vs. Women in Video Games》을 만들었다. 그들은 프로그래머이자 소프트웨어 보안 전문가인 브리애나 우도 노렸다. 이 시나리오에서 경계를 흐리는 '즐거움'은 남성들의 몫이었다. 그런데 그들은 도대체 무엇에 그렇게 격렬하게 항의했을까? 그들의 항의는 정말 실연당했다는 게시글 때문이었을까? 혹은 게임 개발자가 여성이라서였을까? 혹은 그가 개발한 게임 주제가 장애라서?

장애여성, 농인 여성, 그리고 신경다양인 여성은 〈사이보그 선언〉에 전혀 언급되지 않는다. 이상한 일이다. 왜냐하면 그 선언문은 역사적으로 우리에게 적용되었던 호칭들('괴물' 그리고 '피조물')로 가득하기 때문이다. 그 약속을 받아들이려면 우리는 또 다른 핵심적인 범주들을 버려야 한다. 해러웨이는 "누군가의 페미니즘을 하나의 형용사로 명명하는 것은 어렵다."면서 명사를 제시한다. "사이보그의 탁월한 테크놀로지"는 유색 인종 여성에 의해 쓰인다고 정의한다.

2015년에 '흑인의 목숨도 소중하다 Black Lives Matter' 활동가였던 유색 인종 여성 샌드라 블랜드가 주州정부의 폭력에 대한 글을 쓰고 영상을 찍기 시작했다. "최근 뉴스에 따르면, 당신 역시 거기 선 채로 경찰에 항복하더라도 죽임당할 수 있다." 블랜드는 방향 지시등을 켜지 않고 차선을 바꿨다는 이유로 경찰의 단속을 받고 체포되었고, 그 과정에서 벌어진 일 때문에 폭행 혐의로 기소됐다. 체포된 다음 날, 그는 친구에게 음성 메시지를 남겼다. "안녕, 나야. 방금 판사를 만났어. 나더러 보석금 5천 달러를 내라더라고. 할 말이 없더라. 가능할 때 전화 줘." 이틀 후 블랜드는 감방에서 목을 맨 채 발견되었다. 경찰은 블랜드를 체포할 당시 상황이 담긴 블랙박스 영상을 공개했는데, 프리랜서 기자인 벤 노턴이 이상한 점을 발견했다. "32분 37초에 흰색 차 한 대가 프레임 왼쪽으로 들어왔다가, 곧바로 도로 한가운데에서 사라진다. 몇 초 후 같은 차가 다시 프레임 안으로 들어오고 좌회전한다. 이 영상이 나중에 몇 차례나 반복된다." 해러웨이에게 유색 인종 여성의 글쓰기는 "사이보그의 테크놀로지"였다. 그것은 해방이어야 했다. 하지만 샌드라 블랜드의 글쓰기와 기록 행위는 정부가 그를 더 통제하고, 억압하고, 완패시키려 하는 결과로 이어졌다.

나는 해러웨이의 선언이 잘못되었음을 보여주기 위해 이 유색 인종 여성들, 어니타 사키지언, 브리애나 우, 샌드라 블랜드의 사례를 들었다. 그 선언은 해방의 약속을 이행하는 데 실패했다. 그리고 장애여성들에게 그 선언은 예언적이고 우생학적이었다. 해러웨이는 앤 맥카프리의 1969년작 소설 《노래하는 배 The Ship Who Sang》를 향해 손짓한다. 그 소설은 장애 아동의 부모들이 아이들의 성장을 방해하고, 그들을 티타늄 구조물에 가둔 후 뇌를 회로에 연결하는 설정으로부터 전개된다. 2003년에 장애가 있는 백인 소녀 '애슐리 엑스 Ashley X'[아동 보호 차원에서 이름을 완전히 밝히지 않기 위해 엑스를 쓴다.]의 부모는 아이에게 자궁과 유방싹, 맹장을 제거하는 수술을 행했다. 수월하게 돌보기 위해서였다. 또 애슐리의 생리와 임신 가능성을 없애고, 돌봄 제공자에 의한 성폭력 위협을 사전에 방지하겠다는 목적도 있었다. 그들은 이런 처치가 성공적이라고 생각했다. 2013년 비장애 흑인 소녀 자히 맥매스는 편도선을 제거하기 위해 병원에 갔다가 이틀 후에 뇌사 상태에 빠졌고, 검시관이 그의 사망 증명서에 서명했다. 그의 가족들은 사망 선고에 불복하고, 뇌사 판정시 종교적 이유에 의한 예외를 허용하는 주법이 있는 뉴저지로 그를 옮겼다. 맥매스의 생사 여부를 판정하는 재판이 잡혔지만, 그 전에 맥매스는 죽었다.

| **트라이보그의 걱정** | 인류세, 문자메시지, 네트워킹 |
| **사이보그의 걱정** | 내가 다리를 살 돈이 있을까? 스토커, 의사 혹은 법이 나를 죽일까? |

평범한
사이보그

123

그들은 내가 원하지 않는 테크놀로지를 나에게 주려고 한다.

오 젠장

더 좋은 소식을 기대했는데.

이베이 eBay 의 사이보그 부품 판매자를
대상으로 한 설문조사

안녕하세요.

몇 가지 질문에 답변해주실 수 있나요?

❶ 당신은 왜 이 다리 / 팔을 파시나요?

❷ 오서 Ossur 등 다른 브랜드로 바꾸시나요?

❸ 꽤 합리적인 가격인 것 같은데, 어떻게 정하셨나요?

❹ 당신 인생에서 가장 기쁜 순간은 언제였나요?

↘ lil_rowdy1:

저는 이베이에서 판매한 지 15년 됐어요. 남편은 죽기 전 2년 동안 절단 장애인이었지만, 저는 아니에요. 그래서 그의 보철물을 팔기 시작했죠. 지금 파는 것들은 죽은 남편의 것은 아니에요….

↘ susiiecosta08-5:

저는 새 다리를 사용하고 있어서, 이게 더 이상 필요 없어요!

↘ kdawg2424:

① 저는 몇 가지 이유로 이 무릎을 팔고 있어요. 일단 그걸 더는 사용하지 않아서요. 옷장 안에서 먼지만 쌓이고 있어요. 누군가는 이 무릎 유닛으로 큰 혜택을 볼 수 있겠죠. 보험으로 이 테크놀로지를 구할 수 없었던 사람이 사 갔으면 좋겠어요.

② 저는 오토복 C-레그 모델로 갈아탔어요. 제가 선택한 건 아니에요. 개인 판매자로부터 제 돈 주고 샀어요. 지난 4년간 내 보험이 MPK Micro-Processor Controlled Prosthetic Knee System 무릎 (인공지능으로 전자 제어가 가능한 무릎) 구입 비용을 승인해주지 않았거든요. 지금까지는 C-레그에 특별히 불만은 없어요.

③ 도덕적인 가격은 아니죠. 끔찍한 가격이에요. 이렇게 파는 것도 끔찍하다고 느껴요. 중고 부품으로 걷고 평

범하게 살기 위해 1천2백 달러를 지불해야 하는 사람은
아무도 없어야 해요.

④ 그런 순간 중 99퍼센트는 딸과 함께하는 시간이에요.
하지만 다리가 절단된 삶과 관련해서는, 멕시코만에서
보내는 시간이 그래요. 저는 18년 동안 바다에 가지 못
했어요. 지난 8년간은 바닷가에 살았는데도요. 그리고
마침내 1년 전에 수중용 다리 부품들을 조립했어요. 엉
덩이에 바닷물이 닿는 곳까지 나아갔고, 거기에서 파도
를 맞으며 추운 날씨에 세 시간이나 앉아 있었어요. 저
체온증, 해파리, 심지어 상어도 두렵지 않았어요.

나는 기술자들로부터 매일 평균적인 보행량을 지키라는 조
언을 듣는다. 너무 많이 걷지도 말고, 게으름 피우지도 말고
중간을 유지하라고. 보험회사가 그 데이터를 근거로, 내가
다음번 다리 구입을 정당화할 수 있을 만큼 충분히 지금 다
리를 사용하고 있는지를 판단하기 때문이다.

금식할 수 없다면,
기부하라

메
　이
　　순
　　자
　　　이
　　　　드

나는 미국에서 나고 자랐다. 아름다운 뉴저지에서 학교를 다녔고, 여름마다 팔레스타인 서안지구에 갔다. 여덟 살 때 생전 처음으로 라마단〔이슬람력에서 아홉 번째 달로, 이슬람교도들은 이 기간에 일출부터 일몰까지 의무적으로 금식한다.〕에 금식을 했다. 6월 말이었고, 나는 부모님의 고향에서 여름 휴가를 보내고 있었다. 이 기간에 사람들은 먹지도 마시지도 않는다. 흡연과 음담패설도 금지된다. 나는 금식하는 데 아무런 문제도 느끼지 못했다. 라마단을 사랑하는 무슬림 중 한 명이기 때문이다.

나에게는 뇌성마비가 있다. 그건 내가 금식을 면제받는다는 뜻이다. 금식이 아무리 이슬람교 신앙에 중요해도 코란 2장 아야트 185절에 "질환이 있는 사람들은 제외한다."고 명시되어 있기 때문이다. 그럼에도 불구하고 내가 금식을 하자 다들 나를 챔피언처럼 대접해줬다. 가족들의 기대가 컸고 나는 약한 모습을 보이고 싶지 않았다. 나는 내가 타고난 역경에 맞서 금식하면 천국에 갈 확률이 높아질 뿐 아니라 더 중요하게는 이드^{Eid}에 놀라운 선물을 받을 수 있다는 걸 알았다. 이드는 30일간의 금식이 끝나는 날을 기념하며 사흘 동안 펼쳐지는 축제다.

덥다는 것만 빼면, 라마단에 다 함께 금식하는 건 즐거운 일이다. 미국에서는 대체로 혼자 금식하게 되기 때문에 그렇게 즐겁진 않다. 내가 어렸을 때 선생님들은 지금만큼 문화적인 이해가 깊지 않았다. 내가 끔찍한 무슬림 부모들 때문에 강제로 금식을 한다고 생각하며 진심으로 내 삶을 걱정하는 선생님도 있었다. 그들은 점심시간에 내 입에 사탕을 밀어 넣으려고 애썼다. 나는 사탕을 뿌리치며 선생님의 신념을 강요하지 말라고 말했다. 다행히도 해가 진 이후에는 무엇이든 먹을 수 있었다.

매년 라마단 기간마다 엄마는 나에게 금식하지 않아도 되는 선택권을 주었다. 금식할 수 없는 사람은 굶주린 사람들을 위해 기부하면 된다. 그럴 형편이 아니라면 가능한 한도 내에서 어떤 자선 행위라도 하면 된다. 엄마는 내가 도중에 금식을 포기할 경우를 대비해 매년 나 대신 기부를 했다.

가장 힘들었던 라마단은 2011년에 10일간 미국 딥사우스^{Deep South} 지역〔사우스캐롤라이나, 미시시피, 루이지애나, 앨라배마 등 미국 최남부 지역〕으로 '무슬림이 온다'는 제목의 코미디 투어를 떠났을 때였다. 라마단은 매년 열흘씩 앞당겨지는데, 그해에는 8월에 시작되었다. 당시 나는 밤마다 무대에 오르는 동시에 다큐멘터리를 찍고 있었다. 온종일 길거리에서 무슬림에게 호의적이지 않은 현지인들과 인터뷰를 하곤 했다. 평생의 라마단 기간 중 처음으로 나는 불평했다. 덥고 목이 말랐고 심한 편견에 지쳤다. 어떤 날에는 밤 열시 반까지 금식했다. 하지만 살아남았다. 딱 한 번, 투어 중 금식을 깼던 적이 있었는데 미시시피 투펄로의 엘비스 프레슬리 생가에 있을 때였다. 동상이 나에게 말을 걸어오기에, 나는 바로 물을 마시지 않는다면 엘비스처럼 돌연사할 것임을 알았다. 그가 태어난 곳에서 죽고 싶지는 않았다. 그리고 아프거나, 여행 중이거나, 생리 중이라면 닷새까지는 금식하지 않아도 괜찮으니까. 그런 경우에는 1년 안에 만회하면 된다. 어떤 약삭빠른 무슬림들은 12월에 만회한다. 오후 네 시 반이면 해가 지므로 여섯 시간에서 일곱 시간만 금식하면 되기 때문이다.

2013년의 라마단이 시작된 7월 10일은 내가 30년 만에 금식 생활을 끝낸 날이다. 앞에서 언급했듯, 나에게는 뇌성마비가 있어서 항상 몸이 떨린다. 마치 샤키라의 엉덩이처럼 말이다. 그날, 내 떨림이 극에 달했다. 정오쯤 되자 나는 더 이상 트윗을 할 수 없었다. 저녁 여덟시 반쯤 금식이 끝났는데, 거의 숨을 쉴 수 없을 지경이었다. 나는 이것이 내 금식의 마지막 순간이라는 것을 알았다. 다음 날 아침 물을 마셨더니 독 같은 맛이 났다. 낮에 갈증을 해소하는 게 너무나 잘못된 일처럼 느껴졌다. 라마단은 내 인생에서 가장 행복했던 시간들과 강하게 연결되어 있었기 때문에, 전통이 사라진 것 같았다.

나는 금식할 수 없는 것이 부끄럽지는 않다. 금식이 그립지만, 금식할 수 없는 사람들에게 자신을 위험에 빠뜨릴 이유가 없다는 것을 상기시키는 새로운 임무를 맡게 되어 기쁘다. 무슬림은 고통을 감내하기 위해 금식하지만 그 과정에서 죽지 않는 게 더 중요하다. 금식할 수 없는 사람들은 대신 자선 활동을 하면 된다. 자신의 건강을 지키는 동시에 진정으로 고통받는 사람들을 도울 수 있다. 금식할 수 있는 건강이라는 축복을 받은 사람들이라면 동료 무슬림들에게 금식 중인지를 따져 묻지 않기를. 그건 때로 무례한 질문일 수 있다.

치유를 향한 경주의
끝에서

리
　즈
　　무
　　　어

좀 나아졌어? 빨리 나아라. 치유를 향한 경주. 치유를 향한 기도들.

장애인이 '완치'를 바란다고? 그건 비장애인들의 끈질긴 믿음이다. 장애가 있는 자아와 신체를 버리고 결코 도달할 수 없는 비장애인의 형상이 되는 것.

사회적 장애 모델 social model of disability [의료적 장애 모델에 저항하는 관점으로 장애인이 겪는 구조적 장벽, 사회적 배제 등에 의한 제한이 곧 장애라고 본다.]은 이 생각에 반발한다. 우리는 우리 자신의 몸보다는 사회와 구조적 장벽에 의해 장애로 규정된다. 많은 사람들에게 이 모델은 해방이었다. 문제의 원인을 몸 밖에 위치시킴으로써 우리는 자기 자신을 다시 사랑할 수 있었다. 비장애중심적 시스템을 비판하는 것은 마치 풍차와 싸우는 일처럼 느껴지기도 하지만, 우리 내면의 실패를 다루는 것보다는 오히려 수월하다.

모두는 아니더라도 어떤 장애인은 치유되기를 원한다는 점에서 이 모델을 비판하는 입장도 있다. 특히 만성 통증과 만성질환의 경우, 치유야말로 해방처럼 보인다. 고통을 느끼지 않으면서도 자기 자신의 몸 안에 있을 수 있는 방법 말이다.

하지만 치유에 대한 사고방식이 비장애인들을 중심으로 형성될 때, 자칫 우생학 쪽으로 미끄러져 갈 위험이 있다. 농인 및 자폐성 장애인 커뮤니티 중 상당수는 치유되기를 원하지 않으며, 치유를 지지하는 사람들에 대해서는 자신들이 더 이상 존재하지 않아야 한다고 주장하는 것처럼 느끼기도 한다.

때로 그 사고방식은 우리가 자신의 장애를 바라보는 관점과 맞닿아 있다. 장애는 우리가 누구인지와 관련된 본질적인 특성인가? 혹은 우리가 기꺼이 감수할 수 있는 고통을 동반하는 정체성인가? 비장애인들이 우리 같은 사람들을 완전히 사라지게 할 수 있는 형태의 '치료법들'을 지지하기 시작한다면 우리는 어떻게 느낄까? 그 치료법들이 치유를 원하는 장애인 당사자들에 의해 지지될 때와 비교한다면?

이 글은 치유/치료법을 둘러싼 사회적 긴장과 치유를 좇는 데에서 오는 내면의 긴장을 다룬다. 먼저 밝히자면 나는 만성 통증을 겪고 있으며, 통증이 없어지고 치료되기를 간절히 바란다. 하지만 동시에 나는 내 모든 시간을 치유를 좇는 데 쓸 수는 없다. 그러면 내 삶 자체가 없어질 테니 말이다.

내가 섬유근육통 진단을 받은 것은 5년 전이었다. 나는 네오페이건neopagan [서구 각국이 그리스도교화되기 이전에 믿었던 고대 종교를 현대에 되살린다는 것을 모토로 하는 신흥 종교/문화 운동인 네오페이거니즘에 참여하는 사람]이고 수정 치료나 기 치료 같은 민간요법에 대해서도 열려 있는 편이다. 나는 내 말은 듣지 않고 장애가 비만 탓이라고 비난하는 의사들을 만나는 데 지쳤다. 나는 스스로 삶을 통제하는 힘을 다시 회복하고 싶었는데, 네오페이거니즘이 도움이 되었다. 만약 내가 '긍정적인 에너지'를 갖는다면, 만약 내가 수정을 정확한 조합으로 활용한다면, 만약 내가 글루텐을 먹지 않는다면, 그러면 고통을 어느 정도 다스릴 수 있다는 믿음을 주었기 때문이다.

나는 간절히 치유되고 싶었다. *하이킹과 캠핑을 하고 수업을 끝까지 듣고, 읽는 것도 어렵지 않았던 때로 돌아갈 수만 있다면. 내가 약을 먹거나 약통을 채워놓는 것을 기억할 필요가 없었던 그때로 돌아갈 수만 있다면.*

당시 내 친구들은 지금 생각해보면 심한 비장애중심주의자들이었다. 한 명은 내 목욕 의자를 보더니 나를 "할망구"라고 부르며 비웃었다. 또 한 명은 척추지압사였는데, 자신의 환자들의 경우 스스로 섬유근육통이 있다는 걸 의식하지 않고 고통을 극복할 수 있다고 생각할 때 더 잘 생활한다고 말했다. 나는 처음에는 이런 말들에 발끈했지만, 곧 그냥 섬유근육통이 있다는 사실을 말하지 않아야겠다고 결심했다. 그 말을 하는 것이 내 문제를 현실로 만드는 저주를 내리는 것처럼 느껴졌기 때문이다.

만약 내가 섬유근육통이 있다는 말을 하지 않았더라면, 어쩌면 그것이 없었을 텐데.

상담심리사는 도움이 되지 않았다. 그는 만성질환자들과 함께한 경험이 많지 않아서 "매일 같은 양의 에너지가 있지 않다."는 내 말을 이해하지 못했다. 나는 그에게 자원봉사를 하고 싶지만 에너지가 부족하다고 고백했다. 자원봉사 일정은 자원봉사자들이 매주 같은 시간에 참여할 수 있다는 전제로 조율되며, 원격으로 일할 수 있는 기회는 충분하지 않았다. 나는 자원봉사를 하지 못해 깊은 죄책감을 느낀다고 말했다. 다른 사람을 돕는 것은 늘 내 정체성의 중요한 일부였기 때문이다.

공감하거나 해결책을 제안하는 대신 그는 폄하하는 투로 말했다. "누군가를 마지막으로 도와본 게 언제죠?" 나는 자원봉사 같은 단순한 일을 할 때에도 이렇게나 많은 장벽을 마주쳐야 한다는 데 깊은 수치심을 느꼈다. 게다가, 내가 충분히 노력하지 않아서 극복하지 못했다는 생각이 들었다.

만약 내가 충분히 노력했다면, 장애는 문제가 아니었을 텐데.

어느 날 나는 네오페이건 커뮤니티의 '치유를 위한 드럼 서클'에 참여했다. 우리는 원을 이룬 채 함께 드럼을 치다가 차례대로 한 명씩 원 중앙에 들어가 누웠다. 우리는 백인이고 박치였지만, 최선을 다했다. 드럼의 리듬과 진동이 치유의 에너지를 주는 것 같았다. 원 안에 들어갈 때는 소원을 빌어야 했다.

나는 내 몸과의 전쟁을 끝내는 것, 장애와 화해하는 것이 내가 할 수 있는 최선의 치료라고 결심했다. 나는 받아들이고자 했다.

나는 척추지압사 친구 옆에서 드럼을 치고 있었다. 그가 나를 쳐다봤다. "완치되기를 빌 거야?"

갑자기 그래야만 할 것 같았다. 소원만 빌면 치유될 수 있을까. 원하지조차 않으면 치유되지 못하는 것 아닐까. 소원을 빈다고 해될 것은 없으니까.

나는 그 후로도 장애를 극복하지 못한 나 자신을 미워하며 몇 년을 보냈다. 나는 내 선택을 후회하면서도, 장애가 있는 내 몸을 받아들이는 법을 알지 못했다.

— ¦ —

차도가 있다. 좀처럼 일어나지 않는 일이다. 나는 라임병〔진드기가 사람을 무는 과정에서 보렐리아균이 신체에 침범하여 여러 기관에 병을 일으키는 감염 질환〕이 의심되어 항생제를 먹고 있는데, 증상이 확연히 완화되었다. 나는 주치의에게 간다. 그는 섬유근육통 진단을 위한 압통점을 누른다. 어디도 아프지 않다. 우리는 둘 다 놀란다. 나는 나은 걸까? 애초에 라임병이 맞았나?

나는 하이킹하러 간다. 하이킹을 하는 모습을 동영상으로 찍는다. 통증 없이 밖으로 나가 걷는 기분이 어떤지 기억하기 위해서. 기적 같다고 나는 생각한다. 이 희망이 두렵다.

항생제 처방이 끝난다. 증상이 재발한다. 만약 라임병이었다면 치료되었어야 하는 거 아닌가? 논란이 있다. 어떤 사람들은 만성 라임병의 경우 더 오래 항생제 복용을 해야 효과가 있다고 하지만, 어떤 사람들은 말도 안 된다고 생각한다.

나는 만성 라임병 치료법이 존재하는지 여부에 대해 투

표를 하러 온 것은 아니다. 어떤 사람들에게는 치료가 통할 수도 있다고 믿고, 자신의 증상을 완화하려고 시도해보는 사람들을 응원한다.

나 자신의 경험을 근거로 만성 라임병에 걸린 게 확실하다는 걸 알게 된 것만으로도 충분하다. 나는 독시사이클린의 항염증성이 증상을 완화시킨다는 연구를 읽는다. 나는 비스테로이드성 소염제를 먹는다. 하지만 더 이상은 차도가 없다. 통증이 돌아왔다. 아프지 않은 상태가 어떤지 알아버렸기 때문인지, 이전보다 더 아프다. 통증 속에 있다는 게 무엇인지 잊어버리기 시작한 참이었다.

나는 의사의 조언을 듣지 않고, 더 많은 항생제를 먹는다. 자칭 만성 라임병 전문가를 찾아내 여러 가지 비싼 보조제와 특별 식단을 처방받는다. 증상은 점점 더 나빠진다. 나는 숲에서 하이킹을 했던 그 느낌을 평생 그리워만 하게 될 거라고 생각한다. *이렇게까지 했는데 나아져야 하는 것 아닌가?*

나는 나의 또 다른 만성질환인 양극성 장애로 병원에 간다. 만성 라임병 치료는 끊었다. 감기에 걸려 항생제 Z팩〔호흡기 감염증이나 폐렴에 쓰이는 아지스로마이신 여섯 알이 들어간 약〕을 복용하고 있는데 병원에는 프로바이오틱스가 없다. 나는 치명적인 장내 박테리아 C.디피실에 감염된다. 항생제를 장기 복용한 사람들에게 흔한 일이다. 그 때문에 쇠맛이 나는 약을 먹고, 몇 주간 메스꺼움을 느낀다. 조금 낫는가 싶더니 겨울에 다시 감염된다. 이번에는 어떤 약도 효과가 없다. 실험적인 대변 이식 [장 질환이 발생하는 경우 장내 미생물의 종다양성을 확보하기 위해 건강한 사람의 변을 환자의 장에 투입해 세균총 변화를 유도하는 치료]이 아니었다면 나는 죽을 수도 있었다.

만성 라임병 치료는 더 이상 하지 않는다. 그 치료가 나를 죽일까 봐 두렵다.

나는 여전히 숲에서 하이킹을 했던 그 기분을 다시 느끼고 싶다. 하지만 그것이 불가능할지도 모른다고 생각하기 시작한다. 나는 희망하기가 두렵다. 나는 희망 때문에 상처받는다. 나는 우울하다.

나는 모든 치료법을 쫓아 긴 여정을 왔다. 나는 장애인 커뮤니티와 연결되었고, 장애 이론에 정통해졌다. 하지만 나는 생일날 아침에 두개골이 깨질 것 같은 두통을 느끼며 깬다. 그 후로 몇 달 동안이나 두통이 사라지지 않는다.

수많은 의사를 만났다. 처음에는 응급실에서, 다음에는 지역 보건의, 그다음에는 지역 전문의와 상담을 했다. 더 많은 전문의와 상담하기 위해 다른 도시를 찾아갔다. 아무도 두통의 원인이 무엇인지 밝히지 못했다.

나는 끝내 극복해내지 못할까 봐 두려워지기 시작했다. 열세 살부터 두통을 앓고 있는 친구 생각이 났다. 어쩌면 지금 나에겐 이 상태가 '정상'인지 모른다.

나는 통증이 만성화되었음을 알았던 순간을 기억한다.

통증을 무시하는 데 정신적 에너지가 너무 많이 들어서 다른 무엇에도 집중할 수 없게 되었다. 책을 읽을 수도, 요리를 할 수도 없었다. 혼자선 옷도 입을 수 없었다. 모든 것이 고통스러웠다. *이것이 나의 새 기본값일까.* 나는 흐느꼈고, 상처받았고, 눈물이 멈추지 않았다.

수많은 검사를 받았다. 온갖 신체 부위에 대한 자기공명영상^{MRI} 촬영. 발작 증상과 관련한 뇌파 검사, 신경 손상 여부를 알아보기 위해 팔과 다리에 바늘을 꽂은 채 받았던 근전도 검사. 나의 미스터리한 두통의 정체를 밝히려는 그 모든 검사들.

이제 나는 나에게 결합조직 질환〔몸 전체의 구조와 기관에 강도와 유연성을 부여하는 단백질 및 섬유 조직인 인대, 힘줄, 근막, 근육 등에 이상이 있는 것〕이 있다는 것을 안다. 내가 사는 미동부 해안 지역에는 이 질환을 치료할 수 있는 의사가 극소수이고, 그들 중 일부는 아예 보험 처리를 해주지 않는다.

그들을 보기 전, 두통이 사라진다. 나는 물리 치료 처방을 받았고 물리치료사가 목과 머리를 교정해주자 통증이 없어졌다.

나는 안도감에 울었다. 통증이 재발해도 할 수 있는 게 생겼다. 두통이 내 새로운 기본값이 아니다. 나에게는 몸 전체의 통증에 대해서는 아니더라도, 일부에만이라도 대처할 수 있는 치료법이 있다!

하지만 그 대가가 무엇이었을까. 그 통증을 없애기 위해 나는 거의 모든 시간을 바쳤다. 1년 내내 온열 매트에 누위 있거나 검사를 받으며 지냈다. 나는 생존에 성공했다.

하지만 내 몸에는 여전히 많은 잘못된 것들이 있고, 나는 나를 이렇게 저렇게 찔러대는 일들에 신물이 난다.

당신에게는 이 모든 게 이해가 안 될 수도 있다. 어쩌면 당신 자신이 그렇게 살아봐야만 이해가 될 것이다. 그런 희망, 온갖 검사의 집중 포격, 몸이 협조하기를 거부하고 나아지지 않을 때 느끼는 자책감.

기적적인 치유를 좇는 데에는 큰 대가가 따른다.

사람들은 묻는다. "요가를 해봤나요? 콤부차를 마셔봤나요? 이 특별한 물은요?" 나는 이미 다 해봤고, 지칠 대로 지쳤다고 설명할 에너지조차 없다. 나는 수정 치료와 치유를 위한 드럼 서클과 기도와, 그 밖의 모든 것을 시도해봤다.

이제 내가 시도해보고 싶은 방법은 수용이다. 나는 나 자신을 그저 받아들이면 어떨지 알고 싶다. 너덜너덜하고, 부서져 있고, 고통이 완화되기를 바라지만 어느 정도는 감내하는 상태로. 나는 여전히 받을 수 있는 치료는 받겠지만, 치유가 목적인 세계와 거래하느라 애쓰지는 않을 것이다. 치료법을 전전하며 살기에는 돈도 너무 많이 들고, 무엇보다 내 삶 자체가 사라지기 때문이다.

내가 알게 된 한 가지는, 한때 나였던 사람을 되찾는 데 삶을 바치다가는 지금의 나를 잃는다는 것이다.

2. 되어가기

G
N
I
M

샌
디
호

장애인으로서
어떤 영역을
점유한다는 것은
항상 혁명적인
일이다.

그전으로 돌아가지
않는다

리
　카
　　도
　　　T.
　　　　손
　　　　　턴
　　　　　　시
　　　　　　　니
　　　　　　　　어

콘텐츠
노트

◆ 시설화 ◆ 학대

2012년 6월 21일 미 상원 보건·교육·노동·연금 위원회 개최 전 발언 내용이다.

제 이름은 리카도 손턴입니다. 저는 오늘 아직 지적장애인 수용 시설에 있는 9만 2천 명과, 저처럼 시설에 살았던 모든 사람들을 대변하기 위해 여기 나왔습니다. 제 아내 도나와 아들 리키도 이 자리에 함께 왔습니다.

저는 어린 시절을 시설에서 보냈습니다. 처음에는 D.C. 빌리지에, 1966년 이후에는 워싱턴 D.C.에 있는 지적장애인 시설인 '포레스트 헤이븐'에서 살았습니다. 제 아내와 형제 역시 그곳에 있었습니다. 하지만 수년 동안 아무도 저에게 형제가 있다는 사실을 말해주지 않았고, 우리는 서로를 몰랐습니다. 시설에서 저는 스스로 생각할 수 없었습니다. 직원들이 저를 대신해 모든 결정을 내렸습니다. 오랫동안 누구도 저에게 아무것도 기대하지 않았습니다. 좋은 직원도 있었지만 어떤 직원은 악랄했습니다. 그들은 특히 중증장애인들을 학대했습니다. 제 형제는 포레스트 헤이븐에서 죽었고, 거기 묻혔습니다. 무덤을 방문하기 위해 저는 지금도 그곳에 돌아가곤 합니다. 저는 그에게 약속했습니다. 그와, 스스로 말할 수 없는 사람들을 대변하겠다고요.

저는 20대 초반이었던 1980년에 포레스트 헤이븐을 떠났습니다. 정말 멋진 날이었어요! 저는 처음으로 탈시설하는 사람들 중 한 명이었습니다. 그 이후에는 몇몇 그룹홈에서 살았습니다. 지역사회에서 사는 것은 어려웠습니다. 사람들은 저희를 차별했고, 그곳에 있는 것을 원하지 않았습니다. 골목에 쓰레기가 있으면 이웃들은 우리 탓을 했어요. 결국 우리가 그것을 치워야 했습니다.

처음에는 그룹홈 직원들도 시설에서와 같은 방식으로 우리를 대했습니다. 저는 제 명의로 은행 계좌를 개설하려고 했지만, 직원들이 제가 직접 돈을 관리하는 것을 싫어해서 곤란한 적도 있었습니다.

그룹홈에서 생활하는 동안 저는 도나와 사귀기 시작했습니다. 그리고 도나가 저에게 청혼했습니다. 대부분의 사람들은 우리가 결혼해서는 안 된다고 생각했지만, 몇몇은 격려하고 믿어주었습니다. 저희는 결혼했고 모든 지인을 결혼식에 초대했습니다. 그리고 그 후 예쁜 아들 리키가 1.2킬로그램의 몸무게로 태어났습니다. 저희는 리키가 정말 자랑스럽습니다. 그는 고등학교를 졸업하고 대학 과정을 밟았으며, 결혼을 하고 세 아이의 아버지가 되었습니다. 우리 가족의 이야기는 《워싱턴 포스트》에 실렸고, 뉴스쇼 〈60분〉에도 소개되었습니다.

제가 시설에서 지낼 때, 아무도 제가 지금처럼 살 것이라고는 상상조차 하지 못했을 것입니다. 결혼을 하고, 아들에 손자까지 있고, 35년간 직장에 다녔으며, 운전면허증을 따 자가용을 몰고, 요하네스버그와 알래스카, 미 전역을 다니며 스페셜 올림픽 〔지적·발달장애인들이 출전하는 국제 스포츠 대회〕 등 여러 장애인 행사에서 연설할 수 있는 기회를 누리면서 살 것이라고는요.

당신을 믿고 당신이 해낼 것이라고 기대하는 사람들을 만나는 것이 가장 중요합니다. 장애인에 대해 뭔가를 기대하는 사람만이 장애인에게 배우고 성장할 기회를 주기 때문입니다. 포레스트 헤이븐 같은 시설에서는 누구도 성장하지 못합니다.

저는 마틴 루터 킹 주니어 기념 도서관에서 35년째 일하고 있습니다. 워싱턴 D.C.가 저를 고용했습니다. 처음에는 자원봉사로 시작했고, 시간제 근로자로 일하다가 결국 상근직이 되었습니다. 아내 도나는 월터 리드 병원에서 21년간 일하다가 지금은 베데스다의 육군 병원에 근무합니다. 제 동생 윌리엄은 가톨릭대 소속입니다. 우리 가족은 모두 납세자이고 직장과 지역사회에 기여하고 있습니다. 도나와 저는 장애인의 삶의 문제를 해결하는 많은 이사회와 위원회에 참석하고 있습니다.

지금 하는 이 모든 일들이 처음부터 가능했던 것은 아닙니다. 저에게는 저를 믿고 지지해준 사람들이 있었습니다. 저는 중증장애가 있는 사람들이 적절한 지원을 받아 성장하고 훌륭한 일을 해내는 것도 많이 보았습니다. 많은 사람들은 메디케이드를 통해 돌봄, 이동과 관련한 도움을 받고 돈 관리와 살림을 배웁니다. 저는 지역사회에 살기에는 장애가 너무 심하다는 평가를 받았던 사람들도 시설에 있을 때보다 시설 밖에서 훨씬 더 잘 살아가는 것을 보았습니다. 왜냐하면 시설에서는 수용자들에게 생존 이외에는 아무것도 기대하지 않으니까요.

저는 스페셜 올림픽을 좋아합니다. 이 올림픽은 우리가 해낼 수 있는 것에 집중하고, 우리는 능력을 드러낼 수 있기 때문입니다. 도나와 제가 받는 최고의 지원은 친구들로부터 옵니다. 지역사회에 살면서 사귄 친구들은 우리가 활동을 하고, 아들을 기르고, 궁금한 점이 있거나 중요한 결정을 내려야 할 때마다 도움을 주었습니다. 지역사회에 산다는 것은 직원에게 의존하지 않아도 된다는 것을 의미합니다. 다른 사람들과의 관계가 생기기 때문입니다. 시설에서는 결코 만들 수 없었던 네트워크가 생깁니다. 저는 중증장애인을 포함해 많은 장애인들이 그렇게 사는 것을 봐왔습니다.

포레스트 헤이븐에서 최중증장애인들은 하루 종일 별채의 침대에 누워 지냈습니다. 제가 그곳에 있을 때 그 별채로 가서 함께 악기 연주를 한 적이 있습니다. 지원금이 생겨 운영했던 프로그램이었습니다. 그들은 악기 연주를 좋아했고, 침대로 돌아가고 싶어하지 않았습니다. 하지만 지원금이 끊기자 프로그램도 종료되었습니다. 만약 그들이 지역사회에 살았다면 지원금이 그들의 삶을 좌우하지 않았을 겁니다. 그들의 음악이 멈추지도 않았겠지요.

포레스트 헤이븐을 떠날 당시, 저는 그 시설을 폐쇄하기 위해 시 차원에서 설립한 장애인 위원회에 참석해달라는 요청을 받았습니다. 1991년 포레스트 헤이븐에 남아 있던 마지막 입소자가 그곳을 떠난 날은 정말 감동적이었습니다. 저는 사람들에게 성장하고 기여할 수 있는 기회가 생기면 그들이 실제로 성장하고 기여한다는 것을 목격했습니다.

우리는 여러분께 요청합니다. 사람들이 지역사회에서 좋은 삶을 살고 성장할 기회를 계속 누릴 수 있도록 지원해 달라고 요청합니다. 저는 기회와 지원이 있으면 누구나 무엇이든 해낼 수 있다고 믿습니다. 우리는 그전으로 돌아가지 않을 것입니다. 사람들이 자기 의지에 반해 성장하고 기여할 수 있는 기회를 박탈당하는 장소로 가야만 했던 그 시절로는 결코 돌아가지 않을 것입니다. 우리는 계속 앞으로 나아갈 것입니다. 사람들은 저와 제 아내, 제 형제를 위해 애써주었습니다. 시설에 있을 때 우리에게는 목소리가 없었습니다. 우리는 무능하다고 여겨졌고, 아무것도 배울 수 없었습니다. 하지만 사람들은 지원을 받아 위대한 일을 해낼 수 있습니다. 지적장애 자체가 한계가 아닙니다. 시설 수용이 한계입니다. 입소자들은 남은 생 내내 의존적으로 살게 됩니다.

누구나 언제든 장애인이 될 수 있습니다. 우리는 다른 모두와 같은 사람입니다. 지역사회 차원에서 다른 선택지가 없다는 이유로 우리를 시설로 보내던 시대는 끝나야 합니다. 시설 수용이 더 저렴하고 안전하게 장애인을 보호하는 길이라는 생각도 없어져야 합니다. 시설에 입소한 사람들의 삶은 허비되며, 사회적으로 아무런 역할을 하지 못합니다. 좋은 시설이란 존재하지 않습니다.

사람들을 격리하는 것은 어떤 상황에서도 옳지 않은 일입니다. 어떤 사람도 시설에서는 성장할 수 없으며, 지역사회에 살아야만 더 안전하고 행복합니다. 저는 오늘 이 자리에 나올 수 있었던 많은 사람들 중 한 명입니다. 어떤 사람들은 제가 다른 지적장애인과 다르다고 말합니다. 하지만 제가 지닌 특별함이란 제 잠재력을 믿어주고, 제가 배우도록 시간을 내어 도와준 사람들이 있었다는 점입니다. 그저 숨 쉬는 것 외에는 어떤 삶도 기대되지 않는 곳으로 사람들을 보내지 않도록 막아주세요. 우리는 그전으로 돌아가지 않을 것입니다. 이제 앞으로 나아가야 할 때입니다. 오늘 발언 기회를 주셔서 감사합니다. 계속 장애인들을 지지해주시길 바랍니다.

급진적으로
존재하기

스
　카
　　이
　　　쿠
　　　　바
　　　　　컵

: 장애인-퀴어의
패션 개혁 운동 선언

> 우리를 가장 취약하게
> 만드는 가시성이야말로
> 우리가 지닌 가장 큰
> 힘의 원천이기도 하다.
>
> — 오드리 로드

장애인이나 트랜스젠더가 스타일리시하게 혹은 요란하게 옷을 입는 것은 문화적으로 권장되지 않는다. 사회는 우리가 이목을 끌지 않고 '섞여서 눈에 띄지 않기$_{in}^{blend}$'를 원한다. 하지만 만약 우리가 투명 인간으로 만들려는 사회 분위기에 저항한다면 어떻게 될까? 만약 우리가 집단적으로 패션을 개혁해 동화同化되기를 거부한다면?

장애인과 트랜스젠더에게는 옷에 대한 특정한 수요가 있지만, 일반적인 패션 브랜드에서는 맞는 옷을 찾을 수 없다. 장애가 있는 페미니스트 학자 앨리슨 케이퍼는《페미니스트, 퀴어, 불구$_{Queer,\ Crip}^{Feminist,}$》에서 이렇게 쓴다. "퀴어의 삶을 가치 절하하는 무능은 장애인의 삶을 상상하지 못하는 무능과 맞닿아 있다. 둘 다 정상성과 정상화를 향한 추동을 뒷받침하고, 동시에 그로부터 추진력을 얻는 상상의 실패다."

장애인의 수요에 맞춘 옷, 트랜스젠더와 퀴어가 입을 젠더 긍정$_{affirming}^{gender-}$ 의류를 만드는 디자이너 자체가 극소수인

데다 이런 옷들은 기능에 초점을 맞출 뿐 미적인 측면에는 관심이 없다. 두 정체성을 가로지르는 교차성들을 고려하지 않는 경우도 많다. 예를 들면, 트랜스남성과 논바이너리들이 가슴을 납작하게 누르기 위해 입는 바인더는 최근까지도 검은색과 흰색 혹은 '누드색'(일회용 반창고 같은 인종차별적인 베이지색)으로만 나왔다. 이런 바인더는 의료 기기를 닮았는데, 이는 젠더 불일치를 질환으로 다뤄온 오랜 역사를 반영한다. (미국정신의학협회APA는 2013년에야 《정신질환의 진단과 통계 편람》에서 '성 정체성 장애' 항목을 삭제하고 '성별 불쾌감'으로 대체했다. 하지만 이 역시 모든 트랜스젠더들이 불쾌감을 겪지는 않는다는 사실을 지워버리는 표현이다.) 선택지가 조금 더 늘어난 지금도 여전히 바인더는 숨기려는 의도에 충실한 기능성 의류로 디자인되곤 한다.

한편 장애인을 위한 옷은 대부분 노년층 취향이다. 입는 사람이 독립적으로 많이 움직이지 않을 것이라는 가정하에 디자인된 이 옷들 중 상당수는 병원복처럼 보인다. 장애인과 노인을 같은 범주에 두고, 장애인이 스포츠를 즐기거나 댄스 음악에 맞춰 춤을 추지는 않을 것이라는 편견을 반영한 옷이다. 사회는 장애인과 노인을 편협하게 보지만, 장애 혹은 만성질환이 있거나 나이가 들었다고 해서 몸을 움직이는 활동을 하지 말라는 법은 없다. 장애가 있는 어린이, 청소년을 위한 브랜드 역시 노인용 의류를 축소해 제공한다. 하지만 행여 당신이 아프다고 해도, 당신을 더 아파 보이게 하는 옷을 입어야 한다는 것은 비인간적이지 않은가.

당신을 입원 중인 모습으로 만들지 않는 브랜드 중 하나는 '아이즈 어댑티브 IZ Adaptive'다. 그들은 휠체어 사용자를 위한 비즈니스 캐주얼 의류를 만든다. 이 브랜드는 그나마 가장 나은 선택지이긴 하지만, 사무실에서 존중받고자 하는 욕구를 충족하는 용도에 그친다. 우리에겐 다양한 수요가 있다. 장애인이 사회에서 어떻게 평가받아야 하는지를 보여줄 수 있고 우리를 당당하게 만드는 선택지가 더 많이 필요하다.

스물한 살 때, 나의 위는 이유 없이 소화 기능을 멈췄다. 나는 위의 통증 때문에 청바지처럼 신축성 없는 바지를 입을 수 없었다. 게다가 좋지 않은 일이 겹쳐 만성 불안 및 공황 장애가 악화되면서 제대로 식사를 할 수 없는 지경에 이르렀다. 나는 다니고 있던 시카고 아트 인스티튜트를 한 학기 휴학하고, 새로운 삶을 살아보기로 결심했다. 2013년 5월 21일에 나는 '재탄생식 Rebirthing Ceremony'이라는 제목의 퍼포먼스를 했다. 복학하면 어떤 옷을 입어야 편할지 고민하던 시기였다. 예전에 나는 유전성 감각 자율 신경병증 2형 [유전성 감각 자율 신경병증이란 감각과 자율신경계의 이상이 나타나는 질환으로 유전 양상과 임상 증상에 따라 5개의 아형으로 나뉜다. 그중 2형은 영유아기에 증상이 시작되며 사지의 감각 소실, 자율신경계 장애, 심부건반사 소실 등이 특징인 드문 유전성 말초신경병증이다.] 이 있는 사촌 소피를 위해 흡수력이 좋은 테리 소재로 스카프를 만들었다. 소피의 엄미인 조디는 ㅏ에게 장애 아동을 위한 옷을 디자인해보라고 추천했지만, 나는 모두를 위한 의류 라인을 만들고 싶었다. 또 나 자신의 젠더를 탐색하기 시작한 고등학생 때부터 젠더 긍정 속옷 라인을 꿈꿔왔다. 내게는 바인더와 패커〔트랜스남성들이 성기 부분을 부풀리기 위해 넣는 물건〕고정용 팬티가 필요했지만, 미성년자여서 구매할 수 없었기 때문이다.

2014년 여름에 나는 학교에서 여성 속옷 디자인 수업을 들었고, 친구들과 나를 위한 시제품을 만들기 시작했다. 나는 장애 여부와 성 정체성에 따라 의류 라인을 구분하지 않고 모든 장애인 퀴어와 트랜스젠더를 위한 최초의 맞춤형 브랜드를 런칭하고 싶었다. 그것이 바로 어떤 신체적 정체성을 가진 사람이라도 입을 수 있는 '리버스 가먼츠Rebirth Garments'의 시작이었다. 이 옷들은 착용하는 사람이 가진 여러 정체성 간 복합적인 교차성을 강조하고, 정체성 하나하나를 돋보이게 한다. 누군가가 자신의 외모에 느끼는 긍지가 그의 정서적이고 정치적인 현실을 변혁하는 힘이 될 수 있다고 나는 생각한다.

이 프로젝트에서 가장 중요한 것 중 하나는 접근성이다. 가격의 측면에서도 마찬가지다. 내 옷을 필요로 하는 사람들 대부분은 자신의 수요에 따라 옷을 맞춤 제작할 여유가 없다. 그래서 가격에 무료 또는 각자 가능한 만큼 지불하는 옵션을 넣었다. 몇몇 특정 사이즈만 대량 생산하면 가격을 낮출 수 있었지만, 내 브랜드는 패스트 패션이 아니고 고객들에게 단 하나뿐인 독창적인 옷을 제공한다는 이념으로 운영된다. 우리 브랜드의 웹사이트에는 사이즈가 명시되어 있지 않으며, 대신 고객들이 자신의 치수를 보내준다.

고객의 대다수는 (겉으로 표가 나든 그렇지 않든) 장애인
이다. 감각이 예민한 사람, 트랜스젠더, 논바이너리, 플러스
사이즈를 입는 사람들. 바인더가 필요하지만, 신체장애 때
문에 대량 생산된 바인더를 입기 어려운 트랜스남성들. 나
는 특히 엘러스-단로스 증후군〔피부와 관절의 결합조직에 이
상이 생기는 유전성 증후군. 피부가 약해서 늘어지고, 상처가 잘 아
물지 않는다.〕이 있어서 갈비뼈 탈구가 잘 되는 고객들이 특
히 선호하는, 덜 조이는 바인더 전문이다. 감각이 예민한 사
람들을 위해서는 솔기가 바깥에 있는 옷을 만든다. 필요에
따라 인공 성기나 인슐린 펌프를 넣는 주머니를 속옷에 추
가할 수 있다. 모든 옷은 신축성 있는 원단으로 만든다. 옷
을 입고 벗기에 수월할 뿐 아니라 체중 변화에도 대응할 수
있고, 어떤 움직임도 편하게 할 수 있다. 속옷은 겉옷으로
도 입을 수 있게 디자인했다. 착용자를 섹시하고 귀엽게 보
이게 만드는 재미있고 화려한 패턴을 넣었다. 기능뿐 아니
라 미적 욕구를 충족하는 것도 중요하다. 사회는 우리에게
드러나지 말라고 하지만, 우리는 몸에 긍지가 있고 주목받
기를 원하는 부끄러움 없는 사람들이다. 우리를 고유하게
만드는 정체성을 숨기는 대신 그것을 급진적으로 가시화한
다.

리버스 가먼츠는 일반적인 미의 기준에, 사이즈와 장애
라는 개념에, 그리고 성별 이분법에 도전한다. 옷은 제2의
피부이며, 우리가 자신을 인식하는 방식을 바꾼다. 나는 모

든 옷은 일종의 갑옷이라고 생각한다. 입는 사람이 자기 자신의 몸으로 편안하게 존재하는 데에서 비롯하는 자긍심과 강인함을 북돋을 힘이 옷에 있기 때문이다.

물론, 옷 한 벌로 사회적 억압을 무너뜨릴 수는 없다. 누구나 참여하도록 하는 더 넓은 접근성이 필요하다. 나는 급진적 가시화를 위한, 정치적으로도 강렬한 미적 스타일을 제안한다. 몸의 가시화는 정치적/사회적 자유와 평등을 향한 중요한 한 걸음이다.

가시화 전략을 설명할 때 나는 19세기 여성 참정권 운동가들의 예를 들곤 한다. 그들은 자신의 복장을 정치적 선언의 도구로 활용한 '여성 복장 개혁 운동 Women's Dress Reform Movement'을 펼쳤다. 남성은 이성적이고 합리적인 반면 여성은 유아적이고 감정적이라는 사회적 고정관념을 뒤집기 위해 시작한 운동이었다. (그래서 '합리적인 복장 운동'이라고도 불렸다. 더 자세한 내용은 메리 울스턴크래프트의 《여성의 권리 옹호》에서 확인하라.) 여성들이 지향한 합리성에는 두 가지 의미가 있었다. 여성도 남성 못지않게 이성적이고 지적인 존재임을 보여주는 것, (지금은 이런 논리가 통하지 않지만, 어쨌든 당시 그들의 논리는 그랬다.) 그리고 뼈를 옥죄고 장기의 위치를 바꿔버리는 코르셋처럼 몸을 해치지 않는 복장을 선택하는 것. 이전까지 여성들이 입었던 것은 사실 '감정적인' 복장이 아니었다. 그것은 여성의 몸을 남성이 욕망하는 이상적인 모양으로 만들기 위해, 남성들이 디자인한 '가부장적' 복장이었다.

나는 그들에게 합리적인 복장은 감정적인 복장이기도

했다고 생각한다. 왜냐하면 그런 옷은 신체적 자유와 함께 정서적이고 사회적인 자유도 주었기 때문이다. 숨 쉴 공간이 있고 움직임에 제약이 줄어드는 데다 세탁하기도 쉽고, (상류층 여성만이 거느릴 수 있었던) 시녀 없이도 스스로 입고 벗을 수 있었다.

우리도 장애인-퀴어 패션 개혁 운동에 이와 동일한 수요를 적용하되, 필요에 따라 언어를 변주할 수 있다.

급진적 가시화는 투명 인간 취급을 당하지 않고 패싱 [타고난 것과 다른 민족·인종으로 행세하고 그렇게 수용되는 일. 트랜스젠더의 경우 자신의 외양이 스스로 생각하는 성별로 인식되도록 옷을 입고 행동하는 것을 뜻한다.]이나 동화에 저항하려는 패션 행동이다. 트랜스젠더 정체성과 관련한 에세이 선집《누구도 패싱하지 않는다Nobody Passes》편집자 마틸다 번스타인 시카모어는 "진정함authenticity의 막다른 골목에서부터 패싱에 대한 대화를 전환하려고 했다. 만약 우리가 패싱해야 한다는 압박에서 벗어난다면, 변혁을 향한 더 흥미롭고도 혁명적인 기회가 생기지 않을까?"라고 말했다.

비만 혐오를 조장하지 않는 것도 리버스 가먼츠의 주요 철학 중 하나다. 이것은 장애인과 퀴어 문화에서 특히 중요하다. 2014년 여름, 시카고 퀴어 펑크 페스티벌인 '페드 업 페스트' 강연에서 활동가 거스 앨리스는 많은 페미니스트/퀴어/무정부주의자들이 스스로 "안전하다."고 자부하는 커뮤니티들이 실은 대놓고 비만 혐오적이라고 비판했다. 자본가, CEO, 은행가, 경찰 등 악당은 항상 뚱뚱하게 묘사된다.

앨리스는 한 예술·문화 잡지에 이렇게 썼다.

> 나는 평생 뚱뚱한 소녀로 살았고, 무정부주의자 퀴어가 된
> 스물한 살 이전에는 섭식 장애가 있었던 적이 없다.
> 내가 처음으로 구토를 한 것은 2009년 배시 백 컨버전스
> [무정부주의자 트랜스젠더 및 성소수자들의 행사]에 다녀온
> 후였다. 섭식 장애가 있는 뚱뚱한 여성으로 산다는 것은,
> 본질적으로 보이지 않는 세계에서 사는 것이다.
> 우리는 존재하지 않는다.

사회는 우리가 아름답지 않다고, 결정적으로 섹시하지 않다고 말한다. 그래서 우리는 이성애중심적 미의 기준에서 독립한 우리만의 섹시함을 창조해내야만 한다. 리버스 가면 츠를 막 시작할 때만 해도, 우리 학교에서는 누구도 장애인이 섹시할 수 있다고 생각하지 않았다. 학교의 접근성이 낮았기 때문에 신체장애가 있는 학생 자체가 드물었고, 장애인이라고 공공연하게 정체화한 학생은 거의 없었다. 당시 트랜스젠더를 위한 속옷들은 대체로 외과수술적 관점이 반영된 것들이었다. 이분법적 성별 구분에 기반한 성전환은 '여성에서 남성으로 FTM, female to male' 혹은 '남성에서 여성으로 MTF, male to female'라는 두 가지 개념에 한정된 것이었다. 이는 트랜스의 경험을 납작하게 만들 뿐 아니라 패싱에 대한 비현실적인 시각을 조장했다. 성전환 수술 후 패싱된 사람들만이 트랜스젠더라는 식으로 말이다. 트랜스젠더의 스펙트럼은 그보

다 훨씬 다양하다. 리버스 가먼츠는 논바이너리 경험을 더 가시화하고, 정체성과 상관없이 포용하는 커뮤니티를 지향한다.

　다음 내용은 리버스 가먼츠의 급진적 가시화를 위해 내가 사용하는 미적 요소들에 대한 설명이다. 나는 내 옷들에 섹시하고 웃기고 재미있고 형이상학적이거나 부조리한 메시지를 보내는 은유를 심으려고 한다. 이 요소들은 종종 이분법적 구도를 삼각형으로 확장하고, 삼각형의 꼭짓점이 그 구도를 찌르게 하는 삼각화^{triangulate}에 기여한다. 은유적 속성은 이분법적 (그리고 헤게모니적) 문화에 기반한 지루한 스타일을 푹 찔러 꿰어낸다.

리버스 가먼츠가 권장하는
급진적 가시화 접근법

현재에 주목하라. 급진적 가시화의 징후는 계속해서 갱신되어야 한다. 이 요소들이 정상화되어 지배 문화에 섞이면, 다시 보이지 않게 될 것이다. 우리는 항상 무시할 수 없게 최대한 눈에 잘 띄도록 행동할 필요가 있다. 다른 디자이너들과 옷을 DIY하는 사람들도 패션 개혁 운동에 동참하도록 나의 원칙들을 제안한다. 당신 자신의 방법을 마음껏 추가하라.

❶ 환상적으로 밝은 색. 예술가인 데이비드 배첼러는《색 공포증^{Chromophobia}》을 통해 서구 문화에서 색이 감정과 연관되어 억압된 역사를 서술한다. "색은 종종 여성적, 동양적, 원시적, 유아적인 것, 저속하고 퀴어적이고 병적인 것 등 '이질적인' 몸의 속성으로 여겨졌다." 색은 장애인과 퀴어의 속성으로 여겨져 배제되었고, 따라서 우리 커뮤니티와 상호 연결되어 있다. 색을 되찾는 것은 장애인-퀴어들에게 축복이다! 우리는 건설 현장에서, 또 자전거 안전 장비에 가시성을 위해 사용되는 색들을 반짝이는 스판덱스 및 비닐 소재와 조합해 활용한다. 반사성 원단은 자기 성찰과 비판적 사고를 촉진한다.

❷ 생동감 넘치는 기하학적 구조의 패턴. 삼각형은 이분법의 전복과 삼각화를 표현하기 위해 권장된다. 극도로 대비되는 색들과 함께 쓰인 기하학적 선과 패턴은 "드로잉은 예술의 남성적 측면이고, 색은 여성적 측면"이라는 고정관념에 격렬히 저항한다. 19세기 프랑스의 저명한 미술평론가이자 처음으로 색 이론을 정립한 샤를 블랑은 "감정은 다양하지만 이성은 하나다. 색은 유동적이고, 희미하고, 설명하기 어려운 요소인 반면 형태는 정확하고, 제한되어 있고, 명백하고, 변함없다."고 주장한 바 있다. 색과 기하학의 충돌은 이러한 이분법적 구도를 깨뜨린다. **명확하고 당당하게 존재할 것.** 당신이 입은 귀여운 옷의 일부를 가리지 않기 위해 투명한 비닐이나 시

스루 원단으로 만든 턱받이를 착용하는 식으로 말이다. (클럽에 간 아기의 옷을 떠올려보라.) 우리는 혼란스럽지 않으며, 내가 나 자신인 것이 부끄럽지 않다.

❸ **몸을 감추기보다 강조하는 재단.** 리버스 가먼츠는 몸의 형태를 드러내는 옷의 선택지를 제공한다. 주문 생산하기 때문에 모든 사이즈와 수요에 맞출 수 있다. 예를 들면 몸과 연결된 의료용 튜브가 나올 구멍이 뚫려 있거나, 팔다리의 절단 부위에 맞게 재단된 옷 등. 이런 옷을 입으면 당신은 미용을 위한 의수족을 착용할 필요가 없다.

❹ **의수족 혹은 보철물은 리얼하지 않은 것.** 패럴림픽 육상 선수인 에이미 멀린스의 해파리와 치타 무늬 다리, 혹은 예술가 빅토리아 모데스타의 기하학적인 스파이크 다리를 떠올려 보라. 나는 다양한 소재와 색의 물건들을 패커로 사용함으로써 패커가 성기와 닮아야 한다는 생각을 뒤집는다. 드로어즈나 레깅스에 비치는 소재의 패커 주머니를 달고, 거기에 가는 실을 꼬아 만든 매듭 형태의 패커를 넣어 밖에서 보이도록 입기도 한다. 나 같은 논바이너리들은 남성으로 존재하거나, 남성이 되거나, 남성으로 패싱하는 데에는 관심이 없다. 나는 이분법이나 생물학에 기반하지 않은 나 자신의 젠더가 되고 싶다. 젠더라는 것이 모양, 질감, 혹은 완전히 다른 무언가이면 안 되는 걸까?

시각과 청각을 아우르는
급진적 퍼포먼스

나는 모델들이 전형적이고 금욕적으로 런웨이를 걸어가는 패션쇼 대신, 다양한 소수자 정체성을 가진 현지인들이 참여하는 패션 퍼포먼스를 연다. 참여자들은 자신의 신체적이고 사회적인 필요에 맞게 디자인된 옷을 입고 춤을 춤으로써, 진정한 자아를 드러내는 방식으로 움직이는 데 이 옷들이 얼마나 유용한지를 증명한다. 참여자와 관객 모두의 접근성을 확보하는 것이 관건이다. 퍼포먼스의 막바지에는 관객들도 함께 춤춘다. 패션쇼에 대한 관념과 그것을 둘러싼 지형을 바꾸기 위해서다. 우리는 패션쇼를 스펙터클이 아닌 고민하는 모임, 춤판, 그리고 급진적인 포용을 배우는 장으로 전환하고자 한다.

　2017년 11월에는 휘트니 미술관에서 퍼포먼스와 강연, 워크숍을 진행했다. 갤러리나 대학에서 퍼포먼스를 할 때는 퍼포먼스가 끝난 후, 음성 해설을 제공해왔다. 그런데 한 관객이 다가와 퍼포먼스 중에 해설을 해달라고 요청했다. 나는 해결책을 찾지 못했다. 퍼포먼스 음악과 음성 해설이 뒤섞일 경우 관객에게 지나치게 자극적일 수 있기 때문이다. 음성 해설은 대체로 무대 밖 해설자가 '분리된' 목소리로 하게 된다. 다른 요소들과 통합되는 경우는 거의 없다. 나는 새로운 방법을 찾아야 했다.

그해 초에 퀴어 팝 스타인 제이크 보그스 ^Jake Vogds^ 가 내 급진적 가시화 선언문을 기반으로 곡을 써도 되는지를 물었던 기억이 났다. 휘트니 미술관 퍼포먼스 후 나는 그에게 음성 해설을 가사로 붙인 노래를 만들자고 제안했다. 나는 평소에는 퍼포먼스 참여자들의 꿈을 이뤄줄 옷을 만들기 위한 인터뷰를 해왔지만, 이번에는 그들 자신과 춤 동작이 어떻게 묘사되기를 원하는지도 물었다. 해설과 관련해서도 참여자들이 자기결정권을 갖는 것이 중요했다. 음성 해설자들이 당사자들에게 확인하지도 않고 젠더를 넘겨짚거나 유색 인종인 경우에만 피부색을 언급하는 등 차별적으로 설명하는 경우가 많았기 때문이다.

보그스는 시카고 지역의 퀴어 뮤지션들과 함께, 다양한 장르의 곡 다섯 편이 실린 앨범을 만들었다. 우리는 시카고 역사 박물관과 에반스턴 아트센터에서 퍼포먼스할 때 이 음악을 사용했다. 음성 해설은 퍼포먼스의 일부가 됐다. 이것은 예술과 디자인에서의 접근성 사례다. 미국 장애인법 권고를 뛰어넘어, 정말이지 접근성을 이뤄낸 자리였다.

안내견은 맹인을
이끌지 않는다.
우리는 하나가 되어
걷는다

헤
　이
　　벤
　　　거
　　　　마

나의 안내견이 길을 건너다가 갑자기 멈췄다. "마일로, 앞으로." 나는 왼손으로 그의 어깨를 감싼 하네스를 잡고 있다. "앞으로." 다시 말하자 줄이 움직인다. 그리고 그가 나를 돌아보는 것을 알 수 있다. 내게는 보이지도 들리지도 않는 몇몇 장벽이 우리의 길을 가로막고 있다.

왼쪽으로부터 차들의 진동이 느껴진다. 우리 뒤에는 방금 건넌 차도가 있다. 나는 결정을 내린다. "마일로, 오른쪽으로." 그는 몸을 돌려 인도를 따라 간다. 나는 무엇이든 앞을 가로막는 것은 돌아서 가라고 마일로에게 말한다.

나의 개는 내가 어디로 가고 있는지 모른다. 물론 그에게는 자신만의 이론이 있다. *당신은 어제 이 카페에 갔죠. 그러므로 거기에 다시 가는 게 분명해요. 그렇지 않은가요?* 그는 열린 문을 향해 방향을 홱 튼다. *헤이벤, 여기 들어가서 냄새 좀 맡아봐야겠어요.*

사람들은 안내견이 맹인을 이끈다고 추측한다. 나도 예전엔 그렇게 생각했다. 고등학생 때 나는 시청각장애인이면서 어떻게 대학에 다닐지 걱정했다. 아마도 나는 가야 하는 곳으로 나를 날라다 줄^ferry 안내견을 원했던 것 같다. 그가 내게 필요한 확신을 주는 동료가 될 것이라고 생각했다.

"확신을 얻기 위해 개에게 의지하겠다고?" 한 맹인 친구가 메신저로 물었다. "그렇게 말하니 좀 우스워 보이네." 나는 대꾸했다.

"만약 사람에게 확신이 없으면, 둘 다 길을 잃을 거야. 개에게 의지하는 게 아니라 스스로 자신감을 가져야 해."

그래서 나는 대학에 입학하기 직전 여름을 안내견 학교 프로그램에 참여하는 대신 루이지애나 시각장애인 센터에서 일상생활 기술을 익히며 보냈다. 흰 지팡이〔시각장애인이 보행을 하는 데 사용하는 지팡이. 시각장애인은 눈에 잘 띄는 흰 지팡이로 자신의 정체성과 자주성을 표현하기도 한다.〕를 이용해 번잡한 거리를 건너고, 바나나 크림 파이를 굽고, 심지어 전기톱까지 써봤다.

그리고 자신감 있게 대학에 진학했다. 내 자기 확신은 지팡이가 아닌, 힘들게 얻은 지향과 이동 기술로부터 왔다. 이전의 나는 어떻게 네 발로 걷는 가이드가 있으면 모든 게 달라질 거라고 생각한 걸까?

하지만, 자신감을 갖게 된 것과는 별개로 뭔가 허전했다. 내 마음은 눈과 귀가 있어서 세상을 더 많이 공유할 수 있는 여행 파트너를 원하고 있었다. 그래서 안내견 맥신을 만났고 그는 대학 4학년 때부터 하버드 로스쿨에서 3년을 보내는 내내 나와 함께했다. 우리는, 나 혼자 지팡이를 짚고 다닐 때보다 훨씬 더 부드럽게 장벽을 피해 다녔다. 자전거를 타다가 고급 차를 몰게 된 느낌이었다.

나는 그의 몸짓 언어를 읽는 법을 배웠고, 우리는 함께 여섯 개의 다리로 활보했다. 그의 큰 갈색 눈과 뾰족한 귀가 나에게 새로운 차원을 열어주었다. 독일 셰퍼드와 함께 걸으니, 성희롱을 당하는 경험도 줄어들었다. 그는 9년간 내 곁을 지켰다.

맥신은 2018년에 암으로 죽었다. 나는 그를 깊이 그리워한다. 상실은 여전히 고통스럽다. 나는 또한 지팡이만 있었던 삶으로는 결코 돌아갈 수 없고, 돌아가지도 않으리라는 것을 알았다. 거의 10년간 함께한 파트너는 이제 없지만, 나에게는 삶의 방향성이 생겼다.

맥신을 훈련시킨 학교에서 다른 개를 소개해줬다. 그해 여름에 3주간 나는 뉴저지의 학교 교정에서 처음으로 마일로와 함께 지냈다. 우리는 연석을 넘어가기도 하고, 의자로 돌진하다 부딪히기도 했지만, 팀워크가 점점 향상되었다.

이제 우리는 하나가 되어 걷는다. 함께 보낸 세월 동안 우리는 열두 개 주와 네 개 국가를 다녀왔다. 친구의 결혼식에 참석하기 위해 유타 파크시티를 여행했던 어느 날 아침에, 나는 마일로가 침대에 껑충 뛰어오르는 것을 알아채면서 잠에서 깼다. 강아지처럼 부드러운 귀를 쓰다듬고 장난감 고래를 몇 번 주거니 받거니 한 후 우리는 호텔 방을 나섰다.

마일로는 엘리베이터 문 앞에 멈추고, 나는 점자를 읽어 로비층 버튼을 눌렀다. 엘리베이터 문이 열리자 나는 마일로에게 로비를 가로질러 정문으로 향하도록 지시했다. "오른쪽." 우리는 복도를 따라 갔다. "오른쪽." 그는 텅 빈 것 같은 방으로 향했다. "미안하지만, 거긴 아냐. 마일로, 왼쪽." 나는 그에게 복도로 돌아가라고 손짓한다. "오른쪽." 그는 옆방으로 향했다.

마침내 저편으로부터 달콤한 음식과 커피 향이 풍겨온다. "여기다! 앞으로." 어렵게 아침 식사를 주문하고 나자,

한 결혼식 하객이 다가왔다.

"헤이벤, 안녕하세요? 전 마이클이에요. 누가 당신을 데려다줬나요?"

음, 나는 그냥 마일로에게 공을 돌린다. 비장애중심주의에 끊임없이 반발하는 것은 피곤한 일이다. 하지만 언젠가 세상도 알게 될 것이다. 시청각장애인은 비장애인이 모르는 미지의 세계에서 자신만의 길을 찾아내고 있다는 것을. 지금 나는 그것을 알고, 마일로도 안다. 우리는 서로를 이끈다.

아픈 몸의 의사로
산다는 것

다
　이
　　애
　　　나
　　　　세
　　　　　하
　　　　　　스

"열아홉 살 때 당한 교통사고가 제 삶을 완전히 바꿔놓았어
요."

내가 뇌졸중으로 쓰러진 지 3일째 밤부터, 간호사는 침
대맡에서 자신의 이야기를 들려주기 시작했다. 내가 마비
증상으로 누워 있었기 때문에 그에게는 시간이 충분했다.
내 팔에서 정맥을 찾으며, 그는 교차로에서 측면 충돌 사고
가 나기 전 거침없이 살았던 자신의 어린 시절을 되뇌었다.
온갖 선으로 감긴 채 병원 침대에 누운 그를 상상했다. 지금
의 나처럼 두려움에 떨며 위축되어 있었을 그의 모습을. "저
는 엉망이었어요." 그가 계속 말했다. "그 이전까지는요. 사
고는 축복이었어요." 그가 혈압계의 압력을 넣더니 10까지
센다. "이번 사고도 어쩌면, 그럴지 모르죠." 미래를 꿰뚫어
보는 눈으로 그가 나를 본다. 나는 마주 보며 침을 흘린다.
기침이 나온다. 거짓말쟁이, 라고 말하고 싶지만 내 혀와 뇌
가 따라주지 않아서 목이 막힌다. 그가 내 약을 맛없는 사과
소스에 버무리는 동안 나는 팔이 움직이지 않고, 목에는 상
처가 나고, 입이 망가진 내 모습을 마음속에 그려본다. 공포
스럽다. 이런 상황에서 신의 존재를 느끼기는 불가능하다.

나는 수술을 두 차례 받은 후, 쓰러진 지 2주 만에 퇴원
했다. 만성 피로와 한낮의 텔레비전 시청, 온갖 요법과 과일
퓌레로 이루어진 회복의 삶이 시작됐다. 나는 하루건너 한
번씩 (물리, 언어, 직업) 치료나 (종양학과, 신경과, 이비인후과) 진
료를 받으러 다녔고, 셀 수 없이 많은 시간을 대기실에서 보
냈다. 대기실은 비슷비슷했고, 그곳에서의 시간은 뒤틀렸

다. 몇 년 된 잡지, 초침이 고장난 시계, 병원 안내 방송을 반복하는 텔레비전은 시간 감각을 잃게 했다. 기다리는 사람들은 항상 똑같았다. 대부분은 조용히 휴대전화를 들여다보며 자신을 굴복시키는 중이었다. 정말이지 항상, 수다쟁이가 한 명씩 있었는데 그는 휴대전화에 대고 큰 소리로 남편이나 자녀에 대한 불평을 늘어놓는 중이었다. 혹은 반드시 보청기를 껴야 할 것 같은 남자가, 하나도 관심 없는 사람들에게 그날의 뉴스를 전해주고 있든지. 그리고 전쟁 이야기가 있었다. 총탄이 날아다니지 않지만 붕대는 나오는. 우리 모두에게는 저마다의 질병, 부상과의 싸움에서 얻은 상처가 있었다. 나는 누렇게 바랜 신문을 건성으로 뒤적이며 주변에서 웅성거리는 이야기들을 들었다. 영양 보조제와 지원 단체, 재발과 재활에 대한 이야기들. 나는 치료뿐 아니라 엿듣기를 통해서도 많은 것을 배웠다.

텔레비전에 나오는 것과 달리 병원에서 일하는 것은 때때로 지루하다. 환자가 안정되고 상황이 느리게 흘러가면 흰 벽과 소독약 냄새, 끊임없는 환풍구 소리, 호출기의 알람 소리도 금세 지루해진다. 지루함을 달래기 위해 사람들은 말을 한다. 환자에 대해, 일에 대해, 서로에 대해. 이야기는 들불처럼 번져나간다.

직장에 복귀하자마자 나는 더 이상 익명으로 살아갈 수 없다는 것을 깨달았다. 나는 내가 입원했던 병원의 3년차 레지던트였다. 일주일에 60~90시간 동안 일했다. 낮에는 병동에서 근무하고 밤에는 최신 의학 논문을 공부했다. 그러다가 병에 걸렸고, 갑자기 상황이 바뀌었다. 뇌졸중만 나타난 게 아니라 희귀암도 발견되었다. 복권 당첨 확률보다 더 낮은 확률로 발병하는 암에 걸렸다는 이유로 나는 의사들 사이에서 '흥미로운' 환자가 되고 말았다. 나의 종양은 종양학 컨퍼런스와 학술지 주제로 다루어졌다. 다른 의사와 간호사들에게 나를 소개할라치면 그들이 이미 나에 대해 들었다는 사실을 알게 됐다. 어쩌면 그들 중 누군가가 입원 기간 동안 나를 돌봤을 수도 있었다. 뇌졸중을 겪었던 날들의 기억은 흐릿했다. 결코 회복할 수 없을 것 같은 순간들이었다. 한 이비인후과 레지던트는 어느 날 오후에 구내식당에서 나를 발견하고는 큰 소리로 불렀다. "저 기억 안 나시죠?" 나는 부드럽고 삼키기 쉽지만 절대 배는 부를 것 같지 않은 으깬 감자와 푸딩 사이에서 고민하다가, 그의 쾌활한 목소리에 깜짝 놀라 돌아봤다. "상태가 진짜 엉망이었는데 많이 변했네요." 그는 닭고기를 골랐고, 나는 질투가 났다. "우리가 심폐소생술 했을 때 저 쫓아내려고 하셨잖아요. 기억나세요?" 나는 고개를 저었다. 억지 미소를 지으며, 입가에 고인 침을 닦았다. 그는 수다를 떨었고, 나는 뒤따라가며 그가 나에 대해 하는 말들을 들었다.

동료들의 위로 시도에 익숙해지는 건 너무 어려웠다. 사람들은 질병에 관한 한 잘못된 타이밍에 최악의 말을 할 수 있는 능력을 타고나는 것 같다. 의료 분야에서 일하는 사람들은 다를 거리고 믿는다면, 천만의 말씀이다. 그들 역시 결국 사람이다. 나는 처음에는 필요하다고 생각해서 소속 부서에 내 진단을 공유했다. 레지던트 업무 일정은 최대 1년 전에 미리 계획된다. 맡아야 할 환자와 병동이 있다. 한 사람의 예기치 않은 부재가 모두의 업무를 혼란에 빠뜨릴 수 있었다. 그래서 나는 동료들에게 나의 종양 제거 수술에 대해 알리고, 내가 일으킬 소란에 대해 사과하는 메일을 썼다. 첫 수술을 받기 전에는 위로가 도움이 됐다. 하지만 모든 것이 끝나고 일터로 돌아왔을 때는 이런 위로들이 참을 수 없게 되었다. 포옹은 내 머리, 목구멍, 손에 대해 꼬치꼬치 묻는 질문들과 함께 나를 덮쳐왔다. 동료들은 결국 호기심 많은 의사였다. 나는 상처받았다. "염려와 기도"로는 내 뇌에 난 구멍을 치료할 수 없었다. "모든 일에는 이유가 있다."는 말도 악성 종양이 생긴 이유로는 충분하지 않았다.

한 동료가 복귀를 축하하는 의미로 케이크를 가져왔다. 나는 감동하기도 했지만, 좀 짜증 났다. 나는 암에 걸려서 망가진 것 같았고, 기운이 다 빠져나간 것 같았으며 그건 아무래도 축하할 일은 아닌 것 같았다. 나는 얼굴에 잔뜩 묻은 케이크를 걸쭉한 영양 보충 음료로 대충 씻어내고, 붐비는 방 한구석에 눈에 안 띄게 숨어 있으려고 했지만 실패했다. 상사들이 나를 발견하고, 내가 얼마나 좋아 보이는지, 그 많은 일을 얼마나 잘 겪어냈는지를 이야기했다. 그들은 내 기분이 어떤지 물었고 나는 괜찮다고 거짓말을 했다. 그때 "그쪽이 그만 입을 닥쳐주시면 기분이 훨씬 나아질 텐데요."라는 속삭임이 뒤에서 들려왔다. 고개를 돌렸더니 인턴 중 한 명이 공모의 눈빛으로 나를 바라보고 있었다. "끔찍하죠?"

다른 사람들이 떠난 후 그가 말했다. "다들 도와주려고 노력하는 건 알지만, 가끔 혼자 있고 싶을 때가 있잖아요. 나는 그냥 내가…" 그는 잠시 멈췄다. 그도 이전에 몇 달간 아팠다. 그의 이야기는 내 이야기 같다. "내가 원할 때 이야기하게 다들 날 좀 내버려 뒀으면 했어요. 이해하죠?"

——|——

의사가 되려면 수십 년이 걸린다. 우리 중 일부는 의사라는 직업을 선교만큼이나 신성한 소명으로 여긴다. 우리 모두는 기꺼이 헌신한다. 질병을 연구하는 데 젊음을 바친다. 생리학과 병리학을 공부하고, 의학 기술을 익힌다. 평생 배움에 전념한다. 하지만 이 모든 것은, 막상 내가 진단받았을 때는 아무 소용이 없다. 의대에서는 환자가 되는 법 같은 건 가르치지 않는다. 바늘을 꽉 잡는 법, 꿰매는 법, 깔끔하게 선을 긋고 예쁘게 봉합하는 법은 배울 수 있지만, 어떤 교수도 당신 자신의 피부와 살의 봉합선에서 알 수 있는 것을 가르쳐주지는 못한다. 나는 환자로서는 새내기였다. 허둥댔고, 의사로서 훈련한 것과 지금 경험하고 있는 것을 연결하지 못했다. 유일하게 적용할 수 있었던 지식은 피로를 극복하는 법이었다. 레지던트 생활은 낮이 길었다. 해가 뜨기도 전에 호출이 시작되었고 그다음 날 오후가 되어서야 일과가 끝나곤 했다. 앉거나, 먹거나, 화장실을 갈 틈 없이 몇 시간을 줄곧 일했다. 24시간 혹은 종종 더 긴 시간 동안 잠을 자지 못했다. 그리고 익숙해졌다. 호출과 수술 사이에 쪽잠을 잤다. 터무니없이 많은 양의 커피를 마셨다. 모든 호출이 끝나면 언니에게 전화를 걸었다. 지난밤과 간호사들에 대해 수다를 떨었다. 좌절과 성취를 나눴다. 언니와의 대화는 위안이 되었고, 집으로 운전해 돌아가는 내내 나를 깨워주었다. 나는 아픈 몸으로 병원에 돌아온 후에도 이 루틴에 의존했다.

　그것이 무엇이든 충분히 오래 함께한다면 익숙해질 수 있다. 나는 아픈 몸에 적응해갔다. 예전의 역할과 새로운 역할 사이에서 균형을 잡았다. 시간이 지나고 혈액 검사 수치가 나아졌다. 스캔 결과도 안정적이었다. 나는 다시 교대 근무를 시작했고 신생아·소아 중환자실 근무 같은 고난도 업무에도 투입되었다. 신체적, 지적, 감정적으로 힘들었지만 익숙한 일이었다. 나는 일할 때 내가 되었다. 하지만 내 몸은 어김없이, 치유되는 중이라는 사실을 나에게 상기시켜주곤 했다. 나는 우리 팀이 회진할 때 가장 *끄트머리*에서 따라갔다. 절뚝거리는 걸음걸이를 어떻게든 숨기기 위해서였다. 하지만 침이 줄줄 새어 나와 나 역시 환자임을 들키곤 했다. 아침 보고 시간에 졸다가 내 차례가 돌아와서 화들짝 놀라 깬 적도 한두 번이 아니었다. 나는 낡은 수법을 썼다. 에너지 드링크와 진한 차를 마셔댔다. 학생들과 후배 레지던트들에게 점점 더 긴 강의를 늘어놓았다. 늦은 오후, 업무에 한참 붙들려 있을 시간에 그들과 수다를 떨곤 했다. 그러다 보면 인턴들은 내가 웃을 때 한쪽 입꼬리만 올라간다는 것을 알아챘고, 자신이 들었던 소문을 떠올리며 호기심으로 눈을 빛냈다. 그러면 나는 내 이야기를 해주었다.

암과 뇌졸중에 대해 더 많이 이야기할수록 나는 내 몸이 더 편해졌다. 나는 상처를 감추지 않게 되었다. 내 손과 입과 뇌를 저주하는 일도 그만두었다. 마지막까지 신경 쓰인 것은 사람들의 인식이었다. 친구들, 가족들, 그리고 병원 전체가 내 최악의 모습을 고스란히 봤기 때문이다. 마비된 채 삽관하고 진정제를 맞고 침대에 묶여 있던 모습. 병든 모습. 나는 그들과 나 자신의 기억에서 그런 이미지들을 지우려고 노력했다. 나는 이야기를 했다. 나 자신이, 비록 손상되었지만, 개선되어 새 사람이 되었다고 말했다. 밝은 이야기만 했다. 삼켜버린 분노, 슬픔, 고립감이 목에 걸려 있었다. 그러는 동안 한편으로 나는 누군가에게 이 모든 것을, 모든 추하고 두려운 것들을 털어놓을 수 있기를 간절히 원했다. 누군가가 나를 알아봐주고 위로해주기를.

어느 날 오후에 나는 내가 받은 이런저런 치료들에 대해 횡설수설하고 있었다. 퇴근하고 잠들 수 있을 때까지는 아직 몇 시간이 남아 있었고, 나는 건성으로 수다를 떨면서 시간을 좀 때우고 싶었다. 그러느라 당시 내 직속 상사였던 전문의가 방에 슬쩍 들어온 것도 몰랐다. "영화 보는 건 어때요?" 갑자기 그의 목소리가 들려와서 깜짝 놀랐다. 나는 멈칫해서 쳐다봤다. "나는 뇌졸중을 겪은 후 영화 보는 게 엄청 힘들었어요. 그 이전에는 한 번도 영화를 보면서 운 적이 없었는데." 그는 자신의 이야기를 해주었다. 한 젊은 남자가 뇌졸중을 겪고, 인생이 뒤집혔다가 다시 시작된 이야기를. 의사였다가 환자였다가 다시 의사로 돌아온 이야기를. 그것은 그의 이야기였지만 나는 너무나 잘 알아들었다. 나에게는 나 자신이 이런 종류의 암을 앓은 유일한 사람이었고, 내 또래 중 뇌졸중을 겪은 유일한 사람이었다. 나는 혼자였다. 그런데 그가 자신에 대해 말해주었기 때문에 이제는 혼자가 아니라는 것을 알았다. "영화는 괜찮아요." 나는 대답했다. "그런데 광고 보는 게 힘들달까요?" 그가 미소 지었다.

사람들은 나에게 뭔가를 말한다. 항상 그랬다. 누구라도 내 주변에 좀 있다 보면, 자신이 아는 모든 것을 말하곤 했다. 또 다른 전문의도 그것을 알아차린 적이 있다. 나에게 환자에 대해 말하고 뭔가를 지시하려던 그는 문득 어느 여름날과 엄마와 풍뎅이에 관한 추억 속에서 정신을 차렸다. "당신 얼굴 때문인가 봐요." 그는 이상하다는 듯이 나를 쳐다봤다. "내 말에 진심으로 귀 기울이고 있는 것 같거든요." 그때 이후 나는 비슷한 이야기를 많이 들었다. 나는 내 '잘 듣는 얼굴'을 병원에서 활용하는 법을 익혔다. 환자를 잘 진료하기 위해서는 먼저 그가 자기 이야기를 하도록 만들어야 한다. 환자가 진정으로 원하는 것은 의사가 자신에게 귀 기울이는 것이다. 그것이야말로 사실 우리 모두가 원하는 것이다. 인간의 가장 근본적인 욕구다. 봐주기를, 들어주기를, 이해받기를 원한다.

나는 의사 수련 과정의 전반기를 마친 후 새로운 도시

의 새로운 병원으로 옮겼다. 그러면서 나쁜 기억은 털어버리고 싶었지만, 질병의 망령은 끈질겼다. 나는 신경과 전문의를 지망했다. 하지만 누군가가 의사 가운으로 가린 내 짝짝이 손과 비뚤어진 입을 눈치챌까 봐, 중환자실 침대에 누워 있었던 내 아프고 위축된 모습을 꿰뚫어볼까 봐 노심초사했다. 그래서 나는 내 이야기를 했다. 내 목소리와 내 언어로 내 경험을 낱낱이 말했다. 나는 내 안에서 의사 가운을 입은 소녀를 봤고, 그에게 힘을 주고 싶었다. 중환자실에 누워 있었던, 지치고 외로웠던 그 아이를 보호해주고 싶었다. 전문의가 자신의 이야기를 들려주었을 때 경험한 연결된 느낌과 안도감을 기억했다. 나는 내 안의 소녀를 안아주고, 괜찮을 거라고 알려주고 싶었다.

"뇌졸중을 겪었고 암이 있었어요." 내가 이렇게 말하면 반응은 대체로 비슷했다. 어색한 침묵이 흐른 후 유감이라는 인사말이 돌아왔다. 내가 조금 더 나아가 자신을 더 드러내면 또 다른 일들이 벌어졌다. "나는 이제 좀 지쳤어요." 내가 말했다. "저희 어머니도 치료받느라 지치셨어요." 동료 레지던트가 말했다. "예전엔 내 상처가 수치스러웠어요." 내가 말했다. "저도 그랬어요." 간호사가 말했다. 그는 머리카락을 쓸어 넘기며 나에게 미소 지었다. 그러더니 자신의 척추를 타고 올라간 분홍색의 주름진 흉터를 손가락으로 문질렀다. 나도 내 흉터를 문질러 보였다. 나는 내 이야기를 하고, 다른 사람들의 이야기를 들었다. 우리는 이런 교환을 기다리고 있었던 것 같았다. 손상, 질병, 수술, 좌절과 애도,

그리고 사랑에 대한 이야기들을 나눴다. 말이 끝나면 우리는 잠시 침묵했다. 고요한 가운데 편안하게 둘러앉아 있곤 했다. 각자가 어떻게 느끼는지 설명할 필요는 없었다.

—|—

그는 자기가 정신을 잃고 나에게 쓰러질지도 모른다고 경고하면서 입을 뗐다. "뭐라고요?" 강연장 뒤쪽 바닥에 앉아 강연이 시작되기를 기다리던 참이었다. 수술복에서 삐져 나온 실을 잡아떼고, 호출기는 주머니 깊숙이 밀어 넣은 후 나는 그를 쳐다봤다. 그는 빳빳한 폴리에스터 소재의 새 의사 가운을 입고 있었다. 새 배지를 달았고, 초조해 보였다. 이마에 땀방울이 맺혀 있었다. 한동안 겪어본 결과, 이곳의 에어컨은 항상 고장나 있었다. 너무 덥거나 너무 추웠다. "여긴 덥네요." 내가 말하자 그가 경고했다. "몸이 좀 안 좋았어요." "아, 그래요? 나돈데." 나는 최대한 비뚤어진 미소를 지어 보였다. "뇌종양이 있었어요." 그가 몸을 움츠렸다. 어리고 소심하고 작아 보였다. "난 뇌졸중이었어요. 암이 먼저였고요." 내가 머리를 돌려 흉터를 보여주자, 그는 안심하고 자신의 흉터도 보여주었다. 나는 그에게 내 이야기를 했고, 그도 자신의 이야기를 했다. 나는 가만히 그의 이야기를 들었다. 무슨 말을 하고 싶은지 다 알 수 있었다.

쓸모없는 존재를
넘어

샌디
호

조카가 탄생한 날, 우리 가족은 기쁨을 감추지 못했다. 아기는 예정보다 조금 일찍 태어나 신생아 집중치료실에서 몇 시간을 보낸 후 부모가 있는 산부인과 병동으로 온 참이었다. 모두가 포대기에 싸여 있는 아기를 둘러싼 채 서로 안아보려고 야단인 와중에, 유독 나의 엄마만큼은 망설이고 있었다. 자신의 첫 손주인데도 말이다. 엄마는 아기 대신 나를 바라보며 말했다. "너 때문에 아기를 안는 게 너무 긴장되는구나."

그 조카는 최근 첫 돌을 맞았고, 지난 1년간 엄마의 그 말을 되짚어볼 기회는 없었다. 대신 나는 언제 어디서 장애의 낙인을 마주하든 최대한 반응하지 않는 게 상책이라는 것만 다시 깨달았다. 선천적 장애인인 내가 늘 겪어온 일이었지만 반응하지 않는 것은 점점 더 어려워지기만 했다. 장애가 있는데다 아시아계 미국인, 여성인 내 삶 자체가 그렇게 매끄럽고 조용하지 않았기 때문이다.

1960년에 베트남 하노이에서 태어난 엄마는 어렸을 때 이웃에 살았던 장애인에 대한 이야기를 나에게 종종 했다. "그는 걸을 수가 없어서 자기 몸을 질질 끌고 기어다니며 구걸했지. 나는 그가 너무 무서워서 피하려고 길 반대편으로 건너가곤 했단다." 딸과 어린 시절의 기억을 나누는 시간은 늘 경고와 충고로 끝났다. "네가 태어났을 때도 나는 무서웠어. 하지만 여기서는 지원 서비스를 받을 수 있어서 너를 돌볼 수 있었다. 넌 미국에서 태어난 걸 감사해야 해."

만약 제가 미국에서 태어나지 않았으면 어떻게 되었을까요? 동아시아 어딘가에서 태어났다면요? 나는 궁금했지

만, 물어보지는 않았다. 아마도 그 답을 아는 것으로부터 부모님과 나 자신을 보호하고 싶었기 때문일 것이다. 이제 나는 다른 사람이 편안하라고 스스로 침묵하는 상황이 바로 억압임을 안다. 그때는 내 삶이 다른 사람들에게 얼마나 가치 없는지를 확인하는 게 두려웠다.

베트남과 같은 대륙에 속한 중국에서는 문화대혁명이 한창이던 1968년, 덩푸팡이라는 한 남성이 장애인의 사회적 평등을 주창하기 시작했다. 그는 자신이 다니던 베이징대 4층 창문에서 떨어져 하반신이 마비되었다. 그가 마오쩌둥의 홍위병에 의해 밀쳐졌는지 혹은 구타를 피해 스스로 뛰어내렸는지는 불분명하지만, 어찌됐든 결과는 같았다. 마오쩌둥의 정적인 덩샤오핑의 맏아들이었던 그는 훗날 아버지가 정권을 잡자, 자신의 지위를 활용해 장애에 대한 차별과 억압을 철폐하는 데 앞장섰다. 그는 중국장애인복지기금을 설립하고 중국장애인연합의 의장을 맡았다. 이들 제도를 통해 중국 내 장애인 중 일부에게 교육과 취업 기회가 제공되기 시작했다.

장애인에 대한 인식이 실질적으로 변화하기 시작한 것은 1980년대 중반부터였다. 우리 부모도 중국을 거쳐오기는 했지만, 중국의 이런 변화로부터 영향을 받지는 않았다. 엄마가 가족과 함께 베트남을 떠나 중국으로 망명했다가 미국으로 이민한 것이 1980년대 초였다. 비슷한 시기에 아버지도 홍콩에서 미국으로 건너왔다. 중국에서 장애인의 삶이 바뀌기 시작했을 때, 그들은 지구 반대편에 있었던 것이다.

이민자인 우리 부모는 중국어를 통해 장애에 대한 인식을 형성했다. 예를 들면 장애인을 일컫는 한자어는 '쓸모없는'이라는 뜻의 칸페이^{canfei}였다가, 1990년대 이후에야 '병든/아픈'이라는 뜻의 칸지^{canji}로 바뀌었다. 장애를 사회적 구조와 연관해 이해하는 논의도 10년이 채 되지 않았다. 현재 중국의 장애인권 단체 원플러스원은 언론 매체에 장애 문제를 보도할 때 칸장^{cán zhàng}(장애가 있는)이라는 한자어를 사용하도록 권고하고 있지만, 이런 언어들이 아직 일상적으로 자리 잡은 것은 아니다.

나의 출생은 가족 간의 분열을 초래했다. 내가 장애 진단을 받았기 때문이다. 어떤 친척들은 내가 칸페이 즉 "쓸모없는 짐"이라며 엄마에게 병원에 버리라고 했다. 어떤 친척들은 "하늘의 뜻"이라고 했다. 하늘은 감당할 수 없는 것을 주지 않는다며 나를 축복으로 여겨야 한다고 충고했다. 결국 우리 부모는 증조모 샌드라의 이름을 나에게 붙였다. 그는 친척들이 미국 시민권을 얻기 위해 고군분투하는 동안 그들을 거두고 도와줬던 자애로운 인물이었다. 내 중국어 이름은 '하늘의 선물'이라는 뜻의 호아티엔윤으로 정해졌다.

나는 동아시아의 전통적 관점과 이민자의 새로운 가능성이 교차하는 지점에 있다. 나의 정체성은 소속을 중요하게 여기는 미국적 이데올로기와 나를 부모에게 주어진 신의 시험으로 본 사람들로부터 시작되었다. 나는 각각의 의미를 따로 떼어낼 수 없다. 장애인 살해는 국제적으로 인도에 반하는 범죄 중 가장 흔하다. 2016년 일본 사가미하라의 한 시설에서는 장애인을 안락사해야 한다는 신념을 지닌 한 일본인이 열아홉 명의 장애인을 죽이고 스물여섯 명에게 부상을 입힌 사건이 일어났다. 그로부터 4년이 지난 지금까지도 희생자들의 이름은 공개되지 않았는데, 이는 장애인 가족이라는 낙인을 피하고자 한 희생자 가족들의 뜻을 존중해서였다고 한다.

그 사건 이후 전 세계의 장애계는 애도했다. 마지막까지 세상에 드러나지 않은 그들의 이름에 대해 이야기했고, 그 이름들조차 희생자 자신의 의지에 따라 지어진 게 아닐 것이라는 생각에 슬퍼했다. 나도 어린 시절에 했던 질문을 계속했다. *만약 내가 동아시아 어딘가에서 태어났다면 어떻게 되었을까.* 물론 다른 곳에서 태어났다고 해서 내 삶의 질이 월등히 높아진 것 같지는 않다.

동아시아에서든 미국에서든 가치 있는 몸과 가치 없는 몸을 구분하는 사회문화적 잣대가 존재한다. 소수자 정체성을 가진 창작자와 활동가 들은 가치 없는 몸이란 것은 없다고 지적하며 줄곧 사회문화적 규범에 반박해왔다. 친척들은 우리의 민족성을 공유한 가해자와 피해자가 등장하는 폭력과 억압의 사례들과 관련해 나오는 다른 주장을 하곤 한다. 나는 이에 전략적으로 대응하기 위해 스스로 정신을 다잡는다. 가족 안팎에서 힘들게 찾아온 내 정체성을 잃지 않기 위해서다. 모든 패배나 승리는 나만의 것이 아니다. 점수표는 세대를 건너, 바다를 건너 전해진다. 싸움 하나하나에 많은 것이 걸려 있다.

장애인으로서 어떤 영역을 점유한다는 것은 항상 혁명적인 일이다. 한 사회에서 이름을 갖는다는 것은 자리를 차지할 권리를 갖는 것이다. 하지만 나같이 자유롭게 이동하지 못하는 사람들은 가장 변두리에서 겨우 살아남곤 한다. 나의 부모는 (물론 한계가 많지만 그래도) 이름을 지어줌으로써 나에게 이 사회에서 권리를 주장할 수 있는 길 하나를 열어주었다. 그들은 내가 샌디 호로 살든, 호아티엔윤으로 살든, 혹은 둘 다로 살든 상관없이 장애인이자 아시아계 미국인으로서 나만의 길을 찾아가야 한다는 것을 알았다.

자신이 차지한 자리에 대해 특별히 고민할 필요가 없는 것은 특권이다. 나는 샌디 호와 호아티엔윤으로서 세상에 닻을 내리는 일을 할 때마다 그 점을 재차 깨닫는다. 아직도 나 자신의 모든 면을 포용해달라는 허가를 받아야 하는 현실에 지치기도 한다. 하지만 소외되어온 장애인들이 모여 만든 공간에서, 우리가 공유하는 지도 속에서 나는 해방된다. 그 자체로 온전한 존재로 인식되기 때문이다.

아시아에 있든 미국에 있든 나는 장애가 있는 아시아계 미국인 여성으로서의 삶을 살아내고 있다. 머리와 마음으로 이 두 세계를 조화시키는 것이 나에게는 스스로를 사랑하기 위한 투쟁이다. 나는 원한다. 모든 장애인이 세계 속에 단단히 뿌리내리는 것, 단순히 생존하는 것을 넘어 더 많은 일을 할 영역을 확보하는 것, 그리고 우리의 목소리와 존재가 더 크게 울려 퍼져 누구도 지울 수 없는 자유를 경험하는 것을.

장애를 가진 삶의 기쁨

키
아
브
라
운

지금은 내 안의 기쁨을 받아들인다. 늘 그렇지는 않았다. 내가 가장 좋아하는 단어가 '희망'이긴 하지만, 늘 희망을 품을 수는 없었다. 불행하게도 우리는 장애인은 기쁜 삶을 사는 것이 불가능하다고 추정하는 사회에 살고 있다. 장애는 슬픔 혹은 수치스러움 같은 감정과 연결되곤 한다. 나 같은 몸을 가진 사람이 기쁨을 느끼는 것 자체가 혁명이다. 그 기쁨이 일을 하면서, 대중문화를 즐기며, 사랑을 표현하면서 느끼는 일상적인 감정이어도 말이다. 어떤 사람들은 뇌성마비가 있는 흑인 여성인 내가 기쁨을 느낄 수 있다는 사실만으로도 혼란스러워하거나, 겁을 먹거나, 화를 낸다. 나는 이런 반응들을 모두 겪었다. 하지만 내가 기쁨을 느끼고 그 기쁨이 혁명이라는 것은 과장이 아니다.

2019년에 나는 첫 책 《예쁜이: 삶, 대중문화, 장애 그리고 나와 사랑에 빠지는 또 다른 이유들에 대해 The Pretty One: On Life, Pop Culture, Disability, and Other Reasons to Fall in Love with Me》를 썼다. 기쁨을 받아들이는 여정에 관한 에세이였고 작가로서 나의 목표는 독자들이 포용, 재현, 동등한 권리, 그리고 기쁨의 측면에서 미래에 대한 희망을 품는 것이었다. 출간 후 긍정적인 반응이 대부분이었지만 혼란, 두려움, 분노가 담긴 메일과 리뷰를 접하기도 했다. 이런 긍정적인 메시지가 왜 이토록 부정적인 반응을 불러일으키는지 궁금해하다가, 이 독자들은 내가 요구하는 포용이 백인중심주의를 위협하기 때문에 방어적으로 반응하는 것이라는 결론에 도달했다. 이를 깨닫고 나는 존중받지 못했던 흑인 여성의 이야기를 드러내고 옹호하는 일을 더 열심히 하게 됐다.

장애인에 대한 인식조차 백인중심적이다. 사람들은 우리에 대해 생각할 때 유색 인종이나 성소수자의 모습으로 떠올리지 않는다. 대신, 자기 자신을 혐오하는 백인 남성 휠체어 사용자를 떠올린다. 대중문화에서 종종 그렇게 묘사되기 때문이다. 나는 백인 남성 휠체어 사용자가 아니기 때문에, 대중문화에 존재하지 않는다. 그리고 이런 재현은 현실적이지 않기 때문에 전혀 괜찮지 않다. 나는 존재하며, 이 글 뒤에 있는 진짜 사람이며, 드러날 자격이 있다.

2017년에 나는 #장애가있고귀여운#DisabledAndCute 해시태그를 달아 사진을 올리는 활동을 시작했다. 해시태그에 어울리는 순간들을 포착하고 선택하는 것이 매일의 기쁨이었다. 이 활동은 나를 위해 시작했지만 장애인이자 흑인인 사람들 모두의 기쁨을 위한 것이기도 했다. 내가 이 몸으로도 기쁨을 느낄 자격이 있음을 받아들였다는 것을 축하하고 싶었다. 해시태그는 입소문을 탔고 활동을 시작한 지 2주만에 전 세계로 퍼져나갔다. 다른 장애인들도 자신의 이야기를 공유하며 이 해시태그를 달았다. 나는 감격했다. '귀여운'이라는 단어를 사용한 것을 싫어하고 영감 포르노를 만든다며 비판하는 사람들도 있었지만, 부정적인 반응보다는 긍정적인 반응이 더 많았다. 그래서 최대한 당당하게 해나가고 있다. 나 자신뿐 아니라 뒤에 올 사람들을 위해서. 내가 부수고 싶었던 문을 통과해올 사람들을 위해서.

당당하게 산다는 것은 내 책에 대한 칭찬을 리트윗하는 것과 같다. 나는 일상에서도 습관적으로 사과하는 일을 멈쳤다. 예를 들면 나는 공항에서 탑승구 사이를 이동할 때 몸의 통증을 줄이기 위해 휠체어를 사용하는데, 더는 휠체어가 지나가는 주변의 사람들에게 미안하다고 말하지 않는다. 그것만으로도 해방감을 느낀다.

물론 기쁨을 찾지 못하는 날도 있다. 어떤 날은 그저 힘들기만 하겠지만, 그래도 괜찮다. 인생은 우리에게 종종 커브볼을 던진다. 기쁨이 없는 날에는 슬픔에 잠기기보다는 기쁨을 기억하는 것이 중요하다. 기쁨을 느낀다는 것이 인생의 가장 큰 선물 중 하나임을 기억하고, 기쁨이 없는 순간이 영원하지 않으며 그건 때때로 삶이 작동하는 방식이라는 점을 기억하면 된다. 매일이 좋은 날은 아니더라도 작은 기쁨을 느낄 기회는 날마다 있다는 것이 내가 받아들인 현실이다. 뇌성마비가 있는 나는 통증이 너무 심해서 침대에서 일어나지 못할 때도 있다. 그러면 휴대전화의 메모 앱에 글을 쓰거나 책을 읽거나 로맨틱 코미디 드라마를 보며 하루를 보낸다. 그것이 내가 나를 돌보는 방법이다.

평생 희망도 기쁨처럼, 나를 피해 다니는 것 같았다. 나 같은 몸으로는 희망을 품는 것이 불가능하다고 느꼈다. 한때는 행복에 대한 생각들을 비웃고, 살아 있음에 설레는 날을 겪기 전에 죽을 것이라고 믿는 자기 비하적이고 분노로 가득한 사람이었다. 그런데 2016년 크리스마스 직후의 어느 눈 오는 날, 나는 내가 틀렸다는 것을 깨달았다. 비록 회의적이더라도, 기쁨이라는 감정을 기르고 붙잡아보기로 다짐했다. 나는 부정적인 생각을 긍정적으로 바꾸는 훈련을 했다. 노력하고 인내했다. 나 자신에 대해서도 싫은 점 대신 좋은 점을 큰 소리로 말해보곤 했다.

그렇게 희망과 기쁨을 찾는 여정이 시작됐다. 나는 내가 해낼 수 있다고 생각하기도 전에 나를 사랑해준 사람들과 이 여정을 공유했다. 여기까지 온 것은 과거의 내가 있었기 때문이라는 점도 아름답다. 나의 기쁨은 나의 해방이며, 나 스스로 괜찮다고 여기는 삶을 살 수 있게 한다. 내가 나를 행복하게 하고, 생각하게 하고, 온전하게 만드는 삶을 살기로 선택했다는 사실을 세상이 다 알기 전에는 죽지 않을 것이다. 나는 살기로 선택했다.

마침내 무성애를
받아들이기까지

케
 시
  아
   스
    콧

**콘텐츠
노트**

◆ 바디 셰이밍 ◆ 성추행 ◆ 성적 학대

고등학생 때부터 20대 초반까지, 나는 친구들 사이에서 가장 늦게 성장하는 여자아이였다. 생리도 가장 늦게 시작했고, 성적 매력을 느끼고 자위를 한 것도 가장 나중이었다. 나는 다인종 가정(아빠는 흑인이고, 엄마는 스위스인 외할머니와 그리스인 외할아버지 사이에서 태어났다.)에서 자란 시각장애인 인데다 장애인과 비장애인 모두와 어울려 지냈기 때문에 열여섯 살이 될 때까지는 내가 친구들과 얼마나 다른지 깨닫지 못했다.

열다섯 살 때 나는 생리를 하고 싶었지만, 두렵기도 했다. 내 주변의 또래 여자아이들은 (비장애인과 장애인을 막론하고) 모두 생리를 시작했다. 생리에 관한 대화에는 내가 낄 수 없었다. 친구들의 화제는 생리대와 탐폰, 생리통을 줄여주는 주사, 알약, 차 같은 것이었다. 그중 무엇도 흥미롭게 들리지는 않았지만, 그때는 생리를 해야만 여자가 될 수 있다는 바보 같은 생각을 했다. 더 이상 소녀가 아닌 여자가 되고 싶었다.

친구들은 남자, 섹스 그리고 어린아이들에 대해 이야기하며 어른처럼 보이고 싶어했다. 나는 그런 것에는 관심이 없었다. 남자들이 늘 성가시진 않았지만, 때론 겁이 났다. 그들의 손은 항상 뭔가를 움켜쥐려고 하는 것 같았고 땀으로 축축했다. 그리고 늘 날카롭게 요구하는 목소리였다. 나는 일주일에 몇 번씩 시각장애가 있는 초등학생을 가르쳤는데, 아이들이 사랑스럽고 점자 줄임말 게임이 재미있긴 했지만 그 시간이 끝나는 것도 홀가분했다. 섹스에 대해서는 진혀 흥미가 없었다. 그런 생각에 긴장되지도 않았고, 그렇다고 딱히 긍정적이거나 부정적이지도 않았다. 섹스는 그저 섹스일 뿐이었다.

나는 친구들의 굴곡 있는 몸매와 큰 키, 여드름이나 점이 없는 매끄러운 피부가 부러웠다. 하지만 그들이 남자들로부터 받는 관심의 표현, 예를 들면 휘파람, "좋은 시간" 보내자는 끈적끈적한 초대는 불편했다. 남자애들이 학교 수업에 집중하거나 미래 계획을 세우는 대신 옷을 빼입고 몸을 만드는 데 열정을 쏟는 건 좀 한심해 보였다.

생리를 하고 싶었던 건 여자가 되는 첫걸음이라고 생각했기 때문이다. 나는 여자로서 존중받고 싶었다. 가족과 친구들이 나를 어린애 다루듯 애지중지하지 않기를 바랐고, "순진하다."는 말이 듣기 싫었다. 나는 내 목소리를 내고 싶었고, 그 목소리를 들어주었으면 했다. 그러기 위해 소녀 상태를 벗어나고 싶었다.

열여섯 살 때 첫 생리를 했는데 너무 아팠다. 마치 누군가가 내 안에 손을 집어넣어 마구잡이로 누르고 뒤틀고 꼬집는 것 같았다. 내 생리 주기가 불규칙한 것이 저주인지 축복인지 아직도 잘 모르겠다. 언제 통증이 시작될지 모르기 때문에 신경이 곤두서긴 하지만 몇 달간 생리를 건너뛸 때는 축복인 것 같다. 생리를 하자, 여자가 된다는 것이 매우 복잡하고, 계속되는 과정임을 알게 됐다. 그건 그저 가끔 피를 배출하게 되었다는 뜻이 아니었다.

겨드랑이털과 다리털을 처음 제모한 것은 열일곱 살 때

였다. 친구들이 하길래 했다. 하지만 그 이후로 내 다리는 다시는 부드럽고 매끈한 상태로 돌아오지 않았다. 브라질리언 왁싱은 열아홉 살이 되어서야 시작했다. 데이토나 해변〔미국 플로리다의 휴양 도시〕에 갔는데 오빠의 친구가 나에게 왜 제모를 하지 않느냐며, 꼭 해야 한다고 말했다. 그때 느꼈던 수치심은 잊을 수가 없다. 아름다워지기 위해 해야 할 일을 방기했다고 지적받은 것 같았다. 나는 남은 기간 내내 비치타월 밖으로 나가지 않았고 그로부터 2년간은 제모를 열심히 했다. 그날을 떠올리면, 비난과 혐오로 가득 찬 그 남자의 목소리가 들려오고 여전히 수치심이 밀려온다. 뺨이 달아오르고 최대한 빨리 면도기를 들어 온몸의 털을 밀어버리고 싶은 충동이 강하게 일어난다.

대학생이었던 스물한 살 때는 문학 청년과 친구가 됐다. 키가 크고 피부가 까무잡잡한 사람이었다. 그는 대중을 개종시키는 임무를 띤 대제사장처럼 경건하게 시를 읊었다. 그의 시는 마음이 아플 정도로 아름다웠다. 자신이 믿는 신을 경배하고 사랑하는 사람들을 기리기 위한 글이었다. 그해 가을 학기에 나는 처음으로 누군가의 감촉이 궁금해졌다. 그다음 학기에는 목소리와 시를 듣는 것만으로는 충분하지 않았다. 그의 손과 엉덩이, 혀와 목을 느끼고 싶었다.

처음으로 포르노를 봤던 건 여덟 살 때였다. 나는 사촌들과 함께 눈이 휘둥그레진 채 혼란스럽고 공포스러운 감정으로 화면을 바라봤다. 하지만 그게 흥미로웠던 건, 그저 부모님이 그 채널을 금지했기 때문이었다. 우리는 금세 지루해졌고 밖에서 노는 게 더 재미있겠다고 생각했다. 딜도를 만져본 건 열여섯 살 때였다. 아빠의 애인이 딜도를 가지고 있다는 것을 알고, 그들이 외출한 틈을 타 화장대 서랍을 뒤졌다. 서랍 깊숙이 부드러운 천으로 싸인 딜도가 있었다. 길이는 25센티미터 정도였고 구부러지는 젤리 같은 재질이었다. 아래쪽에 과장되게 부푼 부분과 조절 다이얼이 있었다. 친구들로부터 들었던 남자들의 혀와 손의 움직임 묘사를 떠올리며 딜도를 내 몸에 대고 어설프게 문질러봤던 기억이 난다. 혼자 얼굴을 붉히고 킥킥대며 다들 왜 이런 걸 즐기는지 궁금해했다. 친구들은 자기 남자친구의 기술을 장난스럽게 말해줬는데, 나는 그들이 (그리고 누구든) 어떻게 이런 감각을 좋아할 수 있는지를 이해하지 못했다.

내가 자위를 시작한 것은 스물두 살 때였다. 친구들보다 10년쯤 늦었다. 처음에는 어색했다. 에세이들은 "너 자신을 사랑하라."고 말했지만 나는 꽃과 양초, 그리고 뜨거운 목욕에는 관심이 없었다. 그렇게 하려니 역할 놀이를 하는 것 같았다. 의상, 대사, 제스처 모두 이상했다. 친구들은 나에게 "자신을 알아가라."고 말했다. "좋아하는 것과 싫어하는 것을 찾고, 너를 흥분시키는 걸 생각해." 그게 무슨 뜻인지 몰랐다. 나는 누군가와 사귀어본 적이 없었다. 사물함이나 계단에서 키스를 해본 적도 없었다. 내가 뭘 좋아하는지 몰랐다. 하지만 싫어하는 것은 있었다. 내 의지와 상관없이 누가 내 가슴을 만질 때 너무 싫었다. 화가 나서 그들의 손을 쳐내면 같은 반 남자아이들은 "나 장님인데?"라며 능치려고 들었다. "네 가슴이 거기 있는지 몰랐어." 그들이 시각장애인이었는지는 몰라도, 자기가 뭘 하고 있는지는 당연히 알았다. 그리고 나는 낯선 사람들이 시각장애인 소녀를 돕는다는 명목으로 내 몸을 제멋대로 만지는 것도 싫었다. 그들, 선한 사마리아인들은 내 허리에 팔을 감고 목을 손으로 감싸고 엉덩이를 두드리고, 손끝을 셔츠 밑에 넣기도 했다.

문이 잠겨 있고 불이 꺼진 방에 혼자 있는데도 마치 내가 전시된 것처럼 느껴져서 자위를 하기 힘들었다. 속옷을 벗지도 못한 채로 이불 속에서 내 클리토리스가 얼마나 예민한지를 느껴봤던 기억이 난다. 처음에는 질은 엄두도 못 내고 클리토리스만 만져봤다. 오른손 가운데 손가락 끝으로 빠르게, 가볍게, 천천히, 강하게 문질러봤다. 돌려보기도 하고 오른쪽에서 왼쪽으로 움직여보기도 하면서 감각에만 집중했다. 아무것도 상상하지 않았다. 나는 그저 나였다.

처음 오르가즘을 느꼈을 때 1~2분간 떨림이 멈추지 않았다. 그날은 종일 기분이 좋았다. 그로부터 7년이 지난 지금, 나는 여전히 문을 잠그고 불을 끈 채 이불 속에 있지만 더 용감해졌다. 전에는 상상도 못한 방식으로 손바닥과 손가락을 움직이고 누르고 애무한다.

스물네 살 때는 클리토리스 자극기를 샀다. '밀리터리 로켓'이라는 모델이었는데 그야말로 로켓 같은 모양에 국방색이었고, 속도를 조절하는 다이얼이 달려 있었다. 아이러니하게도 아빠의 전 애인(아빠가 엄마를 속이고 바람 피운 상대)

마침내 무성애를
받아들이기까지

이 나를 섹스토이숍에 데려갔다. 직원은 허리춤에 다양한 배터리로 가득한 가방을 차고 있었고 내가 만져볼 수 있게 수십 개의 장난감을 꺼내줬다. 그 이후로 나는 네 개의 클리토리스 자극기를 사용해봤다. 그것들은 모두 나에게 다리가 떨리고 하루 종일 기분이 좋아지는 오르가즘을 선사해줬다.

그즈음 나는 이성 관계, 섹스, 그리고 자녀 계획 등의 주제에 대한 친구들의 질문을 피하느라 노심초사하고 있었다. (그들 중 일부는 이미 아이를 낳았거나 임신 중이었고, 파트너와 진지한 관계를 맺고 있었다.) 엄마의 질문은 말할 것도 없었다. 나는 애인이 없었다. 섹스를 생각하면 여전히 고무 같은 성기를 손에 쥔 채 어색하게 웃고 있는 열여섯 살 때의 내 모습이 떠올랐다. 그리고 아이에 대해서는, 내가 엄마가 된다면 한평생 원하는 대로 할 수 없을 거라는 악몽 같은 생각이 들었다.

아무리 애써도 질문을 다 피할 수는 없었다. 저녁 식사를 하다가, 영화를 보다가, 버스 안에서, 모임에서 질문을 받았다. 내가 걱정했던 것은 연애나 아이를 갖는 문제가 아니었다. 2013년이었고, 연애를 하지 않거나 아이를 원하지 않는 여성은 많았다. 하지만 나에게 성욕이 없는 것은 스스로도 이상했다.

나는 남자에게 끌리기도 했고 자위도 많이 했지만 섹스만 생각하면 불쾌했다. 뭐가 문제였을까? 나는 해결책으로 포르노와 야한 소설에 도전해봤다.

하지만 포르노는 나에게 아무 도움도 되지 않았다. 그들이 내는 소리는 어떤 욕망도 불러일으키지 않았다. 남자들의 소리는 웃겼고, 여자들의 소리는 의아했다. 소설을 읽을 때는 섹스를 하기 전 욕망으로 팽팽한 장면에서만 흥분됐다. 몸이 겨우 닿았을 때, 춤추다가 스쳤을 때, 가벼운 애무 혹은 의미심장한 포옹과 악수. 등장인물들이 서로에게 보이는 반응은 흥미로웠지만, 그들이 본격적으로 섹스를 하게 되면 나는 금세 흥미를 잃었다.

진짜 문제가 무엇인지를 정확히 파악한 것은 첫 바이브레이터를 구입하고 몇 달 뒤였다. 결론적으로, 걱정과 달리 나 자신은 완전히 괜찮다는 것을 알게 되었다. 한 학기 동안 페미니즘과 섹슈얼리티 과목을 수강했는데, 섹슈얼리티와 장애 연구에 관한 내용은 빠져 있었다. 나는 같은 수업을 들은 친구에게 이런 교차성에 대해 사회가 얼마나 무지한지를 불평했다. 그러자 친구는 장애인은 보통 무성애자거나 과잉성애자라서 전혀 복잡할 것이 없다고 대꾸했다. 그는 "네가 시각장애인이어서 과잉성애자라는 건 아니고, 정신적으로 불안한 사람들 말이야."라고 말했다.

나는 당황해서 그를 쳐다봤다. 이 무지한 비장애중심적 관점에 화를 내야 할지 웃어야 할지 몰랐다. 장애에 의해 섹슈얼리티가 결정된다는 말은 내가 들어본 것 중 가장 터무니없는 논리 중 하나였다. 그리고 그가 나를 무성애자로 여긴다는 사실이 기분 나빴다. 당시 나는 무성애자들은 차갑고, 애정이 없으며, (의학적이거나 개인적인 이유로) 육체적 폐감

마침내 무성애를
받아들이기까지

2 0³

을 느끼지 못한다고 생각했다. 나는 성적으로 흥분하기도 했고, 환상이 있었고, 자위도 했다. 단지 섹스를 하지 않을 뿐이었다. 그게 내가 무성애자라는 증거는 아니라고 생각했다.

하지만 석 달이 지나도록 나는 내가 무성애자라는 생각을 떨쳐버릴 수 없었다. 나는 대체로 수줍어하고 '건드리지 마시오.' 상태인데, 그 시기에는 외향적으로 행동하려고 애썼다. 견딜 수 있는 한 많은 사람들에게 말을 걸고 다정하게 굴었다. 오토바이, 자전거, 스케이트보드를 타는 남자들과 이야기했다. 철학, 통계학, 심리학을 전공하는 남자들과도 어울렸다. 동양인, 흑인, 멕시코인, 키가 크거나 작은 남자, 수영 선수 같은 체격의 남자, 다부진 남자, 마른 남자…. 하지만 아무 일도 일어나지 않았다. 남자들을 생각하면 설렜지만, 그들과 섹스하는 상상만 하면 마음이 냉정해졌다.

나는 엄마와 친구들에게 무성애에 관해, 그리고 나를 무성애자로 여기는지 묻기를 주저했다. 어리석은 소리지만 내가 장애가 있기 때문에 무성애자나 과잉성애자가 될 운명이라는 데 그들이 동의할지도 모른다는 무서운 생각이 들었다. 나는 이미 너무 많이 여러 방식으로 차별과 비장애중심주의를 겪어왔는데, 내 섹슈얼리티까지 장애에 의해 결정된다면 감당할 수 없을 것 같았다.

그러던 중 무성애를 둘러싼 잘못된 통념을 설명한 웹사이트를 발견했다. 나는 무성애에 관한 다양한 정보와 무성애자들의 이야기를 읽었고, 안심하기 시작했다. 결혼한 사람, 아이가 있는 사람, 아주 가끔씩만 섹스를 하는 사람, 전혀 하지 않는 사람, 혼자 사는 사람 등 다양한 무성애자들이 있었고 다들 꽤 괜찮게 살고 있었다. 장애가 있든 없든 만족스러운 관계를 유지하며 평범한 일상을 살아가고 있었다.

그로부터 얼마 지나지 않아 엄마가 나에 대한 걱정을 털어놓았다. 엄마는 내가 혼자 있지 않았으면 했다. 나에게 누군가와 함께 지내고 싶지 않냐고 물었다. 내가 결혼하지 않겠다는 말을 아빠에게 한다면 그는 개의치 않을 것이다. 미국에서는 여자가 혼자 사는 게 특이한 일은 아니기 때문이다. 하지만 스위스의 작은 마을 출신인 엄마는 여자들에게는 가족이 필요하다는 사고방식을 갖고 자랐다. 여자도 일은 할 수 있지만, 남편과 아이가 세계의 중심이라고 생각했다. 나는 그렇지 않다고 대답했다. 심호흡을 하고, 마침내 말했다. "장애와 연관이 있는 건 아니지만, 나는 무성애자예요."

나는 이제 20대 후반이다. 친구들은 결혼했거나 파트너와 진지한 관계를 맺고 있다. 부모가 된 친구들도 있다. 그들의 삶은 기저귀로 가득 차 있고, 시어머니가 자신의 집에 한 주 더 머물지 않기를 바라며, 완벽한 결혼반지나 집을 찾는 중이다.

반면 나는 대학원에서 공부를 하면서 경력을 쌓고 있다. 여전히 섹스에는 흥미가 없고 아이를 낳는 것에 대해서도 생각하지 않는다. 그리고 계속해서 이 모든 선택과 결정

들을 감당하며 한 사람의 어른이 된다는 것이 무엇인지를
배우고 있는 중이다.

　그리고 나는 매일, 기분이 좋다.

장애인의 육아와
가면 증후군

제시카
　시
　　카
　　　슬
　　　　라
　　　　　이
　　　　　　스

나는 내가 곧 엄마가 되는 줄도 몰랐다. 내 아들 칼릴을 병원에서 데려오기 열두 시간 전에야 그의 존재를 알았다. 아직도 가끔은 내가 엄마라는 게 믿어지지 않는다. 사람들이 육아에 대해, 우는 아기를 달래며 지새우는 긴긴밤과 배변 훈련 같은 것에 대해 이야기할 때 나는 맞장구를 치면서도 왠지 사기꾼이 된 듯한 기분이 든다.

그건 내가 장애인이기 때문이다. 나에게는 엘러스-단로스 증후군이 있다. 이 증후군은 나의 피부, 관절, 혈관벽 같은 결합 조직에 영향을 미치며 자율신경계실조증이라는 신경학적 합병증을 유발한다. 짧은 거리는 걸을 수 있지만, 늘 똑바로 서 있기는 어렵다. 내 관절은 잘 빠지고 체온 조절이 잘 안된다. 24도가 넘는 날씨에 외출하는 것은 위험하다.

나의 활동 범위로는 전통적인 육아의 정의를 충족시킬 수 없다. 예를 들면 오늘 아침에 칼릴과 나는 침대에서 플라스틱 동물 장난감을 가지고 놀았다. 나는 코뿔소를, 그는 호랑이를 잡았다. 코뿔소와 호랑이는 파인애플을 사러 갔고 맥앤치즈를 먹었고 "비-아이-앤-지-오 B-I-N-G-O" 노래를 불렀다. 그 후 칼릴은 안기고 싶어 했고 가장 좋아하는 자장가를 불러달라고 했다. 내 배를 베개 삼아 누운 그의 코와 이마를 나는 가볍게 쓰다듬었다. 칼릴은 잠든 척했다. 하지만 그로부터 15분 후, 그는 갑자기 신났고 폴짝폴짝 뛰기 시작했다.

이 열정적인 아이는 시시각각 변하는 감정을 모두 몸으로 표현한다. 칼릴이 사방을 휘젓고 다니면 내 남편 데이비드가 개입해야만 한다. 나는 이 14킬로그램의 순수한 운동에너지를 감당하기에는 너무 약하다.

나는 너무 어지럽고 피곤해서 칼릴의 아침 식사를 챙겨주지 못했고, 로션을 발라주거나 옷을 골라 입히는 일도 하지 않았다. 오늘은 그를 유치원에 데려다주거나 데려올 수도 없을 것 같다. 너무 아파서 운전은커녕 아예 집 밖으로 나가기 어려운 아침도 많다. 가끔 누리는 소소한 순간들을 놓치고 싶지 않아서 내가 엄마인 척하고 있다는 생각도 든다. 장애 때문에 나는 '진짜' 육아로 여겨지는, 몸으로 하는 일상적인 돌봄 행위를 제대로 해낼 수 없다.

장애가 없었다면 내가 더 나은 사람이 되었을 거라는 믿음이 마음속 깊은 곳에 있다. 이런 내면화된 비장애중심주의 때문에 나는 스스로가 더욱 엄마인 척하는 사기꾼처럼 느껴진다. 내 장애인 친구들은 다들 자기는 부모가 되어서는 안 된다고 말한다. 이미 부모가 된 이들은 자신의 신체적 능력이 아이에게 부정적인 영향을 미칠까 봐 걱정한다. 직장이나 학교에 다닐 때는 자신의 능력에 대한 불안을 다루는게 좀 더 쉽다. 실제로 해낼 수 있을 때까지 할 수 있는 척하고, 자신감이 생길 때까지 계속 해보면 된다. 하지만 육아를 하면서 이렇게 뻔뻔하게 굴 수는 없다. 내가 아들을 안아 올리고 싶은 순간에 나의 가장 깊은 두려움을 이겨내야 하는데, 이것은 직장·학교생활보다 훨씬 더 어렵다.

태어난 지 8일이 된 칼릴을 입양한 후 몇 달 동안은 정말 행복했다. 나는 엄마로서의 내 정체성을 의심한 적이 없였다. 우리에게는 아이를 돌봐줄 사람이 없었고 남편은 직장에 다녔기 때문에 나는 종종 아들과 둘이서 지냈다. 많은 엄마들이 집 안에만 갇혀 있는 이 시기에 대해 억울해 하지만, 나는 좋았다. 나는 원래 집이나 침대에서 대부분의 시간을 보내는데, 칼릴의 존재가 그 시간에 엄청난 기쁨과 의미를 부여해줬다. 당시 내 신체적 능력은 아기의 정서적이고 신체적인 요구와 잘 맞았다. 칼릴은 우리가 만져주기만 해도 행복해 하는 아기였고, 하루 종일 안아주는 것은 쉬웠다. 지금까지도 나는 그가 내 몸에서 떨어질 때마다 가슴께에 그리움을 느낀다. 약간 아프고 허전한 느낌이다.

칼릴이 6개월쯤 되었을 때, 안아주는 것만으로는 충족되지 않는 욕구가 생겼다. 나 혼자서는 감당할 수 없는 수준의 활동이 필요해졌기 때문에 데이비드는 육아 휴직을 했다. 캘리포니아주가 보장해준 3주의 기간 동안 우리는 가족 여행을 떠났다. 해안을 드라이브하고 이곳저곳에서 캠핑을 했다. 친구들을 초대하고 음악 수업을 들었다.

9개월차부터 칼릴은 어린이집에 다니기 시작했다. 그때까지 나는 그의 아침 채비를 돕고 어린이집 등하원을 시키는 일을 대부분 해냈다. 하지만 14개월이 되었을 때 칼릴의 이동성은 내 한도를 넘어섰고, 나는 그와 단둘이 있는 게 버거워졌다. 그는 힘이 세고 빨랐다. 나는 그가 위험한 곳에서 뛰거나 어딘가로 기어들어 가는 것을 막을 수 없었다. 18개월 때 우리 둘만 있는 건 한 시간이 한계였다.

나는 수동 휠체어를 전동 휠체어로 바꿨다. 지금 시용

하는 휠체어는 뒤로 젖혀지고, 다른 사람의 도움 없이 혼자 조작할 수 있다. 휠체어와, 휠체어가 실리는 밴을 구입하는 데 많은 비용이 들었다. 의료보험이 적용되었는데도 거의 10만 달러를 지출했다. 칼릴 때문에 이렇게 큰 돈을 쓸 결심을 했다. 그와 단둘이 있기는 어렵지만 그래도 함께 있고 싶었기 때문이다. 그는 휠체어를 탄 내 무릎에 앉아 시내를 돌아다녔다. 어린이 박물관, 분홍 펭귄 동상이 있는 인근 호텔을 구경했다. 휠체어의 움직임이 그를 진정시켰고 그의 몸의 무게가 나를 안심시켰다. 우리는 서로 속삭이고 그는 내 팔을 쓰다듬었다. 그리고 종종 칼릴은 나의 가슴께, 그를 향한 그리움을 느끼는 바로 그 자리에 머리를 기대고 있다.

어머니의 날에 한 친구가 아이들과 함께 해변에 있는 사진을 자신의 인스타그램에 올렸다. "엄마의 몸^{mom bod}"의 아름다움에 대한 찬탄과 함께. 그는 아이를 낳고, 안아 올리고, 구하러 달려가기 위해 근육질 몸이 얼마나 필수적인지에 대해 썼다. 그에게 엄마의 요건은 내가 결코 가질 수 없는 일련의 능력들이었다.

나와 매우 친한 또 다른 친구 사라는 장애인이 부모가 되는 게 얼마나 어려운지 이해했다. 그는 2018년 11월, 마흔 살의 나이에 루게릭병으로 세상을 떠났는데 그 전해 5월 어머니의 날에 나와 함께 울었다. (어머니의 날은 거의 모든 사람들에게 고통스러운 날인 것 같다.) 우리는 우리 자신이 상상해왔던 어머니가 아니라는 것을 서로 위로했다. 우리는 좋아하는 책에 묘사되어 있었던 어머니, 초인적인 힘을 가진 특별한 종족 같은 어머니가 아니었다.

다행히도 사랑은 능력의 집합이 아니다. 아들을 내 몸으로 낳지 않았다고 해서, 내 사랑이 줄어드는 것은 아니다. 내가 아들을 업고 계단을 오를 수 없다고 해서, 내 사랑이 줄어드는 것은 아니다. 몇 년 후에는 칼릴도 언어로 사고하는 게 더 쉬워질 것이다. 그는 덜 움직이고 더 많이 이야기하고 싶어 할 것이다. 나는 내가 늘 곁에 있고 들을 준비가 되어 있다는 사실에 그가 위안을 얻을 것이라고 상상한다. 많이 움직일 수 없었기 때문에 나는 주의를 기울이고, 속도를 늦추고, 음미할 줄 아는 사람이 되었다. 육아는 여러 단계들이 이어지는 일련의 과정이다. 아이와 엄마 모두 성장하고 변화한다. 아이의 신체적 요구와 나의 요구 사이에 새로운 교차점이 생길 것이다.

최근에 데이비드는 칼릴을 심장전문의에게 데려갔다. 날씨가 더워서 내 몸은 집에서 차까지 가는 것도 견디지 못했다. 데이비드는 의사 진료실에서 나에게 전화를 걸어 어떤 이야기를 나누고 있는지 들려줬다. 칼릴은 벽에 걸려 있는 그림에 대해서만 말하려고 했다. 큰 상어! 또 다른 악어! 호랑이! 의사는 칼릴의 양성 부정맥에 대해 설명하기 시작했지만, 칼릴의 반복되는 "엄마! 엄마! 엄마!" 소리를 뚫고 그것을 듣기는 어려웠다. 칼릴은 스피커폰을 통해 내 목소리를 들은 후 안정되었다. 내 몸이 거기에 없을지언정, 내가 곁에 있고 우리가 연결되어 있다는 걸 그는 이해했다. 그는 내가 자신의 엄마라는 데 한 치의 의심도 없었다.

분노로 종이학을
접는 법

엘사
　사
　　주
　　　네
　　　　슨

☞ 평평하고 완벽한 종이 접기용 종이를 상상해 보세요.
한 면은 흰색이고 다른 한 면은 선명한 보라색인.

스스로 '내 인생'이 시작되었다고 자각하기도 전에 느끼고 분출한 감정이 있었다. 그때 아버지는 죽어가고 있었다. 사회적 낙인이 잔뜩 찍힌 병으로. 의사가 우리에게 1년도 남지 않았다고 했을 때, 일곱 살이었던 나는 표현했다. "빌어먹을 에이즈." 처음으로, 정말이지 정당하게, 분노한 순간이다.

☞ 종이를 반으로 접으세요. 분노가 어떤 느낌인지를
배우면서, 세상이 정의롭지 않다는 것을 받아들이면서
위쪽 모서리를 아래쪽 모서리에 맞춥니다. 아버지의
죽음을 막을 수 있는 치료법 같은 건 없어요.

남자가 내 몸을 처음으로 이용했을 때, 이렇게 생각했던 기억이 난다. 나한테 왜 이러는 거야?

☞ 삼각형을 반으로 접으세요. 종이를 누를 때, 당신을
이용하려는 사람들에게 느끼는 분노도 눌러보세요.

내 분노는 작아야 하고, 다룰 수 있어야 하고, 귀여워야 한다. 나는 그 감정을 접어서 종이학이나 수제 양초처럼 소비할 수 있는 무언가로 만들어야 한다. 나는 장애여성이다.

억누르고, 접어버리고, 사라지는 법을 배웠다. 내가 내 분노를 접을 때, 나 자신도 접는다. 스스로를 작고, 귀엽고, 소비하기 쉽게 만든다.

하지만 나는 다루기가 쉽지 않은 사람이다. 나는 시청각장애인이고 세상에 화가 나 있다.

나는 나를 아무것도 할 수 없는 사람이라고 생각하는 세상에 살고 있어서 화가 난다. 나는 내가 자신들을 따라잡거나, 아니면 그냥 주저앉으라고 하는 세상에 살고 있어서 화가 난다. 나는 퀴어 여성이고 아버지대부터 물려받은 성소수자 혐오 트라우마를 겪고 있어서 화가 난다.

나는 이 세상 때문에 화가 나 있는 걸까? 세상은 내가 다른 사람에게 운전대를 맡긴 채 물러나 있기를 바라는데, 내가 전혀 그런 사람이 아니어서? 나는 누군가가 나에게 처음으로 소리쳤던 순간을 기억한다. 백화점에서 그는 당신의 "도우미"는 어디 있냐고, 들리냐고, 고함을 지르며 물었다.

☞ 덮개 부분을 잡고 연 후, 양쪽에 주름을 만드세요. 위쪽 모서리를 아래쪽 모서리에 맞춰 접으세요. 스무 살인 당신이 왜 혼자 외출했는지를 사람들이 묻는다고 해서 공공장소에서 울어버리고 싶은 충동을 억누르세요.

당신이 실제로는 어른인데도 사람들은 그렇게 보지 않는다는 사실을 깨닫는 것은 정말이지 끔찍한 일이다. 사람들은 당신이 깃들인 몸이나 당신 내면의 소외감에 근거해, 누군가의 도움이 있어야만 당신이 어른이 될 수 있다고 추정한다. 화나는 일이다.

시간이 흐르면서 나는 그런 감정을 다루는 법을 익혀야 했다.

☞ 종이를 뒤집어서 반대편에도 똑같이 하세요. 분노로 무언가를 만들어내면서도, 스스로 움츠러들지는 마세요.

이 세상, 이 사회는 나를 망치고 싶어한다. 내가 움츠러들기를 원한다. 내가 빛을 두려워하며 구석에 웅크려 있기를 원한다. 사방이 잠긴 문과 닫힌 창문이고, 나는 매번 거절당한다.

사회는 나의 분노를 성질머리로 치부한다. 다 큰 남자들을 따라잡지 못하고, 뻔뻔해지지 못한다면 인형이나 갖고 노는 어린 여자아이 취급을 받는다.

☞ 주름의 양쪽을 잡고 여세요. 위쪽 모서리를 아래쪽 모서리에 맞춰 접을 수 있도록 옆면을 접으세요. 종이가 찢어지지 않게 조심해서 꽃처럼 펼치세요. 또래의 누군가가 당신을 아이 취급하는 바람에 뭔가를 부수고 싶은 마음이 들더라도, 종이를 뭉개버리지 마세요.

닫힌 문 앞에서, 모욕을 낭할 때마다 나는 접고, 접는다.

비틀고 구부린다. 가슴속에서 치밀어 오르는 분노로 뭔가를 만든다. 그것은 내 쇄골 아래 어디쯤에 자리 잡고 있으며, 가끔 느껴진다. 나는 나를 원하지 않는 세상에 살고 있다.

나는 분노로 추동되는 삶을 살아왔다. 나는 분노라는 재능을 물려받았다. 내 분노는 나를 망칠 수도 있었다. 나는 그것이 의도된 건 아닌지 의심한다. 장애가 있다는 이유로 괴롭힘당하고, 똑똑하다는 이유로 따돌림당하고, 똑똑해서 사람들을 겁준다는 이유로 작아지라는 말을 듣고, 내 눈빛이 사람들을 불편하게 하니 숨기라는 말을 듣고, 내 지능과 백내장은 충분히 '여성스럽지' 않다는 이유로⋯ 접힌 면과 주름 하나하나마다 나는 침착함과 우아함을 찾았다. 내 무기를 찾았다.

☞ 맨 윗면의 양쪽을 잡고 중간에서 만나도록 안으로 접으세요. 다시 폅니다. 이것은 다음 단계를 준비하는 과정입니다.

분노.

나는 더 이상 분노를 드러내지 않는다.

대학생 때 내 분노는 극에 달했다. 나는 자주 소리를 지르고 울었다. 입을 열어 와인을 따르듯 말을 쏟아냈고 사람들이 나를 싫어할 빌미를 더 많이 줬다.

세상은 화난 여성들에게 선택권을 주지 않는다. 분노가 격추당하는 선택지만 준다. 성질머리 좀 죽이라고, 화난 모

습이 "귀엽다."고, 분노는 소용이 없다고 말한다. 아니, 내
분노는 당연히 소용이 있다. 나는 그것을 무기로 만들었다.

☞ 덮인 면을 위쪽으로 여세요. 당신의 취약한 부분을
국회의원에게 보여주세요. 의료 서비스를 잃는 것이 얼마나
두려운지를 말하세요. 다시 1990년대처럼 친구와 가족을
잃고 싶지는 않다고도요. 그는 듣지 않겠지만, 시도라도
해보세요. 당신은 공공선을 위해 자신의 분노를
사용했어요.

　　오랫동안 나는 내 분노를 온라인에서 무기로 사용했
다. 거의 행위 예술 수준이었다. 사람들은 화가 난 장애여성
을 좋아하고 리트윗했다. 그들은 내 분노를 세상에 전시하
고 싶어했다.
　　하지만 진실은, 내 분노가 나를 구하지는 못했다는 것.
나를 나 자신으로 만든 것은 분노가 아니라 내가 지닌 근본
적인 취약성 radical vulnerability 이다.

☞ 왼쪽과 오른쪽을 가운데 방향으로 접으세요. 종이는 마치
아르데코 천장 장식처럼 보일 겁니다. 이것이 당신이
세상에 보여주는 얼굴입니다. 침착해 보이지만, 내면에는
접고 비틀고 구부린 과정이 있죠.

　　요즘 나는 목적 없이 허공에 악을 쓰지는 않는다. (음,

아예 안 하는 건 아니다. 나를 밀어붙이는 세상은 여전하니까.) 내가 화를 내거나 뭔가를 공유하는 데에는 그만한 이유가 있다. 하지만 그보다는 연민을 향한 부드러운 감정을 더 많이 나누려고 노력하고 있다. 내 삶에 대해 전혀 모르는 사람들이 나를 있는 그대로, 자신과 같은 인간으로 봐주기를 바라는 마음으로 말이다. 나는 트위터를 많이 쓴다. 때로는 접근성과 관련한 트윗들을 올린다. 영화관에 들어갈 수 없거나 고급 레스토랑에 화물용 엘리베이터를 타고 올라가야 할 때의 당혹감에 대해, 혹은 혼자 커피를 주문했다는 이유로 나를 **대단하다**거나 **용감하다**고 칭찬한 비장애인과의 일화에 대해. 아마 그는 이전에 나 같은 사람을 만나본 적이 없었을 것이다.

내가 감정을 공유하기로 한 것은 사람들이 내 감정의 취약함을 알아주었으면 해서가 아니다. 시청각장애인 여성의 사생활을 드러내기로 한 내 선택을 이해해주었으면 해서다.

나는 구부러지고, 비틀리고, 주름지고, 접힌다… 타오른다. 나는 분노로 환하게 타오르고 적당할 때 세상에 내보인다. 내가 화났다는 걸 세상이 알아야 할 때. 요즘 나는 분노가 나를 집어삼키지 않도록 노력하고, 세상을 더 낫게 만드는 데 그 감정을 사용하려고 노력한다. 내 분노는 나를 해치려는 사람들이 아니라 사회적 차별의 구조에 의해, 나를 배제하고 지어진 사회에 의해 지펴진 불꽃이기 때문이다.

장애인의 타당한 우려와 두려움을 **성질머리** 혹은 **하찮은 감정**으로 치부하는 것이 비장애인들에게는 더 편할 것이다. 왜냐하면 그 감정에 동의하거나 정당하다고 인정하려면 자신의 특권을 성찰해야 하기 때문이다. 그들이 성찰한다면 장애인에게 눈앞의 걸림돌뿐 아니라 그런 걸림돌을 만들어 낸 사회를 향해 분노할 권리가 있음을 이해하게 될 것이다.

☞ 덮개 아래 왼쪽과 오른쪽 부분을 잡아 벌리세요. 양쪽이 벌어진 상태를 유지하도록 가운데 부분을 평평하게 눌러주세요. 마음을 열고 이 방에서 유일한 장애인으로 존재한다는 것, 살아가는 데 필요한 것들을 얻기 위해서는 싸워야만 하는 유일한 사람으로 존재한다는 것이 어떤 일인지 보여주세요. 그들이 당신의 인간성을 고려할 수 있는 선택지를 주세요.

그래서 나는 근본적으로 취약한 상태를 받아들이기로 했다. 단순히 세상에 화가 나 있는 대신, 내가 화난 이유를 사람들에게 보여줄 방법들을 생각했다. 나는 글을 썼다. 나를 열어온 과정과 비장애중심주의가 내 영혼에 미친 영향에 대해 썼고, 고등학교 때 영어 선생님으로부터 글에 대한 혹평을 받았던 기억도 털어놓았다. 내 의안에 대해서, 아버지의 병과 죽음이 나를 어떻게 과격하게 만들었는지에 대해서도 솔직하게 썼다.

감정만으로 무조건 쓰기보다는, 장애에 대한 인식을 바

꾸기 위한 주제를 고민했다. 나를 프릭쇼의 대상으로 소비하는 것이 아닌, 동등하고 온전한 한 사람으로 인식하도록 하는 글을 쓰고 싶었다. 우리가 살고 있는 세상을 사람들에게 보여주고 연민을 이끌어내기를 기대하며 내 영혼의 일부를 공유한다. 나를 그저 장애여성이 아니라, 자신을 둘러싼 세상에 너무나도 예민하기 때문에 타오르는 분노를 봉화로 바꾸는 사람으로 봐주길 바란다.

☞ 위로 솟아 있는 부분 중 하나의 끝을 잡아 아래쪽으로 구부리세요. 머리 모양을 만들고, 구부러진 상태가 유지되도록 옆면을 누르세요. 종이학을 손에 들고 당신이 만든 얼굴을 마주 보세요.

☞ 날개를 90도 각도로 휘어 학을 완성하세요. 하지만 끝이 아니라는 것, 앞으로 만들어야 할 것과 해야 할 이야기를 기억하세요. 우리에게는 자유를 찾아주어야 할 새들이 아직 많이 남아 있습니다.

우리에게 더 많은
셀마 블레어가 필요한
이유

지
　포
　　라
　　　에
　　　　이
　　　　　리
　　　　　　엘

배우 셀마 블레어가 2019년 《베니티 페어》 오스카 파티의 레드 카펫에 등장한 순간의 놀라움은 블레어 자신이 인터뷰에서 밝힌 소감으로 가장 잘 표현될 수 있을 것이다. "이런 세상에! 셀럽 장애인도 있다는 걸 보여줄 때가 됐죠." 몸을 타고 흐르는 화려한 색 랄프앤루소 드레스를 입은 그의 손에는 분홍색 다이아몬드가 박힌 검정색 맞춤 지팡이가 들려 있었다.

다발성경화증〔중추신경계에 발생하는 신경계 면역 질환으로 신경세포를 연결해주는 섬유가 소실되면서 감각 및 운동 장애가 생긴다.〕 진단 후 처음으로 공개 석상에 모습을 드러낸 그날, 블레어는 장애인의 아이콘이 되었다. 카메라 플래시에 둘러싸인 그는 우아함 그 자체였다. 블레어는 지팡이를 짚고 고개를 높이 든 채 완벽한 포즈를 취하다가, 한 발짝 물러섰다. 얼굴이 살짝 구겨졌고, 울기 시작했다. 매니저가 다가와 눈물을 닦아주었다. 블레어는 매니저의 팔을 붙든 채 자신을 추슬렀다. 그리고 말했다. "여기까지 오는 게 너무 힘들었어요."

나는 여기, 집에서 노트북으로 그를 지켜보고 있었다. 맨얼굴에 머리는 질끈 묶은 채, 플란넬 잠옷 차림으로 아마존에서 산 12달러짜리 지팡이를 짚은 채였다. 그리고 그는 거기, 레드 카펫에 있었다. 눈물을 닦아냈는데도 흠잡을 데 없이 완벽한 메이크업을 하고 금발 머리를 근사하게 뒤로 넘긴 채. 탄탄한 라인의 멋진 드레스를 입고 진짜 다이아몬드가 박힌 지팡이를 짚은 채 자신의 이름을 부르는 사진기자들에게 둘러싸여 있었다. 하지만 그 순간 나는 블레어의 감정이 무엇인지 알 것 같았다. *여기까지 오는 게 너무 힘들었다는 그 말.*

나는 20대 장애여성이다. 내 또래 대부분의 미국 여성처럼 나도 셀마 블레어를 안다. 그가 출연한 영화 〈금발이 너무해〉를 열 살 때 봤고, 〈사랑보다 아름다운 유혹〉은 열세 살이 되던 해 여름 캠프에서 친구가 몰래 가지고 온 아이팟으로 봤다. 어렸을 때부터 알았고, 정말 근사하다고 생각했던 셀럽이 자신의 장애를 온전히 받아들이는 모습을 보는 것은 나에게 대단히 큰 의미가 있다. 지팡이에 기댄 채로도 이토록 우아하고 당당해 보일 수 있다니. 그의 관심을 끌기 위한 사진기자들의 아우성을 보면서 나는 조금은 가시화되고 해방된 기분이었다. 그건 만성질환과 장애의 세계에서는 좀처럼 느끼기 어려운 감정이다.

극심한 피로는 많은 만성질환의 일부다. 에너지가 한정되어 있으면, 그것을 현명하게 조절해서 쓰는 데 능숙해져야 한다. 작가 크리스틴 미저랜디노^Christine Miserandino 가 루푸스[면역계 이상으로 인해 온몸에 염증이 생기는 만성 자가면역질환]와 함께 산다는 것이 무엇인지 설명하기 위해 동원했던 '숟가락 이론'처럼 말이다. [미저랜디노는 루푸스 환자가 일상적인 행동을 수행할 때 필요한 에너지의 양을 숟가락 개수에 비유해서 설명했다. 정해진 양만큼의 에너지가 소진되지 않도록 하루의 행동을 미리 계획해야 하는 상태를 표현했다.] 블레어는 밖으로 나와 할 수 있는 일을 하는 데 에너지를 쏟아보기로 했다. 발진이 일어난 와

중에도 사진기자들이 수백 장의 사진을 찍도록 하면서. 너무 힘들었다는 그의 말은 정말이지 온 힘을 들였다는 의미였다. 블레어는 그냥 등장한 게 아니라, 자기 자신과 장애인들을 위해 여기까지 왔다. 밖으로 나오는 데 쓴 그 귀중한 에너지의 양을 절대 과소평가하면 안 된다.

오스카 시상식 다음날 방송된 로빈 로버츠와의 인터뷰에서 블레어는 말했다. "저는 인터뷰가 두려웠어요. 신경과 의사도 하지 말라고 했고요. 누구라도 통증이 극심할 때는 말할 에너지가 없으니까, 너무 많은 사람들이 제 상태에 대해 알게 될 테니까요. 하지만 저는 하고 있네요." 그는 익살스러운 표정을 짓고, 어깨를 으쓱했다. "저는 카메라를 사랑하니까요."

이 인터뷰는 만성질환과 장애 문제에 대한 많은 관심을 불러일으켰다. 그는 자신이 앓고 있는 증상에 대해서만이 아니라 진단받는 것의 어려움에 대해서도 말했다. 여성들이 만성질환을 앓을 경우 의사들이 그 증상을 진지하게 받아들여 진단을 내리기까지 오랜 시간이 걸리기도 한다는 이야기였다. 블레어도 몇 년 동안이나 의심받았고, 치료도 받지 못했다고 털어놓았다.

세련된 지팡이와 의류의 부재 역시 대화의 주제였다. (그는 "옷 입는 게 엉망진창이에요."라고 농담했다.) 블레어는 향후 지팡이를 포함한 장애인용 의류 라인을 만들 계획을 밝혔다. "좀 더 괜찮아 보이려면 탄력 있는 허리밴드가 필요하죠."(나 역시 위 수술을 받았기 때문에 허리 부분에 신축성이 없는 바지를 입는 것이 괴롭다.)

많은 장애인들이 오랫동안 패셔너블하지 않은 이동 장치와 의류에 고통받아왔다. 내 첫 휠체어는 투박한 병원용 모델이었다. 일상적인 용도로는 사용하기 어려웠고, 결코 우아하게 움직일 수 없었다. 내 첫 지팡이 역시 의료적이고, 인간미 없고, 무미건조해 보였다. 결혼식 등 사진을 찍어야 하는 자리에 갈 때면 나는 내 지팡이가 나오지 않도록 멀리 던져버리고 벽이나 옆 사람을 붙잡았다. 사진을 망치지 않기 위해 내 이동 장치를 프레임 바깥으로 뺀다는 것은 다치거나 넘어질 위험을 감수하는 일이었다. 처음 사진을 찍을 때 그런 요청을 받았기 때문에 그 이후에는 스스로 그렇게 하곤 했다. 비장애중심주의가 한번 내면화되면 극복하기가 너무 어렵다. 사회생활 속에서 그 믿음이 계속 강화되기 때문이다. 비장애중심주의는 머릿속에서 만들어지는 게 아니라, 일상과 경험을 통해 머릿속에 자리 잡는다.

블레어는 낙인을 거부하기로 결정했다. 대신 공식 석상과 사진 촬영에서 자신의 이동 장치가 더 빛나게 했다. 《베니티 페어》 화보를 찍을 때는 영국의 명품 브랜드 아스프리에서 디자인한 말 머리 모양 지팡이를 들었다.

블레어는 아프면 일을 할 수 없다는 생각도 거부했다. 그는 넷플릭스 드라마인 〈로스트 인 스페이스〉와 〈어나더 라이프〉에 출연하고 있다. 블레어는 동정과 자신에게 닥친 '비극' 서사를 거부했다. "저에게 비극은 없어요. 저는 행복해요. 만약 누군가가 자신의 몸을 받아들이고 편안해지도록 제가 도울 수 있다면, 이전의 어떤 일을 했을 때보다 더 보람을 느낄 것 같아요." 그는 여전히 노력하고 있으며 때때로 자신의 증상을 해결해야 한다고 솔직하게 털어놓았다. 블레어가 자신도 넘어지거나 물건을 떨어뜨릴 때가 있다고 말하고 그런 자신을 받아들이는 모습을 보는 것만으로도 격려가 된다. 그의 공개적인 발언이 인식을 확산하는 데 도움이 되는 것은 물론이다. 이것은 시작일 뿐이다. 앞으로 다양한 사회경제적 배경, 장애와 인종, 성 정체성, 민족, 종교를 지닌 장애인들을 더 흔하게 볼 수 있기를 바란다.

미디어에서 장애를 재현하는 방식에 대해 많은 논란이 있다. 장애계는 **영감**inspiration이라는 단어를 질색한다. 장애인은 종종 그저 존재하는 것만으로도 동정이나 과도한 칭찬의 대상이 되기 때문이다. 장애인들은 비장애인들이 자신의 장애 없음에 대한 우월감을 느끼라고, 영감 포르노의 대상으로 삼으라고 존재하는 사람들이 아니다.

블레어의 솔직함은 비장애인이 아닌 장애인들을 위로하고 격려했다. 트위터와 인스타그램에는 지팡이 사용을 망설이던 중 블레어의 모습을 보고 자신감을 얻었다는 사람들의 고백이 줄줄이 이어졌다.

3. 행동하기

A.
H.
리
움

비장애인들이 장애인에게
배울 수 있는 지혜가
너무나도 많다. 하지만
먼저 그럴 수 있는 자리가
필요하다. 서로 손이
닿아야 하고, 사람들을
들어올려야 한다.

내 소설을
친구 매디에게 바치는
이유

A .
　　H .
　　　　리
　　　　움

사람들은 종종 친구나 가족의 지원을 받지 못했다면 책을 쓸 수 없었을 거라고 말한다. 장애인 작가들의 경우, 특히 더 그렇다. 내 소설을 완성할 때는 친구 매들린이 정말 애써줬다. 그가 내 소설의 캐릭터나 형식에 대한 조언을 해준 것은 아니다. 하지만 나는 혼자서는 글을 쓸 수 없는 신체적 조건을 가졌기 때문에 그의 도움이 반드시 필요했다.

매들린과 나는 약 1년 전에 일과 관련한 네트워킹 행사에서 만났다. 나는 그에게 책을 한 권 추천하려고 했는데, 제목이 기억나지 않았다.

"죄송해요. 제목을 잘 못 외워서요. 뇌 손상에서 회복되는 중이거든요." 내가 말했다.

매들린의 눈이 반짝였다. "어떤 종류의 손상이요?" 그가 묻더니 재빨리 덧붙였다. "저도요."

그는 6년 전인 스물세 살 때의 뇌출혈로부터, 그리고 나는 2년 전에 겪은 뇌진탕으로부터 회복하는 중이었다. 그 때문에 그는 몸의 왼쪽 부위 힘이 전체적으로 약했고 나는 화면을 보는 게 힘들었다. 손상 종류와 증상은 달랐지만, 우리의 뇌가 공통적으로 겪고 있는 어려움도 있었다. 우리는 대화 도중 종종 눈을 감았는데, 그러면 필요한 단어를 찾는 데 도움이 됐다. 그리고 우리는 둘 다 보이지 않는 질병을 앓는게 어떤 일인지, 실제로는 극도로 고통스러운데도 사람들이 괜찮다고 추측하는 것이 어떤 일인지 알고 있었다.

행사가 끝나고 나는 그에게 명함을 내밀었다. "계속 만나요."

그렇게 우리는 만났다.

만나자마자 친해질 수밖에 없는 사람들이 있다. 매디도 그랬다. 우리는 함께 딸기를 따러 갔고, 걷기나 운전하기처럼 모두들 당연하게 여기지만 손상 때문에 일시적으로 혹은 영원히 할 수 없게 된 것들을 다시 배우는 일에 대해 이야기했다.

갑자기 기능을 잃은 몸으로 존재하게 된 트라우마와, 직장에서 그리고 친구와 가족 사이에서 차별을 경험하는 고통에 대해서도 이야기했다. 장애인으로 살게 된 후 얼마나 외로웠는지에 대해서도. 피로와 과도한 자극 때문에 종종 자신을 고립시켜야 할 뿐 아니라, 누구도 이런 상태를 이해하지 못하기 때문에 우리는 혼자였다. 그날 우리는 웃고 울고 딸기를 배 터지게 먹었다. 아름다운 날이었다.

어느 순간, 나는 내가 소설을 끝내지 못해서 얼마나 답답한지를 매디에게 털어놓았다.

"저는 컴퓨터로 편집을 할 수가 없어요. 화면을 보면 인지 능력이 떨어지는데, 편집은 전체 구조를 다뤄야 하는 일이라 두뇌의 모든 역량이 다 필요하거든요. 원고를 출력해서 종이 상태로 수정을 하는데, 또 그걸 컴퓨터에서 적용할 수가 없어요. 내 눈이 종이에서 화면으로 전환이 안 돼요. 너무 막막해요. 결국 끝내지 못할까 봐 걱정돼요."

매들린은 고개를 끄덕였다. "정말 힘들겠네요. 뇌 손상이 우리에게서 너무 많은 걸 앗아갔어요. 당신한테도 이런 일이 없으면 좋을 텐데요."

그날의 기억이 나에게 계속 남아 있었다. 나는 몇 주 동안이나 그 대화를 머릿속에서 되풀이해봤다. 우리가 얼마나 많은 것을 잃었고, 또 얼마나 천천히 돌아오고 있는지를 생각했다.

회복된다는 것은 이전의 능력을 다시 얻는 것일 수도 있지만, 대부분은 같은 일을 할 수 있는 또 다른 새로운 길을 내는 것이었다. 매디가 자신의 약점을 보완하기 위한 방법을 찾은 이야기는 내가 소설을 완성할 수 있는 방법을 창의적으로 고안하는 데 영감을 주었다.

내가 다니는 회사에는 내가 하기 어려운 컴퓨터 업무를 도와주는 비서가 있다. 이는 고용주가 장애인 직원에게 제공해야 하는 직장 내 복지제도였다. 나는 생각해봤다. 소설을 쓸 때도 누군가의 도움을 받을 수 있지 않을까?

나는 내가 종이 상태로 편집한 원고를 컴퓨터로 옮겨줄 사람을 고용할 수 있다는 것을 깨달았다. 썩 이상적인 작업 방식은 아니었다. 속도가 느리고, 같은 일을 반복해야 하고, 종이도 많이 써야 했다. 하지만 그래도 다시 나아갈 수 있는 길이었다. 나는 뇌 손상 이후 거의 1년 동안 미뤄두었던 소설을 다시 작업할 수 있다는 사실에 기뻤다.

나는 얼른 친환경 종이를 한 상자 주문하고 집으로 돌아와 작업을 해줄 사람을 찾아 전화를 돌렸다. 처음에는 작가인 친구들의 도움을 받았다. 함께 편집하는 일은 즐거웠지만, 그들은 나를 꾸준히 도와주기엔 너무 바빴다.

마땅한 사람을 찾기가 어렵다고 말하자 매디가 열성적

으로 말했다. "제가 할 수 있어요."

"정말요?" 나는 그가 도와야 한다는 의무감을 느끼지 않기를 바라며 물었다.

"물론이죠. 당신 역시 저를 돕는 거예요. 아르바이트를 좀 더 찾고 있었거든요."

그렇게 내 인생 최고의 협업이 시작되었다.

매디는 평일 퇴근 후 혹은 주말에 우리 집에 왔다. 일정은 요리로 시작되었다. 우리는 작업을 하기 전 함께 식사를 하며 일상을 나누곤 했다. 장애가 삶의 매 순간에 얼마나 큰 영향을 미치는지를 주변 사람들로부터 이해받지 못하는 좌절감에 대해서도 우리는 종종 이야기했다.

그것은 우리가 서로를 돌보는 시간이었다. 나는 아프고 나서는 결코 경험하지 못한 방식으로 이해받고 있었다. 매디는 내 상처를 모두 끌어안아줬다. 다른 사람들처럼 내가 준비되지도 않았는데 정리하라고 밀어붙이지 않았다. 그는 상실이 무엇인지, 그리고 손상 이후 다른 몸으로 돌아온다는 것이 무엇인지를 알았다. 뇌 손상은 특히나 중대한 손상인데, 왜냐하면 그것은 다른 손상과는 달리 내가 나 자신으로 존재하는 방식을 바꿔놓기 때문이다. 생각하고, 행위하고, 반응하는 데 영향을 미친다. 이러한 경험을 해보지 않은 사람과 그 상실감과 슬픔을 이야기하기는 어렵다.

당시 나는 내 삶의 많은 영역에서 비장애중심주의를 마주치고 있었다. 손상 때문에 잃어버린 것들을 극심하게 애통해하던 시기였다. 침대 밖으로 나가기도, 뭔가를 계속하기도 힘들었다. 글을 쓰는 것은 더더욱 어려웠다. 힘겨운 싸움에 끌려다니는 기분이었고, 뭔가 복잡한 일을 해낼 감정적인 에너지가 없었다.

하지만 매디가 온다고 생각하면, 그를 위해 소설을 편집해야겠다는 동기가 생겼다. 그가 나를 움직였다. 그는 내가 아는 가장 똑똑하고 세심한 사람 중 하나다. 그는 중복되는 부분을 지적하고 내가 시도한 형식적 실험을 돕기 위한 해결책을 찾아내며 내 소설을 개선시켰다.

동시에 이 일자리는 매디에게도 도움이 됐다. 그는 자신의 장애가 걸림돌이 되지 않고, 유연하게 근무할 수 있고, 집 밖으로 나갈 수 있는 이 일을 좋아했다. 또한 우리의 협업을 늘 기대했다.

"우리가 만나서 다행이에요. 당신을 안 지 오래되지는 않았지만, 마치 가족이 된 것 같아요."라고 그가 말했다.

나 역시 그를 알게 되어 얼마나 감사한지 종종 말했다. 하지만 그가 나의 삶을 얼마나 많이 바꿔놓았는지는 말한 적이 없다. 매디를 만나기 전에는 결코 끝내지 못할 것 같던 소설을 이제, 완성했다.

내 책은 매디의 손과, 장애가 있고 뛰어난 그의 뇌로 만들어졌다. 한 쪽 한 쪽, 내 손자국과 그의 지문이 겹쳐져 있다. 이것이 장애문학 disabled poetics이다. 장애인의 실천 방식 disabled praxis이자 연립이다. 혼자서는 할 수 없었던 일이지만 그의 도움으로 해냈다. 많은 장애인들이 이렇게 돌봄을 주고받는다. 내가 장애를 갖기 전에는, 이런 종류의 사랑에 대해서는 결코 알지 못했다. 장애인들이 서로 나누는 사랑은 치열하고, 인내하고, 다정하며, 희귀하다. 그것은 비장애중심적인 세상이 우리에게 주었으면 하고 바라는 이상적인 사랑이기 때문이다. 그래서 한편으로 그 사랑에는 슬픔과 고통, 그리고 저항이 있다.

"서로를 돌보는 장애인들은 깊은 치유의 자리에 있다."고 레아 락시미 피에프즈나-사마라시냐는 《돌봄 노동: 장애 정의를 꿈꾸며 Care Work: Dreaming Disability Justice 》에서 썼다.

매디를 만난 것은 나에게 진정한 치유였다. 나는 나 자신의 일부를 되찾았다. 매디는 나에게 꿈과 목소리를 되찾아줬다. 그는 내가 여전히 작가이며, 여전히 소설을 끝낼 수 있다는 것을 알게 해줬을 뿐 아니라 그 이상의 역할을 했다.

우리의 뇌는 둘 다 고장 났지만 서로 다른 방식으로 작동하기 때문에 종종 서로의 한계를 보완해준다. 우리는 또한 치유와 애도를 향한 퍼즐의 다른 조각을 쥐고 있으며, '장애에도 불구하고'가 아니라 '장애 덕분에' 사랑받고 돌봄받을 수 있는 세상과 미래를 상상하도록 서로를 돕는다. 우리는 그런 돌봄을 요청하고 기대하는 법, 다른 사람에게 나누는 법, 장애인 간 연대의 아름다움을 서로에게 가르치고 있다.

그래서 나는 내 소설을 매디에게 바치고 싶다. 그리고 자신의 책 작업을 마치려고 분투하고 있는 장애인 작가들에게. 특히 자신을 도울 사람을 고용할 수 없어서 더욱 힘들어하고 있는 작가들에게.

지금부터 하는 이야기는 가장 중요한 메시지 중 하나다. 나에겐 그나마 친구에게 아르바이트 일자리를 줄 수 있는 여력이 있었다. 그건 특권이다. 모든 장애인들이 그렇게 할 수 있지 않다. 많은 사람들이 그저 생존하고, 의료비를 지불하고, 장애인에 대한 차별과 학대에 대응하는 것만으로도 힘겨워한다. 퀴어이거나, 트랜스젠더이거나, 유색 인종이거나 빈곤한 장애인 작가들은 억압이 교차되는 자리에 있다. 그들은 적절한 의료 서비스를 받지 못하거나 경제적 불안에 시달리느라 목소리를 내지 못하는 경우가 더 많다. 그런 사람들의 작품을 읽기는 더 어렵다. 그들에게 아무리 뛰어난 문학적 재능이 있다 해도 묻혀버릴 것이다. 나는 내 책을 내면서 자축만 하고 싶지는 않았다. 현실을 환기하고 싶었다.

　　그래서 소설 앞에 붙일 헌정사를 썼다.

　　당신은 장애인들의 친절과 지원, 연립 덕분에 이 책을 읽을 수 있게 되었습니다. 매들린 슬론의 작업과 사랑이 없었다면 소설은 미완성으로 남았을 것입니다. 나는 이 책을 매들린, 그리고 필요한 지원을 받지 못해 작품을 끝내지 못하고 있는 모든 장애인 작가들에게 바칩니다.

　　나는 내 책이 연립의 아름다움과 변혁하는 힘을 알리는 데, 그리고 우리 사회가 실패했음을 지적하는 데 기여하기를 바란다. 장애와 돌봄 영역에도 빛과 그림자가 있다. 누군가는 추어올려지지만, 많은 사람들은 여전히 목소리를 빼앗긴 채 홀로 버려져 있다.

'자립'은 후기 자본주의가 돌봄과 지원에 대한 정부와 지역사회의 책임을 개인과 가족에게 떠넘기기 위해 지어낸 동화다. 자립의 관점에서는 누군가가 성공하지 못했다면 그건 개인의 잘못이고 충분히 노력하지 않았기 때문이라고 말한다. 하지만 모두에게 능력이 있는 것도, 모두가 가족의 지원을 받을 수 있는 것도 아니다.

어떤 문학이 가치 있는가에 관한 기준에도 자립의 신화가 영향을 미친다. 우리는 단편 소설집보다 장편 소설이 더 훌륭하다고 생각한다. 소설이나 시를 공동으로 작업하는 경우는 드물다. 우리에게 '문학적 행위'는 고독한 작가가 혼자서 타자를 치는 일처럼 느껴진다. 시는 고독하고 명석한 정신의 산물이다. 우리는 자수성가한 억만장자의 신화에 집착하듯 혼자서 성공하는 고독한 작가의 신화에도 집착하고 있다. 하지만 장애문학은 그런 것이 아니다.

장애인 작가가 쓴 책이 더 많이 출간되지 않는 이유는 다음과 같다. 우선 나처럼 많은 장애인은 혼자서 책을 완성할 수 없고, 설령 해낸다고 해도 비장애인 작가의 책만큼 세련되지 않아 다듬어야 할 부분이 많을 수 있다. 편집자들은 추가 작업을 하는 대신 출간하지 않기로 결정하곤 한다.

하지만 우리에게는 장애인의 목소리가 더 많이 필요하다.

그것은 장애인들이 명석하거나, 재능이 뛰어나거나, 할

말이 많기 때문이 아니다. 그들이 자신의 삶을 형성하고 파괴하는 비인간적 비장애중심주의에 직면해 있기 때문이다. 그리고 이야기는 종종 가장 좋은 전술이 된다.

에즈메이 웨이준 왕은 자신의 조현정동장애를 두고 의사들과 나눈 이야기를 《조율하는 나날들 The Collected Schizophrenias》로 썼고, 얼마나 많은 비장애인들이 장애인을 인간으로 대하지 않는지를 지적했다. 나중에 어떤 의사가 이 책에 대해 작가에게 감사를 표했다.

> 그는 환자도 사람이라는 사실을 상기시켜준 데 대해
> 고마워했다. 그는 새로운 환자들이 올 때마다 희망을 품지만,
> 그들은 재발해 되돌아오고 또 재발해 되돌아왔다고 말했다.
> 환자들이 자신의 질환을 드러내는 방식 때문에 그들을 스스로
> 희망을 갖거나, 다른 사람에게 희망을 갖도록 하는 사람으로
> 보기가 어려웠다고 말이다.

장애인의 인간성과 복합성을 보여주고, 영감 포르노에 저항하고, 장애인의 몸과 삶이 고쳐지거나 치유되거나 생산할 수 있을 때만 가치 있다는 이분법에 도전하기 위해, 장애 서사를 바꾸기 위해 더 많은 장애인의 목소리가 필요하다.

나는 매디와 장애인 사상가들로부터 장애 정의의 관점으로 돌봄, 커뮤니티, 연립을 다시 생각할 때 가능한 세상을 상상하는 법을 배웠다. 비장애인들이 장애인에게 배울 수 있는 지혜가 너무나도 많다. 하지만 먼저 그럴 수 있는 자리

가 필요하다. 서로 손이 닿아야 하고, 사람들을 들어올려야 한다.

대중매체에서 흔히 접하는 장애인의 성공 서사는 종종 장애인 개인이 한계를 극복하는 이야기다. 하지만 장애인의 삶은 반드시 거미줄처럼 얽혀 있다. 우리는 종종 친구와 가족, 커뮤니티가 우리를 강하게 해주는 만큼 강해진다. 우리는 우리가 가진 자원과 권리만큼 강하다.

그래서 내가 소설을 완성한 것은 혼자만의 성공담이 아니다. 나는 좀 더 복잡하고 진실한 이야기를 하고 싶다. 매디뿐 아니라 내게 계속할 영감을 주고, 다른 방식으로 도와준 장애인들이 있었다. 이 책은 그들의 이야기이기도 하다.

장애인이 성공하려면, 도움과 지원, 이해, 돌봄의 연결망이 필요하다. 스스로 성공하기를 기대하는 비장애인 중심 문학계의 패러다임을 바꾸지 않는 한, 장애인 작가들이 작품을 완성해 세상에 내보내는 일은 계속해서 엄청나게 어려울 것이다. 하지만 우리에게는 그 일이 절실하게 필요하다.

그래서 나는 우리 모두가 이 문제를 인식하고, 변화를 위해 어떤 역할을 할 수 있을지 생각해봤으면 한다. 당신 자신에게 묻기를 바란다. 나는 어떻게 누군가의 매디가 될 수 있을까, 라고.

2 4 3

당신이 듣지 못한
임신중지 금지 법안

레베카
코클리

**콘텐츠
노트**

◆ 신체에 관한 자기결정 ◆ 우생학 ◆ 비장애중심주의 ◆ 트라우마
◆ 성적 학대 ◆ 의료적 트라우마 ◆ 대상화 ◆ 감금 상태 ◆ 불임수술

이 글은 텍사스주 상원 법안 1033에 대응해 2019년 5월 20일에 처음 발표되었다.

앨라배마, 조지아, 오하이오주에서 발의된 극단적이고 위험한 임신중지 금지 법안이 이목을 끄는 동안, 간과된 위협이 있다.〔이 글이 쓰인 2019년에 앨라배마주에서는 성폭행 및 근친상간 피해자의 임신중지까지도 금지하는 법안이 상원을 통과했다. 조지아, 오하이오, 미시시피, 켄터키주 등에서도 임신 6주 이후 태아의 심장 박동이 감지되면 임신중지를 금지하는 일명 '심장박동법'이 승인되었다.〕 이달 초 텍사스주 상원은 "치명적인 선천성 기형"이 있을 경우 임신 20주 이후에도 임신중지를 허용하는 예외 조항을 삭제한 법안인 SB1033을 통과시켰다. 그리고 이 법안은 임신중지 반대측 법률가들이 "차별적 임신중지^{discriminatory}"_{abortion}라고 부르는 행위를 금지한다. 즉 태아가 다운증후군, 낭포성 섬유증, 저신장 장애, 기타 돌연변이 같은 유전적 장애 진단을 받더라도 이를 이유로 임신중지를 할 수 없다는 것이다.

SB1033은 또한 산전 진단 후 의도적으로 임신중지를 시술한 의사를 에이^A급 경범죄로 기소한다는 추가 조항을 통해 의사들의 커리어와 생계를 개인의 신체적 자율권과 정면으로 대치시킨다.

이 법안이 의회를 통과하면 주지사의 손으로 넘어간다. (2019년 기준) 주지사 그렉 애벗은 휠체어 사용자다. 임신중지 반대 운동은 이 법안이 "공동체를 구한다."며 환영하고 있지만 현실에서 이런 법안은 모든 사람, 특히 장애인이 자신의 몸에 일어나는 일을 결정할 권리를 박탈한다. 누군가의 몸을 통제하려는 정치적 시도는 막아야만 한다.

장애계는 정치판에서의 득점을 위한 공방의 장으로 동원되어서는 안 되지만, 공화당과 민주당 모두 우리 커뮤니티를 그런 용도로 이용해왔다. 정치인들은 건강보험개혁법ACA, Affordable Care Act을 공격하거나 (때때로 권리를 축소하는) 바우처 프로그램을 추진하면서 장애 아동을 소품처럼 써먹기도 하고, 최저임금을 지지하는 주장을 펴기 위해 장애인들을 사기꾼으로 묘사하기도 했다. 몸의 통제권을 둘러싼 최근의 논란 속에서 우리는 다시 중심에 서 있다.

산전 선별검사는 장애계에서 늘 논쟁거리였다. 퇴행성 장애가 있는 사람들 중 일부는 자신의 삶의 경험에 근거해 임신중지를 강하게 찬성하기도 한다. 농인이나 저신장 장애인 커뮤니티는 장애를 **의학적 진단의 차원**이 아닌 **문화적 차원**으로 이해하는 경향이 있다. 건강과 관련한 부작용이 있는지 여부와 관계없이 우리는 늘 미래 세대의 출생을 축하한다.

아이슬란드에 산전 검사가 처음 도입되었을 때, 다운증후군 아기의 출생이 급감했다. 아이슬란드 사회는 규모가 작기 때문에 변화는 눈에 띄었다. 하지만 좋은 일만은 아니었다. 다운증후군과 관련한 삶의 경험이 공공적 논의에서 지워지기 시작한 것이다. 이 때문에 다운증후군이 있는 사람들과 가족들은 대체로 임신중지 합법화에 반대하며, 임신중지 합법화에 찬성하는 활동가들도 이런 입장을 존중할 필요가 있다.

장애인이면서 임신중지 합법화에 찬성하기는 쉽지 않

다. 내가 신체적 자율성에 보내는 지지가 나 같은 아기는 낳지 않으려는 사람들의 선택에 대한 지지와 맞닿아 있다는 사실을 알기 때문이다. 정말 어려운 문제다. 하지만 그렇기 때문에 토론해야 한다. 우리가 이야기하지 않으면 우리의 미래가 우리 없이 다른 사람들에 의해 결정되기 때문이다.

자신의 몸에 일어나는 일을 결정할 권리가 장애계에서는 핵심 원칙으로 여겨진다. 그럴만한 이유가 있다. 우리 부모님에게는 저신장 장애의 가장 흔한 형태인 연골형성부전증이 있다. 그들은 임신을 시도할 때 아기가 출생 직후 사망할 확률이 얼마나 높은지 알고 있었다. 하지만 연골형성부전증을 일으키는 유전자(FGFR3)가 아직 발견되지 않았던 시기여서, 내가 태어나기까지 그들은 세 번의 임신과 세 번의 베이비샤워〔임신부가 출산을 앞두었을 때 친지들이 모여 아기 용품을 선물하는 파티〕, 그리고 세 번의 유산을 겪어야 했다. 트라우마는 오래갔고 부모님의 결혼 생활에 미친 영향도 컸다. 그래서 엄마는 임신중지를 지지하고, 선택할 권리가 있어야 한다고 생각한다.

임신중지 시술에 대한 접근성을 둘러싼 정치적 공방에서 장애가 프레이밍되는 방식은 매우 유감스럽다. 장애인 커뮤니티의 삶이 의료 산업과 밀접한 관련을 맺고 있는 것이 현실이지만 이런 법안으로 장애인을 낳지 않을 의료적 선택지를 제거한다고 해서 장애인의 삶이 개선되는 것은 아니다.

샌디에이고 캘리포니아대 의학박사인 로라 도르어트는 2018년 《뉴욕 타임스》 칼럼에서 이렇게 썼다. "임신중지 합법화에 반대하는 법안과 수사법은 인지장애가 있는 사람들을 비장애인 구원자로부터 보호받아야 하는 유아적이고 순수한 존재로 취급하는 고정관념을 반복·재생산한다." 이런 수사법이 미국 장애인법을 공격하고, 메디케이드 예산을 삭감하고, 지원책을 없애는 데에도 동원된다는 사실은 정치인들이 장애인에게 실제로는 전혀 관심이 없음을 보여준다.

임신중지 합법화에 찬성하는 사람들이 장애를 침대 밑 괴물처럼 묘사하고 우리의 삶에 존엄성과 자립성이 부족하다고 프레이밍하는 것도 똑같이 해롭다. 우리의 삶은 그냥 우리의 삶이기 때문에 가치 있다. 이것만으로는 왜 충분하지 않을까?

이런 메시지들 속에서 장애인들에게도 임신중지가 필요하다는 사실은 간과되곤 한다. 브렛 캐버노 연방대법관 지명 논란 당시 장애인권 활동가들은 지적장애가 있는 여성에게는 자신에게 행해지는 의료적 처치에 대해 결정할 권리가 없다고 한 캐버노의 주장을 부각해 비판하려고 노력했다. 발달장애 여성의 90퍼센트는 성폭력 생존자다. SB1033 같은 법안은 최소한의 자기결정권을 갖기 위해 싸워야 하는 사람들의 권리를 계속 빼앗고 있다.

비장애중심적 사회에서 우리는 자신의 몸이 거의 상품처럼 다뤄지는 경험을 하며 자란다. 의사가 검진하고, 활동지원사가 엉덩이를 닦아준다. 놀이터에서 넘어졌을 때 친구의 도움으로 다리를 바로잡고, 친구 엄마에게 (친구의 몸과 비교할 수 있도록) 최근에 생긴 욕창을 보여주면서 내 몸이 나만의 것이 아니라 모두에게 속한 것처럼 느끼기도 한다.

많은 장애인권 활동가들은 진료실에서의 분리 기술^{disassociation skills}이 필요하다고 지적하는데, 왜냐하면 의사의 대상화로 트라우마를 겪을 수 있기 때문이다. 자기 몸을 통제하려고 노력하는 경우 우리는 까다롭고 비순응적인 사람으로 낙인 찍히곤 한다.

우리는 또한 연방대법원에서 지적장애인에 대한 불임수술을 합헌으로 판결한 1927년의 '벅 대 벨^{Buck v. Bell}'사건 판례 〔당시 지적장애인으로 진단받아 버지니아주 시설에 수용되어 있던 캐리 벅의 강제 불임수술을 허용한 판결. 미국 전역에서 우생학에 기반한 강제 불임수술이 합법화되는 계기가 됐다.〕가 한 번도 뒤집힌 적 없는 사회에 살고 있다. 게다가 미국의 형벌 체계는 불임수술을 처벌, 혹은 교도소에서의 석방을 위한 인센티브로 사용한다. (교도소는 장애인 비율이 높은 곳이다.) 만약 권력자가 누군가를 "바람직하지 못한 사람"이라고 판단하면 당사자의 의향과 상관없이 재생산 권리까지 박탈할 수 있는 메커니즘이 작동한다는 뜻이다.

자신에게 필요한 의료적 처치를 결정하고 받는 데에는 경제력이 필요하다는 현실 또한 고려해야 한다. 상대적으로 소득이 낮은 장애인들은 이런 사치를 결코 누릴 수 없다. 앨라배마, 조지아, 오하이오, 그리고 이제 텍사스주가 시행하려고 하는 임신중지 금지 조치는 빈곤과 장애의 악순환을 강화하는 데 기여할 수도 있다.

그래서.
망가지지.
않았다.

앨
   리
      스
         셰
           퍼
              드

PART 3.
행동하기

"저 망가졌어요. I'm broken." 물리치료 테이블에 올라가며 나는 말했다. 물리치료사는 뭔가를 적었고, 우리는 시작했다. 이 농담은 몇 년을 해도 재미있다. 나는 안무가이자 무용수다. 어딘가가 망가지는 것은 내 삶의 방식이며, 내 장애와는 아무 상관이 없다. 내가 이런 농담을 하는 건 '망가짐'이라는 개념이 흥미롭기 때문이다. 그것은 내가 움직이는 행위와 장애를 정의하는 요소 중 하나다.

많은 비장애인들은 장애를 어딘가 망가진 상태로 보는데, 이는 우리의 신체와 정신에 대한 의료화〔비의학적 현상으로 취급되던 문제를 질병으로 재정의하여 의학적 개입의 영역으로 포함시킴으로써 의료 전문가의 권력이 확대되는 사회적 과정〕의 결과다. 이 세상에서 장애를 가지고 산다는 것은 비장애인과 장애인을 구분하는 신체 그리고/혹은 정신이라는 문제를 심각하게 겪는다는 뜻이다. 나는 나에 대한 진단들 속에서 내 신체를 익히고 살아가는 법을 찾아왔다. 나는 코벳 오툴 Corbett O'Toole이나 시미 린턴 Simi Linton 같은 학자들과 장애학 책으로부터 장애를 배웠다. 장애학에 입문하면서 나는 **장애**가 내 신체 상태를 넘어서는 뭔가라는 것을 알게 됐다.

나는 이 문제에 대해 수년간 생각했고, 아직 배울 것이 더 많다. 사회의 주류적 관점은 신체가 할 수 있는 것과 할 수 없는 것에 초점을 맞춰 장애를 판단하지만, 나는 이제 더 이상 신체적 능력에 대해서는 크게 생각하지 않는다. 나는 중세학 교수였다가 안무가이자 무용수가 되었다. 무용은 나에게 내 신체를 이전과 다르게 이해하는 법을 가르쳐줬다. 무용수로서 나의 첫 과제는 내 휠체어를 마스터하는 것이었다. 나는 휠체어 안에서 움직이는 법을 익혀야 했을 뿐 아니라 흑인 여성이 무대와 스튜디오, 그리고 이 세상에서 휠체어를 사용하는 것이 어떤 의미인지를 이해해야만 했다. 시간이 오래 걸렸다. 여러모로, 내 관점이 아닌 기술적 관점에서 휠체어가 어떻게 움직이는지를 배우는 게 더 쉬웠다.

밀고 당기는 단순한 움직임도, 집중하다 보니, 생각의 방식을 변화시켰다. 휠체어를 나로부터 분리된 사물이 아닌 내 몸의 연장extension이라고 생각했을 때 한 번에 쭉 밀고 나가는 동작이 더 잘됐다. 나는 신체와 휠체어의 관계를 더 잘 이해하고 싶어서 인터넷을 뒤졌지만 내가 그나마 찾아낸 것은 휠체어를 '장치', '도구', '테크놀로지'로 지칭함으로써 그 낙인을 벗기려는 시도뿐이었다. 나는 스스로 "휠체어는 다리"라고 정의해봤다. 하지만 이런 비유는 항공사에 휠체어 파손의 의미를 설명하는 데에는 도움이 되었을지언정 댄스 스튜디오에서는 그다지 유용하지 않았다. 휠체어는 내 다리를 대체하지 않았다, 다리는 여전히 제자리에 있었다. 그러다 체현이라는 개념을 발견했을 때 나는 또 한 번 인식의 전환을 경험했다. 그것은 내 신체가 형성되는 방식을 설명해주었다. 그리고 나는 내 휠체어를 내 몸이라고 말할 수 있었다.

이런 통찰이 내 창의성을 엄청나게 촉진하지는 않았지만 내가 예술가로, 안무가이자 무용수로, 작가이자 사상가로 성장하는 과정에서 분기점이 되었다. 나는 소속되어 있던

오클랜드의 '에이식스 댄스 컴퍼니'에서 독립해 활동하고자
했다. 새롭게 만든 홈페이지에는 이렇게 적었다.

> 내 모든 작업은 내 몸으로부터 시작했다. 휠체어를 탄 몸,
> 휠체어를 타지 않은 몸, 목발을 짚은 몸, 목발과 휠체어를 다
> 사용하는 몸 등. 목발과 휠체어는 내 손상을 벌충하는 도구가
> 아니며, 또한 단순히 스튜디오를 가로지르기 위해 사용하는
> 장치도 아니다. 나는 출발점이 된 몸의 상태들에서 본 다양한
> 움직임의 가능성을 체현한다. 목발을 짚고 큰 보폭으로 느리게
> 달리는 것은 가젤의 움직임처럼 우아하게 느껴지며, 휠체어에
> 탄 채 미끄러지는 것은 스케이팅 같다. 바닥을 구르면 땅에
> 굳건히 발붙인 느낌groundedness을 만들어낼 수 있고, 척추에 대한
> 또 다른 관점을 보여줄 수도 있다. 나는 손상된 몸의 움직임을
> 인정하고 적극적으로 활용함으로써, 장애를 가진 신체와
> 정신에 잠재된 표현력을 끌어내고 싶다.

그것은 나 자신과의 약속이었고, 사명에 대한 선언이기
도 했다. 이를 기초로 안무가로서, 예술가로서의 선언문들
을 쓰고 발표했다. 이후에는 장애와 인종, 젠더의 상호교차
성으로 방향을 확장했다. 지금은 장애미학과 장애문화에
천착하면서 종종 이런 글들을 쓴다.

> 내 의도는 교차성에 기반한 장애미학이라는 낯선 주제의
> 대화를 촉발하는 것이다. 우리의 이야기가 말해질 수 있도록.

내 모든 작업은 나와 다른 장애인 무용수들 간 연결 속에서
예기치 않게 나타난 움직임을 탐구하는 것으로부터 출발했다.

나는 무용계의 최전선에서 작업한다. 관객들이 우리의 대화,
역사, 유산, 영향의 레퍼런스 속에서 나를 포함한 장애인
예술가들의 작업을 이해할 수 있도록 맥락을 만들고 있다.
이는 장애예술을 상호교차성과 융합 영역에서의 문화
생산으로 활성화하는 일이다.

　나는 장애를 '망가짐'으로 정의하는 비장애중심적 세계
로부터, '망가짐'과 '온전함'의 이분법이 존재하지 않는 상
상의 영역으로 오랫동안 멀리 떠나왔다. 이런 사유를 딛고
다음의 세계를 발견해내기를 고대하고 있다.

눈먼 천문학자가
별의 소리를 듣는 법

완
다
　디
　　아
　　　즈
　　　　메
　　　　　르
　　　　　세
　　　　　　드

2016년 2월 TED 강연에서 처음으로 발표되었다. 온라인에서 영상을 볼 수 있다.
원제는 〈How a Blind Astronomer Found a Way to Hear the Stars〉다.

태초에 별이 있었습니다. 다른 만물처럼 그도 태어나서, 태양 질량의 30배까지 자랐죠. 그리고 아주 오랫동안 살았습니다. 정확히 얼마나 오래되었는지 사람들은 알아낼 수 없었어요. 모든 삶이 그렇듯, 그도 일생의 막바지에 다다랐습니다. 그의 심장, 삶의 핵심인 연료가 다 소진되었습니다. 하지만 그것이 끝은 아니었어요.

그는 초신성〔별이 수명을 다했을 때 별 중심의 온도와 밀도가 크게 높아져 폭발하며 에너지를 내뿜는 현상〕으로 변했고, 은하계를 압도하는 엄청난 에너지를 내보냈습니다. 태양이 열흘 동안 내뿜는 에너지가 1초 만에 터져 나왔죠.

초신성 폭발은 굉장합니다. 게다가 감마선 폭발〔대규모 초신성 폭발에서 유래한 감마선이 강렬한 섬광을 내뿜는 현상〕로까지 이어지면 더욱 어마어마해집니다. 초신성이 되는 과정에서 별의 내부는 자체 무게로 붕괴하고 매우 빠르게 회전하기 시작합니다. 마치 피겨스케이트 선수가 팔을 몸에 붙인 채 도는 것처럼 말이죠. 이 회전으로 자기장이 확장되고 강력해집니다. 별 주변의 물질들이 끌려다니고 회전 에너지가 그 물질들에 전달되어 자기장이 점점 더 넓어지고 에너지가 증가합니다. 그런 식으로 별은 은하계를 압도하는 밝은 감마선을 내뿜게 되죠.

제 이야기 속 별은 마그네타〔강력한 자기장을 가지고 있는 중성자별의 한 종류〕가 되었습니다. 참고로 마그네타의 자기장은 지구의 1천조 배에 달합니다. 감마선 폭발은 천체 관측 사상 가장 강렬한 현상입니다. 그것은 그야말로 폭발의 형태로 관측되고 강한 감마선 빛이 측정됩니다. 마그네타는 폭발 에너지가 가장 큰 부분의 감마선 파열로 추적됩니다. 하지만 우리는 그것을 맨눈으로는 볼 수 없습니다. 감마선 빛을 연구하려면 다른 방법에 의존해야 하죠. 맨눈으로는 가시광선만 볼 수 있을 뿐인데 이는 전체 전자기 스펙트럼에서 아주 작고 작은 영역에 불과합니다. 그 너머를 보려면, 또 다른 방법이 필요합니다.

천문학자들은 더 넓은 빛의 영역을 연구하기 위해 여러 방법을 동원합니다. 제 뒤쪽 화면에 항로 같은 그래프가 보일 것입니다. 이것은 감마선 빛의 곡선입니다. 시력이 있는 천문학자들은 이런 항로를 통해 시간에 따른 광도의 변화를 해석합니다. 왼쪽 부분은 파열이 없는 광도이고, 오른쪽 부분은 파열이 있는 광도입니다.

저도 처음 이 일을 할 때는 이런 그래프들에 의지했습니다. 하지만 그 이후에 볼 수 없게 되었습니다. 장기간 투병하면서 시력을 완전히 잃었고, 항로들을 볼 수 없게 되었을 뿐 아니라 물리학을 할 수 있는 기회 자체가 사라졌죠. 인생의 전환기였어요. 과학자로서 계속 연구를 할 수 있는 방법이 없었습니다. 저는 이 강렬한 에너지에 접근하기를, 천체의 근원을 알아내기를 원했던 사람이었습니다. 거대한 천체 현상들을 접하면서 느낀 경이로움과 흥분, 기쁨 없이는 살 수 없었죠.

저는 오래 열심히 생각하다가 문득 이 빛의 곡선이 숫자들로 채워진 표를 시각화한 것임을 깨달았습니다. 그래서 협업자들과 함께 숫자를 소리로 변환하는 작업을 시작했습니다. 결국 데이터에 접근할 수 있게 되었죠. 오늘날 저는 최고 수준의 천문학자들만큼 연구하고 있고, 다른 사람들이 수백 년 동안 시각을 활용해서 했던 일들을 청각으로 하고 있습니다.

(박수 소리)

여러분들이 지금 보고 있는 감마선 파열을 소리로 들어보시면—

(계속되는 박수 소리)

감사합니다.
감마선 파열을 소리로 들어보시면 눈으로 보는 것 이상의 뭔가가 전달됩니다. 이제 그 파열을 들려드리겠습니다. '음악'이 아니라 '음향'입니다.

(삐리삐리 하는 디지털 음향)

이것은 과학적 데이터를 소리로 변환한 후 음의 높낮이로 매핑한 결과입니다. 이 과정을 음향의 데이터화 sonification 라고 합니다.
이 소리에는 눈으로 관측하는 파열 외에 다른 정보들

도 담겨 있습니다. 저는 요즘 저주파 영역, 즉 베이스 라인을 연구하는 데 집중하고 있는데요, 태양풍처럼 전하를 띤 기체의 특징적인 공명을 알아차리게 되었습니다. 제가 들은 것을 여러분도 들어보시길 바랍니다. 음량이 매우 빠르게 감소합니다. 여러분은 시력도 가지고 계시니까, 그래프상 어떤 광도가 소리로 변환되고 있는지를 붉은 선으로 표시해드리겠습니다.

(웅웅거리고 휘파람을 부는 것 같은 디지털 음향)

이 (휘파람) 소리는 집에 들어온 개구리니까 신경 쓰지 마세요.

(웃음 소리)

(웅웅거리고 휘파람을 부는 것 같은 디지털 음향)

들으셨죠?

우리는 이 파열이 파동 공명을 지탱할 만큼 오래 지속되었을 것이라는 점을 발견했습니다. 파동 공명은 입자 간의 에너지 교환에 의해 촉발되고 음량에 의해 좌우됩니다. 별 주위의 물질들이 끌려온다고 제가 말씀드린 것을 기억하시죠? 전력은 주파수와 전계 분포를 통해 주변에 작용합니다. 그리고 초신성이 매우 강력한 자기장 마그네타가 된 이야기도 기억하실 겁니다. 이 경우에는 별의 폭발에 의한 방출이 감마선 파열과 관련되어 있을 수 있습니다.

그게 무슨 뜻일까요? 이 별의 형성은 슈퍼노바 폭발의 매우 중요한 일부일 수 있습니다. 바로 이 감마선 파열을 들으면서 저는 시력이 있는 천문학자들 역시 음향을 보조적 수단으로 활용할 수 있다는 생각을 했습니다. 저는 망원경의 측정값들을 기반으로, 천문학자들이 시청각 자료를 동시에 활용함으로써 데이터에서 더 많은 정보를 찾을 수 있다는 사실을 입증했습니다. 데이터를 음향으로 변환하는 것은 천문학에 엄청난 도움이 됩니다. 그리고 지금까지는 너무나도 시각중심적 영역이었던 천문학을 누구든 참여할 수 있도록 개선하는 일이죠. 하늘에 무엇이 있는지 이해하고 싶어하는 모든 사람의 영혼을 고양시키는 일이기도 합니다.

시력을 잃었을 때 저는 눈이 보이는 천문학자가 다룰 수 있는 정보량과 질 높은 정보에는 접근할 수 없음을 깨달았습니다. 음향화 프로세스를 혁신하고서야 제가 그토록 열정을 쏟았던 이 영역에서 다시 일원이 될 수 있다는 희망을 찾았습니다.

물론 정보 접근성이 중요한 분야는 천문학만이 아닙니다. 상황은 구조적이고, 과학계는 시류를 따라가지 못하고 있습니다. 인간의 신체는 변할 수 있고 누구나 언제든 장애인이 될 수 있습니다. 이미 경력의 정점에 있는 과학자들에게 장애가 생기면 어떻게 될까요? 그들도 저처럼 내쫓긴 기분을 느끼게 될까요? 정보 접근성은 우리에게 할 수 있는 힘을 줍니다. 우리가 재능을 발휘하고 인생을 선택할 수 있는 기회를 줍니다. 잠재적인 장벽들이 아니라 우리 자신의 관심사에 기반해 선택할 수 있는 평등한 기회를요. 우리가 제한 없이 성취할 수 있는 기회를 보장한다면 사람들은 마음껏 자신을 펼치고 충만한 삶을 살 것입니다. 그리고 천문학에서 음향을 사용하는 것은 이런 삶들과 과학에 기여하는 길이라고 생각합니다.

어떤 국가에서는 과학계에 눈먼 천문학자 자체가 없기 때문에 데이터를 연구하기 위한 인지 기술 개발이 중요하지 않다고 여깁니다. 반면 남아프리카공화국은 저에게 장애인이 천문학에 기여하기를 원한다고 전해왔습니다. 저는 현재 남아프리카공화국 천문학 센터의 '발전을 위한 천문학' 부서에서 일합니다. 그곳에서 맹인학교 학생들을 위한 데이터 음향화 기술과 분석 도구들을 개발하고 있습니다. 이 학생들은 전파 천문학과, 코로나 질량 분출로 알려진 태양의 에너지 방출 현상을 연구하기 위한 음향 관련 방법들을 배우게 됩니다. 다양한 장애를 갖고 있고, 그에 따른 다양한 대응 전략이 마련되어야 하는 학생들과 함께 작업한 경험은 곧바로 천문학계가 일하는 방식에 영향을 미칠 것입니다. 저는 겸손하게도, 이것이야말로 '발전'이라고 생각합니다. 먼 훗날이 아니라 지금 일어나고 있는 일이죠.

과학은 모두를 위한 것입니다. 모두에게 속해 있고 모두가 접근할 수 있어야 합니다. 자연을 탐구하는 것은 인간의 천성입니다. 장애인이 과학에 참여하는 것이 제한된다면 과학과 사회, 그리고 역사의 연결 고리가 끊어질 것이라고 생각합니다. 저는 사람들이 서로 존중하고, 존중이 독려되고, 전략과 발견을 공유하는 평등한 과학의 장을 꿈꿉니다. 과학 장이 장애인들을 환대한다면 거대한 지식의 분출이 일어날 것이라고 확신합니다.

(삐리삐리 하는 디지털 음향)

이것이 바로 거대한 분출입니다. 감사합니다.

(박수 소리)

요실금은 왜 공중보건 문제가 아닌가

마리 람사왁

광고만 보면 요실금은 영유아나 노인만의 문제다. 영화와 텔레비전쇼에서는 불안하거나 트라우마가 있는 어린이의 문제로 다뤄진다. 나처럼 25년 내내 요실금을 겪으며 살아온 사람의 경험이 미디어에서 다뤄지는 것을 본 적이 없다.

나는 지방척수수막류 이분척추증〔척추뼈가 붙지 않고 벌어져 있으며 그 부위에 지방종이 생겨 척수와 연결되어 있는 질환〕을 가지고 태어났다. 태아 때 신경계가 발달하는 동안 척수에 낭종이 생겨 허리 아래 신경을 교란시켰다. 생후 9~10개월 사이에 척수를 척추에서 분리하는 수술을 했고, 그 이후 하반신이 부분적으로 마비되었다. 걷고 서고 구부릴 수는 있지만 다리의 근육량이 계속 줄어드는 상태가 되었다. 당시 수술이 내 상태를 호전시켰는지는 몰라도, 나는 평생 요실금을 겪으며 살게 되었다.

초등학교에 가기 전까지는 내 몸이 다른 아이들과 다르다는 사실을 완전히 이해하지 못했다. 그전에는 간호사가 매일 정해진 시간에 나를 화장실로 데려다주는 게 이상하다고 생각하지 않았다. 다른 아이들은 카테터〔위, 방광 등의 장기에 넣어 상태를 진단하거나 액체인 영양제, 약품 등을 주입할 때 쓰는 관 모양의 기구〕를 사용하지 않고, 그 나이에 기저귀를 차는 것은 '정상'이 아니라는 것을 몰랐다. 의사와 간호사에게 이리저리 찔리고 검사받기 위해 1년에 하루 결석하는 것도 나만 겪는 일이라는 사실을 알지 못했다.

하지만 나는 옷으로 기저귀나 등의 상처를 가린 채 정상인 척할 수 있었다. 처음에는 나에게 **장애가 있다**고는 느끼지 않았다. 3학년 때 한 남자아이가 내 청바지 허리 틈으로 보이는 게 속옷이 아니라는 것을 알아차리기 전까지는. 그는 나에게 왜 아직도 기저귀가 필요한지를 캐물었고 아기들만 기저귀를 찬다며 괴롭혔다. 내 몸에 뭔가 문제가 있다고 느낀 최초의 순간이었다.

4학년 때 나는 죽고 싶었다. 나는 평범해지고 싶었지만, 또래 친구들과는 어떻게 해도 어울릴 수 없을 것 같았다. 내 경험을 어떻게 설명해야 할지도 몰랐다. 휠체어를 타고 다닐 정도는 아니니 감사해야 한다는 이야기를 듣곤 했고, 내 삶이 방해받을 만큼 **충분히 장애가 있다**고는 생각하지 않았다. 그래서 극복하려고 노력했다.

부모님과도 많이 싸웠다. 나는 학교에 갈 때 기저귀를 차지 않겠다고 우겼다. 학교에는 장애인 화장실이 두 곳밖에 없었는데, 화장실에 갈 때 간호사가 에스코트해주는 것도 싫다고 했다. 노력하면 정상이 될 수 있다고 생각했다.

하지만 상황은 점점 어려워지기만 했다. 화장실에 가는 데 더 오래 걸렸고, 혼자 카테터를 꽂고 빼느라 쉬는 시간이 다 지나갔다. 다른 아이들이 밖에서 떠들고 뛰고 노는 시간에 나는 교무실에 가서 장애인 화장실 열쇠를 받아야 했고, 카테터를 몸에 넣기 전 윤활유를 발라야 했고, 열쇠를 반납해야만 밖으로 나갈 수 있었다. 몸을 꽁꽁 싸맨 겨울에는 옷을 겨우 다 입자마자 쉬는 시간이 끝나는 종이 울리곤 했다. 그렇다고 화장실에 가는 일을 건너뛰면 수업 중에 '사고'가 났다. 그러면 집에 가서 옷을 갈아입고 와야 했다.

나는 같은 반 아이들과 섞이지 못했고 이질감을 느꼈다. 아이들 사이에서 나는 "기저귀 여자애"에서 "오줌싸개 여자애"가 됐다. 나는 내가 왜 스스로를 통제할 수 없는지 이해할 수 없었다. 학교에 있는 동안에는 수분을 섭취하지 않았지만 그래도 사고를 막을 수 없었다. 심지어 화장실에 다녀온 지 30분밖에 지나지 않았는데도, 달리거나 뛰었다가 망신을 당하곤 했다. 열 살이 되기도 전에 나는 과연 나에게 살 자격이 있는지 묻기 시작했다.

시간이 지나도 의사들은 여전히 속수무책이었다. 고등학생 때 나는 간호사에게 성생활을 하려고 노력 중이지만 요실금 때문에 당시 파트너와 관계맺는 게 어렵다고 털어놓은 적이 있다. 간호사가 내놓은 유일한 해결책은 "그런 것에 끌리는 사람과 하라."는 것이었다. 내가 만날 수 있는 데이트 상대는 순식간에 내 증상에 페티시가 있는 사람으로 한정되어 버렸다.

그 후 남자친구와 섹스하던 중 변실금이 일어나 그가 토한 적이 있었다. 그는 더 이상 내 전화를 받지 않았다. 내가 두려워한 최악의 상황이 현실이 되었고, 나는 스스로가 너무 혐오스러워 자존감을 지킬 수 없었다.

만약 요실금이 인권 문제로 다뤄졌다면, 많은 사람들이 직면하고 있는 문제이며 적절한 관리를 위한 공공 자원이 필요하다는 관점으로 이야기되었다면 나는 완전히 다른 어린 시절을 보냈을 것이다. 요실금과 관련한 수치심과 낙인이 내 자존감과 대인 관계에 심각한 손상을 입혔으며 지금도 그렇다. 때때로 나는 다시 수치심을 느끼고 혼자 남겨질 것이라는 두려움 때문에 섹스와 데이트를 피했다. 지금의 파트너와는 오래 만났는데도, 나는 여전히 그에게 내 요실금이 어떤 영향을 미칠지 염려한다.

이런 감정을 느끼는 사람은 나 혼자만이 아니다. 미국 산부인과학회에 따르면 젊은 여성의 25퍼센트와 중년 여성의 절반이 '비자발적인 소변 손실'을 경험한다. 의사들은 환자와 그것에 대해 이야기할 준비조차 되어 있지 않으므로 장기적 해결책을 내놓는 것은 요원한 일이다. 요실금을 경험한 사람들의 50~70퍼센트가 치료를 받지 않는다는 통계가 있다. 이는 내가 평생 겪어온 '낙인' 때문이다. 하지만 치료를 받지 않으면 더 심각한 건강 문제가 생길 수 있다.

나는 화장실 사용 시간을 줄이려고 할 수 있는 건 다 해봤다. 하지만 그렇게 개발한 습관들이 감염 위험을 높여 건강을 해쳤다. 이런 방식을 바꾸려면 매달 최소 50달러 이상의 비용이 든다. 의료보험에 가입할 수 없는 사람은 감당하기 어려운 액수다. 내가 매일 자가 도뇨를 하지 않으면 신장 감염 확률이 높아지고 신부전 위험이 더 커진다. 하지만 이에 필요한 소모품은 자비로 구입해야 하고 결코 저렴하지 않다.

이것이 우리가 다루어야 하는 중요한 이슈다. 나는 장애인과 요실금 환자들이 '정상적인' 사람처럼 보이기 위해 감수하는 위험에 대해 이야기하고 싶다. 내 경험을 수치심 없이 말하고 싶다. 다양한 인종, 계급, 젠더의 사람들이 요실금으로 인해 어떤 영향을 받고 있는지 논의하기를 원한다.
요실금 웨어 디자인에 전제되어 있는 시스젠더주의〔생물학
적으로 지정된 성과 당사자가 느끼는 성 정체성이 일치하는 것을 기본
으로 여기는 생각〕에 대해서도 조롱당하지 않고 말하고 싶다.
하지만 그건 요실금에 대해 공공연히 이야기하는 게 평범한
일이 되어야만 가능하다.

　요실금은 단순히 당황스럽고 부끄러운 일이 아니다. 공
중보건 문제다. 사회가 그것을 의미 있는 방식으로 다루기
전까지 요실금 환자들은 고립된 채 자신의 건강을 위험에
빠뜨릴 수밖에 없을 것이다.

추락하고
타오르기

쇼
사
　나
　　케
　　소
　　　크

:〈해나 개즈비:
나의 이야기〉
그리고
양극성 장애인의
창작

콘텐츠
노트

◆ 고통 ◆ 약물 ◆ 〈해나 개즈비: 나의 이야기〉 스포일러

요즘은 그것을 타오르는burning 상태라고 부르고, 이전에는 날아다니는flying 상태라고 불렀다.

글쓰기에 몰두하느라 한나절이 훌쩍 지나가버린다. 그동안은 움직이지도, 마시거나 먹지도, 누군가와 이야기하지도 않는다. 손가락 마디가 아플 때까지 쓰고 또 쓰고, 단어들이 흘러나오고, 모든 게 끝날 때까지 멈출 수가 없다. 그러다 고개를 들어 지금이 몇 시인지를 깨닫고, 쓸 것을 다 썼기 때문에 지쳐 쓰러진다. 그게 바로 날아다니는 상태다.

바로 내가 글을 쓸 때의 느낌이다.

음, 자주 그렇다. 나의 일과는 보통 이런 식이다. 일어나서 (약을 먹고, 식사를 하고, 고양이를 쓰다듬고, 이메일을 확인하고, 페이스북을 뒤적이는) 아침 루틴을 마친 후 단어의 '광산'으로 간다. 개요를 확인하고, 메모하고, 어슬렁거리며 돌아다니다가 어떻게든 잡을 수 있는 단어들을 캐내고, 작은 채굴용 수레를 언덕 위로 끌어올린다. 저 어딘가에 있는 문단을 향해서다. 그리고… 이런 비유는 너무 멀리 간 것 같다. 나는 주제에서 벗어나곤 한다.

이런 날 글을 쓰는 건 쉽지 않다. 글쓰기는 기술과 재능과 열정이 한데 어우러진 작업이다. 최선을 다하려면 계속 열심히 배워야 하는 일이기도 하다. 머릿속에서 굴러다니는 작고 이상한 아이디어들을 붙잡아 단어로, 문장으로, 문단으로 만들고 읽는 사람에게 전달해 그들의 뇌가 '펑'하고 움직이게 해야 한다. 나는 스스로 말한다. 압박을 느끼지 말고 그저 스쳐가는 것을 글로 옮기자, 최선을 다해서.

그런데 다른 날도 있다. '으흠'이 '아악'이 되는 날. 머릿속에서 찰칵 소리가 나더니, 엄청난 함성이 들려온다. 그러면 컴퓨터로 달려가야 한다. 곧바로 글쓰기를 시작할 수 있다.

내가 그것을 타오르는 상태라고 부르는 이유는 내 안에 진짜 불이 붙은 것 같은 느낌이기 때문이다. 예전에는 날아다니는 상태라고 불렀는데 더 정확히는 토네이도가 몰아치는 와중에 하는 제어 낙하에 가까운 것 같다. 무언가에서 뛰어내려 광풍 한가운데를 관통하며 단어를 쫓는 그 느낌이 내가 경험하는 조증 증상 중 하나다.

많은 사람들은 조증의 에너지를 예술가들을 추동하는 창조적인 불꽃과 동일시한다. 그들은 정신질환이 있었던 역사 속 수많은 위대한 예술가들을 예로 든다. 하지만 그런 예술가들은 극소수다. 대부분의 사람에게는 정신질환이 그들을 위대하게 만드는 힘이 아니었다. 그들을 아프게 하고, 세상에서 사라지게 만들었다.

해나 개즈비의 코미디 〈해나 개즈비: 나의 이야기^{Nanette}〉는 바로 그 점을 정확히 지적한다. 그는 무대에 올라 농담을 던지고 넷플릭스를 통해 우리 모두를 즐겁게 해줄 예정이었다. 하지만 개즈비는 그 대신 기조연설 같은 것을 하면서 관객들을 웃음에서 침묵으로, 그리고 마침내는 기립 박수로 이끈다. 10년 이상 무대에 서온 퀴어 코미디언인 그는 통상적인 루틴으로 웃음을 이끌어내며 공연을 시작했지만 이윽고 농담이 어떻게 작동하는지 그리고 농담이 어떻게 긴장을 끌어올렸다가 풀어버림으로써 웃음을 자아내는지를 설명하기 시작했다.

그런 다음 그는 긴장을 풀지 않는다. 오히려 진실을 말함으로써 긴장을 더 높이 끌어올린다.

그는 관객에게 많은 것을 말한다. 자신의 가족, 그리고 가족에게 커밍아웃하는 것이 어땠는지, 폭력에 대해, 주제를 촉발하는 것에 대해. 그러더니 웃기는 일을 멈추고, 자신과 같은 사람들, 여전히 깊은 수치심과 싸우고 있는 레즈비언들을 웃음거리로 만드는 것에 지쳐서 코미디를 그만두어야겠다고 말한다. 개즈비가 코미디를 가장 기본적인 구성 요소들로 해체하더니 그 요소들로 웅장한 포럼의 연단을 짓는 광경을 나는 넋을 잃고 지켜봤다. 그곳에서 그는 고통과 취약성에 대해 독백하고, 농담에 작별을 고하더니 솔직한 말하기로 향하는 새로운 장을 열었다. 그가 자신의 진실을 말하기 위해 나왔다는 데에 나는 경외감을 느꼈다.

예술가들에게 "예술을 위해 감정에 충실하라."고 조언하는 사람들을 향해 개즈비가 "꺼지라."고 말하는 부분에서 나는 숨 쉴 틈이 생긴 것 같았고, 눈물이 났다.

그는 빈센트 반 고흐 이야기를 했다. 평생 정신질환으로 고통받았던 그 예술가가 자가 치료도 해보고 의사들을 전전했던 이야기, 불가능에 가까울 정도로 탁월한 재능이 있음에도 불구하고 병 때문에 성공하지 못하고 고군분투했던 이야기를 했다. 그가 평생 단 한 점의 그림만 팔 수 있었던 것은 천재로 인정받지 못해서가 아니라, 병 때문에 사회의 일원이 되는 것조차 어려웠기 때문이라고 개즈비는 설명했다.

그리고 나는 내가 단어 광산에서 날아다니며 보내는 힘든 날들을 생각했다. 머릿속에 토네이도가 몰아치면서 단어들이 손에 닿지 않는 날들을 생각했다. 혼란과 좌절, 그리고 쏟아지는 단어들과 아이디어들 때문에 전혀 집중할 수 없는 내 상태에 대해 사람들과 이야기하는 어려움을 떠올렸다.

해나 개즈비는 예술가들이 예술을 위해 고통받을 필요가 없다고 말했고, 나는 그렇게 말해준 그에게 감사한다. 나는 예전에는 고통받아야 예술을 할 수 있다고 생각했다.

나는 열여섯 살 때, 양극성 장애 진단을 받았다.

조울증이 무엇인지 전혀 이해하지 못하는 부모님은 내가 억누를 수 없는 행동을 하면 항상 "나쁜 짓"이라고 말했다. 나는 때때로 소용돌이치는 마음을 가라앉히는 게 불가능하다는 것을 설명해보려고 했다. 아침에 일어나 학교에 가기 위해 우울과 싸우는 것이 전쟁 같았다. 내가 낙제했을 때도, 몇날 며칠이고 울음을 그칠 수 없을 때도 그 이유를 설명해보려고 했다. 엉망인 날들이었다. 그리고 어떤 날에는 세상에 맞설 수 있었고, 아무도 나를 막을 수 없었고, 한도가 초과될 때까지 신용카드를 긁어댔다. 나는 통제불능이었다.

학교에서는 상담 치료를 권했다. 상담사는 내 행동을 한 번 보더니 정신과 의사를 소개해줬다. 그 목소리 크고 고압적인 남자는 내가 속사포처럼 말하는 것을 15분 동안 들고 증상을 묻더니 길고 긴 처방전을 써줬다. 나는 그가 처방해준 약을 복용하기 시작했지만 조울증이 무엇인지에 대한 설명은 듣지 못했다. 그는 어떤 행동이 비정상이고 무엇이 그 증상에 영향을 미칠 수 있는지도 말해주지 않았고, 대응하는 기술이나 상황을 이해하기 위한 어떤 자원도 제공해주지 않았다. 그는 2주에 한 번씩 나를 진료하면서 계속 약을 처방했다. 나는 나에게 무슨 일이 일어나고 있는지에 대해서는 거의 아무것도 몰랐지만, 더 많은 정보가 필요하다는 것만큼은 알 수 있었다.

그래서 나는 인터넷 검색을 했다.

가족들은 양극성 장애에 대해 잘 몰랐고 의사는 말해주지 않았기 때문에 나는 많은 것을 인터넷에서 배웠다. 1990년대였고, 초기의 인터넷 세계는 야성적이고 잡음도 많았다. 다들 PC통신 채팅방에 모여 괴상하고 엉뚱한 대화를 나눴다. 나는 롤플레잉 게임 커뮤니티에 들어갔고 그곳에서 정신질환에 대한 나쁜 조언들도 많이 들었다.

약을 과다 복용하거나 잘못된 처방을 받은 사람들에 관한 이야기, 자신의 병을 드러냈다가 가족에게 살해당한 사람의 이야기를 들었다. 약을 복용해본 사람들은 "약을 계속 먹으면 창의력이 사라지고 내면의 불꽃이 꺼진다."는 이야기를 반복해서 했다. 만약 당신이 예술가가 되고 싶다면 약을 멀리해야 한다고 그들은 말했다.

나는 믿지 않았다. 의사들을 믿어야 한다고 배웠으므로. 게다가 나는 나에게 도움이 필요하다는 사실을 알았다.

그래서 나는 의사가 처방해준 약을 먹었고 최악의 결과로 다다랐다. 약은 실제로 내 창의력을 억눌렀다. 나는 잠을 너무 많이 잤고 감정이 메말랐다. 체중이 늘고 기억력이 나빠졌다. 이런 부작용을 의사에게 말할 때마다 그는 그 증상을 완화할 또 다른 약을 추가했다. 먹어야 할 약이 점점 많아졌다.

내가 나쁜 의사를 만났다는 것을 한참 후에야 깨달았다. 이 약들이 한바탕 작용하고 있던 시기에 나는 아무것도 느끼지 못한 채 자거나 텔레비전을 멍하니 보면서 하루를 보냈다. 눈물조차 나오지 않았다. 최악은, 창작을 하는 게 너무 어려웠다는 점이었다. 예전처럼 영감이 솟아오르며 날아다니는 기분을 더는 느낄 수 없었다. 뭔가를 겨우 느낄 수 있는 순간에는 다시 멍텅구리 같은 상태로 돌아갈 것에 대한 엄청난 공포가 밀려왔다.

열일곱 살때부터 고등학교를 자퇴한 열아홉 살때까지 이런 상황이었다. 나는 대학에 진학하기 위해 검정고시를 치렀지만 계속 떨어졌다. 약이 마음을 짓누르고 있었다. 말로 표현할 수 없는 감정 문제를 수없이 겪었는데도 두터운 약의 장막에 가려 당시의 기억이 거의 나지 않을 정도다.

그때 내 상태가 경조증이었다는 것을 나중에 알았다. 감정 기복이 너무 심했고, 극도로 불안정했다. 제대로 처방되지 않은 약들로 인한 안개와, 조증으로 인한 아드레날린 분출 속에서 내 삶을 정리하려는 노력은 번번이 수포로 돌아갔다. 나는 내가 약을 잘못 먹고 있다는 사실을 몰랐다.

내가 아는 모든 것은 산산조각 났고 집중할 만한 단단하고 진정한 감정을 느낄 수 없었다.

2002년 어느 날, 명확한 감정을 느낀 순간 나는 더 이상 약을 먹지 않기로 결심했다. 문득 인터넷에서 들은 이야기가 옳았고 끔찍한 실수를 저질렀다는 생각이 들었다. 나는 내 경험과 공포를 믿고 약을 끊었다.

당시 내 영웅이었던 캐릭터 버피[미국 드라마 〈뱀파이어 해결사〉의 주인공]의 말을 인용하자면 "여기서 모든 것은… 힘겹고, 선명하고, 폭력적이었다. 내가 느끼고 만지는 모든 것은… 지옥이었다. 할 수 있는 일은 한순간을 넘기고, 또 다음 순간을 넘기는 것뿐이었다."

——┼——

그 후 10년은 내 인생에서 가장 거칠고, 험하고, 믿을 수 없을 정도로 정신 사나운 시간이었다. 나는 다시 약을 먹어보기도 했지만 항상 이런저런 이유로 중단했다. 나는 핑곗거리를 찾았고, 약이 나를 망가뜨리고 있다고 확신했다. 내가 몽롱한 상태가 되어, 내 삶의 중요한 부분으로 여기며 의존하는 내면의 불꽃을 느낄 수 없는 것이 두려웠다. 그래서 항상 토네이도에 휩싸여 있었고 내 불안정은 혼란과 파괴를 남겼다.

그 10년을 후회하지는 않는다. 그 시기를 통해 나는 많이 배웠다. 내가 내린 끔찍한 결정들, 사람들에게 상처를 주고 여러 상황을 스스로 망친 것에 대해서는 후회한다. 내 조증이 재앙을 불러일으켰다는 사실을 너무 늦게 깨달은 순간들은 결코 잊을 수 없을 것이다.

하지만 동시에 나는 창의력이 최고조에 달했을 때의 고양감을 기억한다. 나는 바람처럼 날아다니며 하룻밤 사이에 1만 2천 단어를 썼다. 소설 한 권 전체를, 책의 시리즈를, 창조하고자 했던 세계의 모든 요소들을 구상할 수 있었다. 몇 날 며칠을 글을 쓰고 책을 읽고, 롤플레잉 게임을 하느라고 밤을 새우면서도 내 인생이 어딘가 잘못되었다는 생각은 들지 않았다. 그저 예술가의 삶을 살고 있다고, 이게 바로 나라고 생각했다.

지금은 진실을 안다. 그런 생각은 질병의 말이었다. "삶의 최고조를 살고, 신중함은 바람 속에 날려버리자."는 충동은 조증의 목소리였다. 약과 대응 메커니즘으로 감정을 누그러뜨리지 않으면 언제든 재앙이 닥칠 수 있었다.

돌이켜보면 그 10년은, 고도가 낮아지는 것을 깨닫지 못한 채 비행하다가 추락한 사람의 경고 같은 시간이었다. 악천후 속 나선형의 기류에 휘말렸다가 불붙어 떨어진 이야기.

나는 2012년에, 신께 감사하게도, 대학원에 갔다. 그 시절을 떠올리면 특히 11월의 어느 날이 생각난다. 학기가 시작된 지 두 달밖에 안 되었는데도 벌써 스트레스를 받아 정신이 흐트러지기 시작했다. 그날은 교수님의 비평을 듣고 심한 불안 발작을 일으켰다. 과호흡이 와서 화장실에서 한

참 울고 딸꾹질을 한 후 길 건너 보건소로 가 심리상담사와 약속을 잡았다.

밥이라는 친절한 상담사는 내가 어디에 있고 무엇이 필요한지 진실을 알려주었다. 그는 내가 지금까지의 방식으로 살아온 것이 놀랍다고 말했다. 나는 약 복용에 대한 두려움과 과거의 경험을 털어놓았고 그는 경청했다. 그런 다음 그는 나에게 약을 어떻게 투여할지를 침착하게 설명했고, 우리는 효과가 있는 약을 찾기 위해 머리를 맞댔다.

약을 먹은 첫날, 아침에 일어났는데 토네이도가 가라앉았다. 고요하지는 않았지만 소음이 깔때기 형태로 울리지 않고 메아리쳐 들렸다. 나는 그 약을 먹어본 경험이 있는 친구에게 전화를 걸어 울음을 터뜨렸다. *이게 정상적인 느낌일까? 나아질 것이라고는 생각지도 못했어.*

6년이 지난 지금, 나는 하루도 약을 거르지 않는다. 그리고 대학원을 졸업했다. 뇌 수술을 했고 두 가지의 심각한 만성질환을 진단받아 휠체어를 사용하게 되었다. 내 사업을 운영하고 작가가 되었다. 헤아릴 수 없이 많은 우여곡절을 겪었다. 전에는 결코 경험하지 못했던 자기 확신을 가지고 그 모든 일들을 헤쳐 나갔다. 왜냐하면 이제는 토네이도 속에서 비명 지르고 있는 상태가 아니기 때문이다. 그러는 대신 심사숙고하며 게임을 만들고 글을 썼다. 창작을 할 때 더 이상은 제어 낙하를 하지 않고 통제된 코스에 집중해서 비행을 한다.

약을 먹기 시작한 후 모든 것이 완벽해졌다고 말하지는

않겠다. 양극성 장애를 갖고 산다는 것은 끊임없는 견제와 균형의 시스템을 작동시키는 일이다. 요즘 나는 우울증과 불안, 조증과 경조증 사이에서 약을 조절하느라 분투하고 있다. 시간이 가면서 몸이 변하고 새로운 필요, 새로운 약과 대응 메커니즘에 적응해야 하는 상황이 생기기 때문에 가끔은 며칠 동안 날아다니는 상태가 되는 기간도 있다. 삶은 전혀 예상치 못한 방향으로 흘러가기도 하고, 조증과 우울증은 언제든 머리를 치켜들 준비를 하고 있다.

하지만 약을 먹기 시작한 날은 내 인생 최고의 날 중 하나다. '창조적 불꽃'을 핑계 삼아 나를 죽이고 있는 병을 무작정 견디는 것을 그만둔 날이기 때문이다.

나는 정신질환과 분투한 예술가들에 대해 온라인으로 찾아보았다. 당신도 한번 해보라. 이제껏 알지 못했던 그들의 고통이 생생하게 다가올 것이다. 반 고흐를 비롯해 베토벤, 조지아 오키프, 실비아 플라스, 프란치스코 고야와 커트 코베인, 로빈 윌리엄스와 에이미 와인하우스가 있다. 나는 또한 머라이어 캐리, 데미 로바토, 캐서린 제타 존스, 비비언 리, 러셀 브랜드, 린다 해밀턴 그리고 캐리 피셔 같은 예술가들이 양극성 장애를 갖고 있거나, 예전에 겪었다는 사실을 알게 되었다. 그들의 이야기는 쉽게 찾을 수 있다.

나는 정신질환과 창의성의 연관성을 이론화한 책을 읽으면 고개를 절레절레 흔들곤 한다. 그런 게 있는지는 모르겠지만, 예술가라고 꼭 고통을 받을 필요는 없다고 생각하기에 매일 약을 먹고 내 할 일을 한다. 나는 훨훨 날아 저 멀

리 영감에 도달하기 위해 조증이 필요하지는 않다. 혼자서
도 충분히 할 수 있다.

정신질환은 내가 평생 씨름할 과제다. 하지만 해나 개
즈비의 말처럼 "한때 부서졌으나 다시 자신을 지어 올린 여
성보다 더 강인한 것은 없다." 내가 나아지는 여정을 시작한
날, 고통을 거부하고 더 건강하게 예술을 하는 삶을 스스로
허락한 날은 나를 가장 강인한 존재로 다시 짓기 시작한 날
이었다. 나는 매일 단어를 하나 쓸 때마다 벽돌을 하나씩 쌓
아 올리고 있다.

내 인생으로 향하는 선택이 얼마나 중요한지를 일깨워
준 해나 개즈비와 〈해나 개즈비: 나의 이야기〉에 감사한다.
귀중한 것을 만들기 위해 고통에 빚질 필요는 없으며, 창작
자들이 예술가로 칭송받기 위해 자신의 정신 건강 문제를
제쳐두어서는 안 된다는 점을 깨우쳐주었다. 해나가 용기를
내주어 고맙다. 그가 어디에서든 영감으로 가득 찬 삶을 살
기를.

크립 타임을 보는
여섯 시선

엘
런
새
뮤
얼
스

장애인 친구들이 '크립 타임 crip time'〔장애학 및 장애운동의 관점에서 장애인들이 제한된 이동성 등 사회적 조건 때문에 주류적 시간성이 아닌 각자 삶의 속도에 맞는 시간성을 살고 있다는 점을 가리키며 이를 크립 타임(불구의 시간)이라고 부른다. 이 개념은 규범적인 시간성과의 충돌을 강조함으로써 저항적 의미를 드러내기도 한다.〕을 언급할 때 그것은 종종, 우리가 항상 늦는다는 것을 의미한다. 우리는 비장애인보다 더 많이 자야 하므로, 지하철역의 접근 가능한 통로가 막혀 있기 때문에 그렇다. 하지만 어떨 때는 크립 타임이 더 아름답고 너그러운 뜻으로 쓰이기도 한다. 내 친구인 마거릿 프라이스 Margaret Price 가 《학교에서의 미침 Mad at School》에서 설명하듯 우리가 업무 일정, 마감, 혹은 통상적인 기상과 수면 시간 등 "규범화된 시간의 프레임에 유연하게 대처하며" 살아간다는 것을 가리키기 때문이다. 《페미니스트, 퀴어, 불구》의 저자 앨리슨 케이퍼는 "장애인의 몸과 마음을 시계에 맞추어 구부리는 게 아니라 시계를 장애인의 몸과 마음에 맞추어 구부린 것"이 크립 타임이라고 말한다. 나는 몇 년 동안이나 이 아름다운 개념을 마음에 품고 있었다. 크립 타임의 포용 속에서 나만의 '정상'을 정의해나가기 위해서였다.

하지만 최근 나는 크립 타임의 덜 매력적인 측면에 대해서도 생각하게 되었다. 우리를 해방시킨다고 보기 어렵고, 지지하기에 힘든 측면들도 있다고 느낀다. 40대가 된 지금, 삶을 돌아보니 크립 타임에 대한 또 다른 관점들이 나를 깊이 압박한 흔적들이 만져진다.

1995년 여름 의사의 진료실에서 있었던 일이 자꾸만 떠오른다. 나는 스물세 살이었고, 장애의 세계에 진입한 지 얼마 되지 않았다. 당시 나는 '건강 문제가 있는 사람'이었다가 막 '문제 그 자체', 그것도 해결할 수 없는 문제가 되었다고 느꼈다. 보이지 않는 문턱을 고통스럽게 넘어선 것 같았다. 지속적인 통증, 체중 감소, 다리 경련, 쿵쾅거리는 심장 문제를 설명할 수 있는 진단을 찾아 몇 달간 많은 의사를 거쳤고, 이 정신과 의사에게까지 왔다. 다른 의사들처럼 그도 답을 주지 못했다. 하지만 그는 깊이 공감해줬고 듣고자 하는 의지를 보여줬다.

내가 계속 그를 찾아가게 된 건 이 한마디 때문이었다. "당신은 이미 삶의 많은 것을 잃었군요. 부모, 건강, 독립 같은 것들이요. 보통 70대 노인들에게서나 볼 수 있는 상실감을 느끼고 계시네요."

크립 타임은 시간 여행이다. 장애와 질병은 규범적인 생애 주기의 선형적이고 앞으로 나아가는 시간에서 우리를 이탈하게 한다. 그리고 앞뒤로 가속되고, 멈췄다가 출발하느라 덜컹거리고, 지루한 간격과 갑작스러운 결말이 있는 웜홀에 빠지게 한다. 누군가는 아직 젊은데도 노년의 장애와 싸우고 있고, 누군가는 나이와 상관없이 어린아이 취급을 받는다. 질병을 다루는 의학적 언어는 '만성적인', '진행 중인', '말기의', '재발'과 '단계' 등의 표현으로 선형적 시간성을 다시 부과하려고 한다. 하지만 크립 타임의 몸을 점유하고 있는 우리는 우리가 결코 선형적이지 않다는 것, 그리고 규범적 시간의 보호구역에 사는 사람들의 차분한 직설에 조용히 – 물론 그렇게 조용하지 않을 수도 있고 – 분노하고 있다는 것을 안다.

나는 헬스장의 온수 테라피 풀에서 수영을 한다. 대부분이 60~80대 노인들인데, 그들은 나를 힐끗힐끗 쳐다본다. 그 시선은 때로는 적대적이고, 때로는 호기심에 가득 차 있다. *당신은 왜 우리의 공간에 있나요? 건강해 보이는 다른 젊은이들이 매끈하게 트랙을 도는 평범한 수영장에 가지 않고?* 나는 그들에게 미소 짓고 예의 바르게 대답한다. 하지만, 좀처럼 인정하고 싶지는 않지만,

나는 그들이 싫다.

나는 자기 이야기를 한 후 그 대가로 내 몸의 서사를 요구하는 그들이 싫다. 그들이 예순두 살에 마침내 크로스컨트리 스키를 포기한 이유, 더 이상 하이킹을 할 수 없어서 느꼈던 좌절을 들려줄 때 너무 싫다. 그들이 수십 년 동안 건강을 누려놓고도 자신의 특권을 의식하지 못한 채 단지 나이 들어서 하이킹이나 자전거 타기, 뜨개질을 할 수 없게 되었다는 점 때문에 이 수영장 주변에서 서로를 동지로 엮고 있다는 것이 너무 싫다. 나는 내 이런 생각이 공평하지 않다는 것을 알고 있다. 내가 그들의 삶과 상실에 대해 전혀 모른다는 것도 알고 있다. 그래서 나는 분노를 속으로 삭인다.

나는 비통함을 마음속에 가둔다.

크립 타임은 비통함의 시간이다. 그것은 상실의 시간이 자, 상실 이후에 오는 참담한 저류底流의 시간이다. 나는 스 무 살에 엄마를 잃었다. 엄마는 쉰두 살이었고 15년간 암 투 병을 했다. 하지만 이런 숫자들은 엄마의 죽음 전후의 시간 이 얼마나 참을 수 없이 느리고, 부풀어 올랐는지에 대해서 는 말해주지 않는다. 또 그 이후 세월이 어떻게 쌓여갔는지 에 대해서도. 그 시간은 너무 길었지만 결코 충분해지지 않 았다. 그로부터 불과 2년 후 내가 병에 걸렸을 때 의사와 친 척들은 그것이 내가 애도를 멈추기를, 삶을 지속하기를 거 부해서 축적된 슬픔의 결과라고 믿고 싶어했다. 프로이트는 《애도와 멜랑콜리》에서 "정상적인 애도"는 저절로 해결되 며 개입이 필요하지 않다고 썼다. 오직 멜랑콜리만이 끝도 해결책도 없는 진정한 질병이라고 말이다. 잃어버린 대상을 놓아주기를 거부하고 그 과정에서 스스로 괴물이 되는 몸과 마음.

하지만 엄마는 간절히 그리워하면서도, 놓아줄 수는 있 었다. 놓아주기가 훨씬 더 힘들었던 것은 건강했던 나 자신 에 대한 기억이었다. 새로운 증상이 나타나고 새로운 장애 가 생길 때마다 나는 잃어버린 시간을, 아직 오지도 않은 잃 어버릴 세월을 다시 또다시 비통해한다. 내가 치유되기를 원 한다는 말은 결코 아니다. 내가 원하는 것은 오히려 나 자신 이면서 내가 아닌 상태, 만성 통증을 앓는 사람이라면 한번 쯤은 갈망하는 역설적인 상태다.

《비통함을 정리하기: 19세기 미국에서의 신성한 시간과 신체 Arranging Grief: Sacred Time and the Body in Nineteenth-Century America》에서 다나 루치아노 Dana Luciano 는 근대에 들어 애도의 시간이, 앞으로 나아가고 기계적인 시간과 나란한 현세적이고 정서적인 상태로 등장한 과정을 추적한다. 그는 "비통함은 생산적이기보다는 공동적이고, 선형적이기보다는 반복적이며, 앞으로 나아가기보다는 회고적인 '인간적' 차원의 시간을 찾는 감정"이라고 썼다. 이는 앨리슨과 마거릿이 이야기한 크립 타임의 개념과 흡사하다. 하지만 앨리슨, 마거릿, 나와 같은 장애학자들은 크립 타임의 비선형적인 유연성을 즐기고, 그 힘과 가능성을 탐구하기 위해 이 개념을 찬양하는 경향이 있다. 퀴어 학자인 헤더 러브 Heather Love 가 말하는 "거꾸로 느끼기 Feeling Backward" 〔헤더 러브는 이 개념을 통해 사회적 배제에서 비롯한 고통과 수치심이라는 퀴어의 역사적 경험이 현재에 미친 영향을 성찰하고 이를 지속적으로 정치화하는 것의 중요성을 역설했다.〕를 우리도 한다는 것은 무엇을 의미할까? 우리가 그런 찬양과 새로운 존재 방식을 받아들이는 동시에 스스로 크립 타임의 고통, 멜랑콜리, 그리고 부서짐을 느낀다는 것은 무엇일까?

크립 타임은 부서진 시간이다. 그것은 우리의 몸과 마음을 새로운 리듬과 패턴으로 부서뜨리고 새로운 생각과 감정의 방식으로 세계를 통과하기를 요구한다. 그것은 우리가 원하지 않더라도, 심지어 계속 나아가고 싶을 때에도 멈추게 만든다. 우리의 몸과 마음을 분리하고, 분리된 몸이 한계를 넘어 멀리 가도록 밀어붙이는 문화 속에서 크립 타

임은 우리의 몸과 마음의 소리를 경청하라고 요구한다. 크
립 타임은 우리 몸의 부서진 언어를 듣고, 번역하고, 존중하
는 것을 뜻한다.

—┆—

그 정신과 의사 진료실에서 1년을 보내며 상실을 인식하는
법을 배운 후, 나는 다시 건강해지기 시작했다(고 믿었다). 나
는 매일 태극권을 수련했고, 느리고 우아하게 움직이는 법
을 배웠다. 같은 동작을 하는 한 무리에 속해 합을 맞추고
흐르듯 존재하면서 나는 그 어느 때보다도 내 몸을 편안하
게 느꼈다.

　그러다가 모든 것이 무너졌다. 태극권 선생님은 나를
의아하게 지켜보며 엉덩이를 정렬하는 법을 재차 설명했다.
그는 "잘못하고 계신데, 잘 모르시네요."라고 말했다. 그러
던 어느 날 집에서 높은 선반에 있는 책을 꺼내려고 몸을 뻗
는데 엉덩이가 몸에서 떨어져나가는 것 같았다. 다리에 찌릿
찌릿한 통증이 왔고, 금세 감각이 없어졌다. 순식간에 찾아
온 마비는 평생 가게 됐다. 물리치료를 받고 몇 걸음 이상 걸
을 수 있는 정도의 상태가 되는 데 6개월이라는 긴 시간이
걸렸다. 그리고 다시는 그전만큼 멀리 걷지 못하게 되었다.
내가 깊이 몰입했고 나를 고쳐줄 것 같았던 태극권이 오히
려 나를 망가뜨렸다. 내 몸은 세상과 다른 방향으로 가고
있었다.

그래서 나는 앞으로 나아가는 대신 뒤로 물러났다. 건강한 상태를 향하기보다 장애의 세계에, 이제 나 자신의 것으로 받아들이게 된 이 세계에 더 깊이 머무르기로 했다. 나는 '계속해서 더 아파지고 있는 사람'이 아니라 '항상 아픈 사람'이 되었다. 사회가 나와는 다른 신체들에 부여한 루틴이 아닌 나 자신의 몸 상태에 내면의 시계를 맞추었다.

크립 타임은 아픈 시간 sick time 이다. 만약 당신이 미국에서 주 40시간 일하는 상근직으로 근무하고 있다면 (그리고 운이 좋다면) 병가가 누적되고 있을 것이다. 이 과정에는 이상한 계산법이 적용된다. 여덟 시간 일할 때마다 병가가 한 시간씩 발생한다. 또는 스무 시간이나 마흔 시간 일할 때마다 한 시간씩 쌓인다. 아플 수 있는 시간을 벌기 위해서는 열심히 일해야 한다. 그리고 너무 자주 아프지는 않아야 한다는 전제가 있다.

나의 신체 상태가 더 이상은 오전 아홉 시에 출근해 오후 여섯 시에 퇴근하는 일을 유지할 수 없다는 것을 깨달았을 때 나는 내 미래가 두려웠다. 장애인을 위한 사회보장제도의 대상자가 되려면 경력이 더 길어야 했다. 내가 찾은 해결책은 학교로 돌아가는 것이었다. 대학원에 진학해 박사학위를 받고 어쩌면, 운이 좋다면, 교수가 되는 것. 그것이 크립 타임 속에서 나 자신을 지탱할 수 있는 유일한 방법이었고, 지금도 마찬가지다.

대학원에서 보내는 시간 대부분은 병가 중의 일상 같았다. 처음 2년 동안은 특히 그랬다. 내가 할 수 있는 일은 가끔 있는 수업에 몸을 끌고 나가고, 과제를 하는 것뿐이었다. 학교, 슈퍼마켓 그리고 집을 오가는 일상이었다. 가벼운 노트북과 무선 인터넷이 없던 시절이었고, 나는 가능한 한 누워서 공부를 했다. 다른 학생들이 이야기하는 동안 강의실 바닥에 누워 책상 밑의 긁힌 부분을 바라보곤 했다.

나는 그 시간이 좋았다. 읽고 쓰고 생각하는 리듬이 좋았다. 힘들고, 다른 사람들이 이해하지 못하고, 혼자여도 그 시간은 나의 시간이었다.

크립 타임은 글 쓰는 시간이다. 나는 크립 타임에 대한 글을 수년간 써오고 있다. 끝낼 수 있을지 모르겠다. 로라 힐렌브랜드는 《씨비스킷 Seabiscuit》에서 만성 피로 증후군이 심할 때의 상태를 이렇게 묘사한다.

> 화면을 보기만 해도 주변이 미친 듯이 흔들려서, 하루에 겨우
> 한두 문단밖에 쓸 수 없다. 어지러움을 참을 수 없을 때는
> 베개를 들고 마당에 나가 풀 위에 눕는다. 책상에 앉아
> 있기에는 너무 피곤해서 침대에 노트북을 설치했다. 읽는 것이
> 힘들 때는 누워서 눈을 감은 채로 글을 썼다.

힐렌브랜드가 자신의 경험을 쓴 글은 2003년에 《뉴요커》에 실렸고, 교육 수준이 높은 일부 독자들이 이 미스터리한 증후군과 만성질환의 세계를 이해하는 계기가 되었다. 만성질환이 있는 사람들은 오랫동안 신뢰를 얻으려고 노력해왔는데, 베스트셀러 작가라는 힐렌브랜드의 지위가 그

이야기에 신뢰성을 부여해주었다.

힐렌브랜드의 신체적 장애는 나아지지 않았지만 그는 글을 통해 자신의 삶의 방식에 대한 문화적 타당성을 얻었다. 그의 성공 이후 나는 언제 베스트셀러를 쓸 거냐는 질문을 수없이 들었다. 사람들은 마치 오프라 윈프리 북클럽에 선택될 만한 뭔가를 쓰는 것이 궁극적인 성취라도 되는 양, 내 신체적 실패에 대한 완벽한 해결책이라도 되는 양 물어댔다. 힐렌브랜드처럼 나도 너무 아파서 방송 출연은 못 하겠지만 말이다.

만약 내가 베스트셀러를 쓴다면 뱀파이어에 대한 책일 것이다. 요즘에는 좀비가 더 유행이고, 나도 종종 스스로를 좀비처럼 느끼긴 하지만 ─ 특히 열 시간 이하로 잤을 때 ─ *크립 타임은 뱀파이어의 시간*이기 때문이다. 늦은 밤과 의식이 없는 낮의 시간이며 다들 깨어 있는 일상의 세계와는 조화되지 않는 일정의 시간이다. 때로는 몸이 나를 가둔 관처럼 느껴지고, 삶과 죽음의 경계가 모호해 끝이 보이지 않는다. 드라마 〈미녀와 뱀파이어〉의 엔젤과 〈트루 블러드〉의 빌처럼, 우리는 시간 밖을 살아가고, 그림자 속에 숨어 다른 사람들의 삶이 시계처럼 돌아가는 것을 지켜본다. 그들처럼 우리도 뼛속까지 지친 채로 나이 들어가면서도, 고통스럽고도 기만적으로 젊어 보일 수 있다.

나는 몸의 콜라겐이 형태를 유지하지 못하는 유전 질환을 앓고 있다. 관절과 힘줄, 심장과 소화기관에게는 나쁜 소식이지만 피부에게는 좋은 소식이다. 40대까지도 피부가 부드럽고 주름이 없었기 때문에 나이보다 어리다고 오해받았다. 말 그대로 '벨벳 같은 피부'가 내 질환에 대한 의학적 진단 기준 중 하나다. 젊음에 집착하는 문화 속에서 뱀파이어처럼 나이 들지 않는 것은 종종 장점으로, 특권으로 해석된다. 하지만 나는 어려 보인다는 이유로 진지하게 대해지지 않는 것, 언제까지나 대학원생으로 인식되는 와중에도 종신 재직권을 향한 사다리에 오르기 위해 아픈 몸을 이끌고 분투해야 하는 상황에 지친다.

그리고 더 깊은 차원에서, 내가 불구의 뱀파이어라는 것은 시간 여행의 소용돌이에 휘말려 산다는 것을 의미한다. 나는 스물다섯 살처럼 보이지만, 여든다섯 살처럼 느끼고, 그냥 내가 아는 다른 40대들처럼 살고 싶다. 세계의 평범한 질서를 따르고 싶다.

한 해가 저물어감에 따라 단풍 들고 떨어지는 나뭇잎들처럼, 나도 때로는 자연의 일부로 그 시간 속에 살고 싶다. 하지만 나는 그런 존재가 아니다. 내 삶은 다르게 돌아간다.

지금 나는 크립 타임 속에 살고 있다.

가망 없는
인간

레
　이
　　마
　　맥코
　　　　이
　　　　맥데
　　　　　　이
　　　　　　　드

**콘텐츠
노트**

◆ 학대 ◆ 인종차별 ◆ 비장애중심적 언어 ◆ 아동 방치 ◆ 고문
◆ 중독 ◆ 자해

장애인들이 성장기에 으레 거치는 통과의례가 있는데, 바로 자신에게 큰 영향을 미치는 누군가로부터 "가망 없는 인간 lost cause"이라는 말을 듣는 것이다. 그런 단정적 선언으로 학대하는 사람은 선생님인 경우가 많은데, 나는 외할아버지로부터 그 말을 들었다.

아동보호국은 혼자 5일간 집에 방치되어 있던 나를 발견한 후 엄마가 아닌 다른 보호자를 찾으려 했지만 외할아버지와 외할머니는 나를 맡는 것을 거부했다. 내가 "가망 없는 인간"이기 때문이라고 이모에게 말했다고 한다.

당시 엄마는 나를 내버려둔 채 고가의 다이어트 프로그램에 참여하러 비버리힐스에 갔다.

나의 외조부모는 1970년대에 사고로 부모를 잃은 아이들을 입양해서 언론에 보도되고 유명해진 분들이었지만 나만큼은 받아들이지 않았다.

그들이 입양한 아이들은 성격이 좋았고, 백인이었다. 외조부모 역시 백인이었다.

하지만 나는 그들의 백인 딸이 사고를 쳐 낳은 흑인 아이였고 자폐스펙트럼장애가 있었다. 결국 나는 1986년에 캘리포니아주의 보호를 받게 되었다. 그리고 그로부터 12년 후 고등학교를 졸업한 여름에 나는 이모로부터 외조부모의 말을 전해 들었다. 당시 나는 이모와 교류하며 지낸 지 4년쯤 되었다. 이모는 운전을 하다가 자신이 나를 맡으려고 했다는 이야기를 꺼냈다. "하지만 아버지는 네가 가망 없다면서 그러지 말라고 말렸어."

나는 눈도 깜빡이지 않고 고속도로를 바라봤다. "가망 없다고?"

이모는 목을 가다듬었다. "음, 그때 너는 앞뒤로 몸을 흔들고 주변 사람들의 말을 반복하고 머리카락은 엉망이었고… 머리를 뜯는 걸 멈추지 않았거든… 우리 부모님은 네가 지능이 낮을까 봐 걱정했던 것 같아."

그는 몸을 곧게 세우더니 내 무릎을 쓰다듬었다. "하지만 보렴. 네가 올해 받은 장학금들이 아버지가 틀렸다는 걸 증명하잖아? 모두가 전액 장학금을 받는 건 아니니까. 특히 너처럼 엄마가 고등학교 1학년 때 돌아가신 경우라면 더더욱! 정말 잘했어. 이제는 아버지가 너를 자랑스러워하실 거야."

"응."

그 이후 거의 15년간 나는 다시는 내 장애에 대해 언급하지 않았다.

나는 미국 중서부 지역에서 오래 지내다가 서른한 살 때 다시 캘리포니아로 돌아왔다.

나는 생계를 유지해야 한다는 생각에 지쳐 있었고, 자가면역질환을 앓고 있는 데다 만성적으로 과도한 스트레스에 시달리는 상태였다.

고등학교 3학년 때부터 내가 거친 직업만 해도 100개는 되었다. 한 시간 11분 버틴 곳(텔레마케터)이 있는가 하면 일주일 만에 뛰쳐나온 곳(비행기 승무원), 석 달 다닌 곳(비영리단체 상임이사) 등 다양했다. 나는 대인관계 기술이 부족했고, 빛과 소리에 너무 민감했고, 정상인 척 연기를 해야 한다는 데에 스트레스를 받아 늘 아드레날린 과잉 상태였다. 나는 실패했다.

정말이지 가망 없는 인간이 된 기분이었다. 그래서 내가 가진 모든 것을 버리고 샤스타 산〔캘리포니아 캐스케이드 산맥 남단에 있는 잠재적 활화산으로, 원주민에게 신성한 장소로 여겨지고 불교 수도원이 있는 등 종교 문화의 거점이다. 뉴에이지 운동도 성행한다.〕으로 갔다. 그곳에서 수도승이 되려고 말이다. 선불교 승려들은 아무것도 소유하지 않고 현대 사회가 요구하는 책임에서도 자유로운 채 하루 종일 조용히 앉아 깨달음을 구한다고 생각했다. 정말 순진무구한 생각이었다.

나는 샤스타 수도원으로 향하는 길에 있던 한 공동체에서 자원봉사를 시작했다. 이곳을 거쳐 수도원에 들어갈 생각이었다. 두 명의 부유한 히피가 운영하던 곳이었는데 유대인인 섀런과 벨기에 백작 집안 출신인 켈리였다. 섀런은 훗날 인가가 취소된 대학에서 철학 박사 학위를 취득한 후 양극성 장애와 자폐성 장애를 구분하는 원고를 쓰는 중이었다. 어느 날 저녁 부엌에서 그는 나에게 양극성 장애는 우뇌 중추에서 발생하고 자폐성 장애는 좌뇌의 현상이어서 동시에 있을 수 없다고 설명했다. "가설을 검증하기 위해 어떤 경험적 연구를 했는데요?" 나는 찬장에 접시를 쌓으며 물었고, 켈리는 식탁에 앉아 허공을 응시하고 있었다.

"켈리랑 살고 있잖아요. 그가 자폐증이에요." 섀런이 말했고 켈리는 고개를 떨구었다. "우리 엄마도 내 딸도 자폐증이에요. 내가 다 진단을 해봐서 누구보다 더 잘 알아요."

나는 싱크대에 접시를 내려놓고 섀런을 바라봤다. "내가 자폐증이에요."

그는 마치 내가 자신의 접시를 훔치기라도 한 것처럼 나를 쳐다보더니 웃으며 말했다. "저도 알아요. 당신을 진단했거든요." "아뇨. 나는 여섯 살 때 공식적으로 진단을 받았어요. 사적으로 뭘 하든 어쩔 수 없지만, 발달장애와 관련해 훈련도 받지 않은 사람이 자폐증에 관한 책을 쓰는 건 걱정스럽네요." 내가 말하자 섀런은 부엌에서 나가버렸다.

다음 날 아침, 섀런과 나는 다시 부엌에서 만났다. "내가 죽으면 수도원에서 내 전 재산을 상속받을 거예요." 그는 말하더니 찬장을 열어 작은 병 하나를 꺼냈다. 그리고 투명한 액체를 몇 숟가락 재서 유리잔에 담았다. 켈리가 들어왔고 섀런이 잔을 건넸다. 켈리가 그것을 마셨다.

"레이마도 좀 마셔볼래요? 뇌에서 중금속을 킬레이트화하는 데 도움이 돼요. 중금속이 자폐증을 유발하거든요."

나는 아드레날린이 분출되는 것을 느꼈다. "아니, 난 괜찮아요."

나중에 부엌에 돌아와 병을 살펴봤다. 라벨에 큰 글씨로 'MSM'이라고 적혀 있었다. 인터넷 검색을 해보니 자폐성 장애 아동을 대상으로 한 민간요법인 킬레이트 치료법에 대한 글이 많이 나왔다.

킬레이트 치료법의 핵심은 아이들에게 표백제를 먹이는 것이었다. 바로 켈리가 먹은 액체였다.

나는 그때부터 그곳을 경계하기 시작했다. 공동체에는 주기적으로 많은 사람들이 찾아왔다가, 이곳이 유토피아가 아니라는 사실을 깨닫고 떠났다. 나는 남는 시간에는 수도원에서 공부하고 명상하고 정원을 가꾸며 지냈고 자가면역 질환이 완화되는 것 같았다.

하지만 그동안 켈리는 설명할 수 없는 체중 감소, 메스꺼움, 피로감에 시달리며 아팠다. 그는 수년간 복용한 표백제에 발목을 잡힌 것 같았다. 그즈음 공동체에서 지내는 사람은 섀런과 켈리, 나뿐이었다. 나는 그들이 이렇게 외딴 곳에서 다른 사람들의 눈을 피해 계속해서 소위 '디톡스'를 하고 있다는 게 걱정스러웠다.

나는 수도원의 믿을 만한 수도승에게 고민을 털어놓았다. "섀런이 수도원에 큰 기여를 하고 있는 것은 알지만, 걱정이 됩니다." 그러자 수도승은 불편해하며 말했다. "레이마, 이 수도원은 갈등과 분열을 조장하는 사람들과는 소통하지 않는 관행이 있다는 점을 미리 알려드려야겠네요." "아, 그렇군요."

일주일 후 나는 공동체와 수도원, 샤스타 산을 떠났다.

나는 중서부 지역으로 돌아와 백한 번째 일자리를 얻었다. 고용 지원 기관의 중간관리자였다.

그 후 나는 임신을 했다.

그리고 증상이 나타났다. 소리와 빛, 냄새에 과민하고, 사회적 상황을 잘 참지 못하며 사소한 것에 강박적으로 집착하는 자폐 증상을 숨길 수가 없었다. 그리고 몸에 통증이 있을 때는 심리적 불편함에 더욱 심하게 반응했다. 임신은 너무나 힘들었다.

남편은 아이를 낳고 싶지 않다는 의사를 분명히 밝혔고, 우리는 헤어졌다.

나는 직장에 내 장애를 알렸다. 선택의 여지가 없었다. 직원들은 장애인들을 위해 열정적으로 일했지만, 그런 그들도 장애인과 동료로 일하는 것은 달가워하지 않았다. 게다가 관리자에게 장애가 있다는 건 더 큰 문제였다.

임신 8개월 차에 진행된 연례 업무 평가에서 나는 경고를 받았다. 부서에 부정적인 영향을 끼치며 연봉을 인상할 가치가 없다고 평가되었다.

집에 도착했을 때 나는 기진맥진했다.

임신 중이라는 것을 잊은 채 내 배를 한 대 때렸고, 그다음에는 화장실 문에 머리를 몇 번이고 박아댔다.

"저 아이는 가망이 없어."

머리가 문에 부딪힐 때마다, 이미 세상을 떠난 할아버지가 그렇게 말하는 것을 들었다.

나는 하루 쉬었다.

그리고 다시 일하러 나갔다.

결국 나는 아기를 낳으러 스스로 운전해서 병원에 갔다.

나흘 후, 우리는 집으로 돌아왔다.

딸이 아직 갓난아기였을 때 나는 디모인에 있는 아이오와주 중부 자립생활센터의 전무이사로 취직했다.

"행운을 빌어요! 그 조직은 가망이 없어요." 내가 출근하기 전주에 한 동료가 그렇게 말했다.

나는 자립생활 운동에 대해서는 들어본 적도 없었고, 구인 공고를 보기 전에는 그런 센터가 있는지도 몰랐다. 미국에서 시민권 운동과 여성인권 운동이 확장되는 시점이었고, 자립생활 운동 역시 장애를 포용하는 시민권과 인권의 맥락에서 진행되는 중이었다.

나는 출근 전 토요일에 열린 월례 이사회에 참석했다. 회의는 여섯 시간 동안 진행되었고, 방청객들이 도넛을 먹거나 컴퓨터를 사용하러 회의실을 드나드는 동안 이사회 임원들은 졸고 있었다.

센터의 남성 직원들은 여성이자 흑인인 내가 상사가 된 데 불만을 품고 예고 없이 연달아 퇴사했다.

또한 이 센터가 전 부국장을 상대로 한 차별 소송이 제기될 가능성을 검토 중이라는 것을 메일을 통해 알았다.

나는 직원들을 교육하고, 파일을 정리하고, 회계사를 고용하고, 전 부국장의 차별 혐의와 관련한 센터의 법적 책임을 검토하기 위해 2주간 센터 문을 닫았다.

"강요할 생각은 없지만, 제가 당신이라면 다른 직장을 찾아볼 것 같아요. 완전히 가망 없는 상황이네요." 센터의 변호사가 나에게 말했다.

"있잖아요, 사람들이 나한테 가망 없다는 말 좀 그만했으면 좋겠어요." 내가 대답했다.

진심이었다.

오늘날 우리 센터는 아이오와주에서 가장 우수한 고용 지원 기관 중 하나로 인정받고 있다. 2018년에는 디모인의 최우수 공공기관으로 선정됐다. 우리 센터가 회생한 것은 궁극적으로 내 신경다양성〔뇌신경의 차이로 인해 발생하는 다름, 예를 들면 자폐스펙트럼장애, 조현병, 여러 신경증 등을 장애가 아닌 다양성으로 인식하는 개념〕 덕분이었다. 나는 센터를 상대로 소송을 제기하는 사람들에게 대응하기 위해 집중해서 일했고, 아이오와주의 이해관계자들과 대화할 때는 그들의 감정에 연연하지 않고 솔직하게 행동했다. 특히 자립생활 운동 내에서의 인종주의와 발달장애인들이 내면화한 비장애 중심주의를 발견하고 해결하려고 노력했다.

현재 나는 선출직 공무원인 자립생활 전국위원회 이사회 회계 담당자이며 이 조직에서 임원직을 맡은 최초의 발달장애인이다.

모두가 가망 없다고 했던 일이다.

뉴욕의
대중교통에서
존엄을 위해
싸우기

브리트니 윌슨

나를 픽업해야 하는 차는 정해진 시간보다 15분이나 늦게, 그것도 길 반대편에 도착했다. 나는 내가 근무하는 뉴욕시청 건물 앞 의자에 앉아 있었다. 내가 기다리는 동안 서 있지 않도록 경비원들이 마련해준 자리였다. 경비원들은 저녁에 내가 내려오면 의자를 밖으로 꺼내주었다가, 내가 차를 타면 다시 가지고 들어갔다. 하지만 차는 내 앞이 아닌 길 저편에 섰다. 나는 일어서서 운전사의 눈에 띄려고 사람들이 북적이는 인도 쪽으로 다가가 허공에 목발을 흔들어댔다. 이른 저녁이었고 인도에는 인파가 끊임없이 밀려들고 있었다. 운전사는 거리를 이리저리 둘러보았는데, 나를 발견했는지는 확신할 수 없었다.

"실례합니다." 나는 앞으로 조금 더 나가 행인 한 명을 불렀다. "길 건너에 액세스-어-라이드 Access-A-Ride 차량이 보이시나요?"

"뭐라고요?" 행인이 되물었다.

"액세스-어-라이드요. 저기 있는 파랗고 흰 버스요." 내가 목발로 가리키자, 행인은 비로소 길 건너편을 바라봤다. "아."

하지만 내가 그에게 도움을 요청하기 직전에 운전사가 마침내 나를 발견했다. 운전사는 가만히 있으라는 듯 손을 들었다.

"신경 쓰지 마세요. 그가 저를 본 것 같아요." 나는 말했다. "어쨌든 고마워요."

운전사는 안경을 끼고 턱수염이 희끗희끗한, 마르고 나

이 든 흑인 남자였다. 그가 차에서 내려 나를 향해 길을 건너왔고, 나는 행인의 물결을 용감하게 헤치며 그를 향해 연석 쪽으로 갔다.

"가요." 운전사는 나를 만나자마자 자기와 함께 브로드웨이를 달리는 차들 사이로 길을 건너자고 재촉했다. 나는 망설였다. "신호가 바뀔 때까지 기다릴게요."

"걱정하지 마세요. 제가 막아드릴게요." 그는 차도 한복판을 걸어가며 다가오는 차들을 향해 오른손을 뻗었다. 나는 목발 끝이 미끄러운 곳을 짚거나 우리와 반대 방향으로 달려오는 사람들에게 너무 가까이 가지 않도록 조심하면서 급하게 걸었다.

"천천히 하세요. 제가 차를 멈출게요." 그는 나를 안심시키려 했지만, 나는 전혀 안심이 되지 않았다.

액세스-어-라이드는 뉴욕의 보조 교통 서비스로 다섯 곳의 자치구 내에서 운영된다. 뉴욕 지하철역 중 휠체어로 접근 가능한 역이 20퍼센트뿐인 현실에서, 대중교통을 이용할 수 없는 수십만 명의 장애인과 노인의 교통수단이다. 뉴욕시 교통국이 여러 개의 민간 업체들과 계약해서 운영하며 승용차, 미니밴, 소형 버스가 이용자들의 "집 앞부터 집 앞까지" 이동한다. 여러 명의 이용자가 함께 탑승하며 요금은 뉴욕의 다른 대중교통 요금과 동일하다.

이용자들은 대체로 매번 다른 운전사와 다른 업체를 만난다. 나처럼 하루 두 번씩 출퇴근용으로 이 서비스를 이용하는 경우에도 아침에 만나는 운전사와 저녁에 만나는 운전사가 다르고, 다음날에는 또 다르고, 일주일 내내 계속 새로운 운전사를 마주치게 된다. 그날 만난 운전사도 난생처음 보는 사람이었다.

뉴욕 토박이이고 뇌성마비 장애인인 나는 다른 아이들이 혼자 대중교통을 타기 시작하는 열한 살 때부터 액세스-어-라이드를 이용해 왔다. 올해로 16년차다. 처음 8년 동안은 이 서비스의 비효율성과 불안정성에 대해 진정한 밀레니얼 세대답게 항의해왔다. 가족, 친구, 소셜미디어 팔로워들에게 불만을 토로했고, 블로그에 글을 쓰고, 국민 청원을 하고, 특히 터무니없는 일이 벌어지면 반드시 업체에 공식적으로 불만을 접수했다.

하지만 그것은 1단계에 불과했다. 나의 궁극적인 계획은 로스쿨에 가서 만연한 차별과 혐오에 대항해 싸우는 데 필요한 지식과 기술을 얻는 것이었다. 마이크 타이슨의 고향에서 나고 자란 흑인 장애 소녀답게 말이다.

나는 2년 전 펜실베이니아대 로스쿨을 졸업한 후 집으로 돌아와 서비스 이용자들을 위한 활동을 본격적으로 하고 있다. 노선 등 서비스에 대한 불만을 문서화해 공식적으로 제기하고 있다.

—|—

그날 저녁, 내가 버스를 탄 시간에도 내가 출연한 지역 뉴스가 방송될 예정이었다. 브루클린에 있는 우리 집과 맨해튼 미드타운에 있는 직장은 13킬로미터쯤 떨어져 있어, 보통은 차로 45분 정도 걸리는 거리지만 액세스-어-라이드를 타면 거의 두 시간쯤 걸린다. 여러 이용자를 태우고 내려주느라 그 정도는 흔한 일이다. 기자는 이 경로를 뒤따라오며 취재했었다. 그날도 나는 차를 타면서 앞으로 어떤 일이 벌어질지 전혀 예상하지 못했다. 그저 집 쪽으로 가기만으로 희망했을 뿐이다.

처음에는 일이 꽤 잘 풀리는 것 같았다. 버스에는 여자한 명이 타고 있었다. 좌석이 여섯 석 정도 되고 뒤쪽에 휠체어가 들어갈 공간이 있는 소형 버스였다. 나는 문에서 가장 가까운, 앞줄 오른쪽 자리에 앉았다. 운전사는 맨해튼 다리를 건너 브루클린 쪽으로 향했고, 나는 운이 좋다고 생각했다. 헤드폰을 끼고, 뉴스를 봤다는 삼촌의 문자 메시지에 답을 했다. *전 못 봤어요. 당연히 액세스-어-라이드 타고 있죠. 제가 제안한 걸 강조해줬나요?*

나는 최근 뉴욕시 교통국 이사회에서 액세스-어-라이드의 세 가지 주요 개선 사항을 제안했다. 노선 개선, 이용자들이 근처에 있지도 않은 차량을 밖에서 기다리게 하지말 것, 그리고 승차와 관련한 이용자와 운전사 간의 더 직접적인 소통이 그것이었다.

액세스-어-라이드 이용자는 승차하기 전날 오후 다섯 시까지 차량을 예약해야 한다. 그러면 우리가 목적지에 도착해야 하는 시간에 따라 컴퓨터로 생성된 픽업 시간을 받게 된다. 이동 시간은 이용자의 승하차 지점 사이의 거리에 따라 조율되는데, 픽업 시간은 도착 시간 두 시간 전인 경우가 다반사다. 예를 들어 이동 거리가 10~15킬로미터라면 액세스-어-라이드는 최대 탑승 시간을 한 시간 35분으로 예상한다.

비가 오나 눈이 오나, 해가 뜨겁거나, 날씨가 어떻든 간에 이용자들은 정해진 픽업 시간에 야외에 있는 픽업 장소에서 대기하라고 안내받는다. 또한 교통 체증이나 지연이 발생할 수 있으므로 최대 30분까지는 차량을 기다리라고 지시받는다. 30분 늦게 도착한 운전사도 제시간에 온 것으로 간주된다. 한번 지연이 발생하기 시작하면 다음 이용자들은 몇 시간씩 기다리게 되기도 한다. 교통 상황이 악화되더라도 운전사는 미리 정해진 노선에 따라 운행해야 하기 때문이다. 반면 이용자들이 지각할 경우 운전사는 5분까지만 기다린다. 운전사가 도착했을 때 이용자가 보이지 않으면 전화를 걸도록 권장되지만, 의무는 아니다.

어느 겨울 저녁이었다. 내가 탄 버스가 어떤 이용자를 태우기 위해 정차했는데, 그 이용자가 자리에 없었다. 몇 분 후 70대로 보이는 흑인 여성이 근처 맥도날드 매장에서 급히 나왔고 보행기를 밀며 다가왔다. 보행기에는 검은색 쓰레기 봉지가 세 개 걸려 있었다. 운전사는 리프트를 내리기 위해 버스에서 나가더니 소리쳤다. "내가 가버리지 않아 다행인 줄 아세요. 5분이 넘었거든요."

"5분이요?" 할머니가 되물었다. "나는 세 시간 넘게 기다렸어요. 맥도날드 직원들이 안에서 기다리게 해줬는데, 차가 왔을 때 바로 보지 못했다고요."

"당신은 짐 한도도 초과했네요." 운전사가 덧붙였다. "두 개까지라고요. 당신 짐은 세 개잖아요. 이게 바로 액세스-어-라이드 이용자들의 문제라니까. 당신들은 이득을 취하고 있잖아요. 이용 자격이 있다고 유세 떨기는."

[운전사가 말한 '이용 자격'에 해당하는] '(사회복지) 수급권 entitlement'은 인종과 계급에 대한 논의에서 자주 등장하는 전문 용어인데, 장애 영역에서도 널리 퍼져 있다. 그 말은 우리가 마치 빚쟁이처럼 행동한다는 뉘앙스로 쓰이곤 한다. 우리는 마땅히 받아야 할 존중과 인간의 존엄성을 기반으로 대우받기를 요구하는 것인데도 말이다. 그런 용법에는 특정한 지위나 조건의 사람들은 더 나은 것을 요구할 권리가 없으며 주어진 것에 만족해야 한다는 믿음이 깔려 있다. 우리는 우리가 가진 게 무엇이든, 그것만으로도 행복해야 한다는 것이다.

할머니는 운전사의 무례한 태도에 화가 나서, 짐은 보행기에 걸려 있으니 당신이 실어줄 필요도 없다고 쏘아붙였다. 그리고 자신은 아주 가끔만 외출을 하며 그때 최대한 장을 봐야 하는데 쓰레기 봉지에는 그에 필요한 장바구니들이 들어 있다고 해명했다.

"당신에게도 어머니가 있나요?" 할머니가 운전사에게 물었다. "어머니가 나이 들었을 때 이런 대접을 받아도 괜찮은가요?"

———┼———

세계에서 가장 혼잡한 도시 중 하나이며 늘 교통 체증에 시달리는 이 도시에서 액세스-어-라이드 차량이 목적지까지 가는 데 시간이 오래 걸리는 건 당연한 일인지도 모른다. 하지만 운전사와의 소통 절차가 너무나 비효율적이어서, 이용자의 스트레스와 불안을 불필요하게 가중시킨다는 점은 심각한 문제다. 예를 들면, 이용자가 자신이 기다리는 차량의 위치를 확인하려면 대중교통 오퍼레이터에게 전화를 해야 하고, 그는 위성위치확인시스템^{GPS}을 읽어준다. 만약 GPS로도 차량을 추적할 수 없거나 이용자가 운전사에게 전할 메시지가 있는 경우에는 오퍼레이터가 차량을 파견한 업체에 연락을 하고, 업체에서 운전사에게 전화를 건다. 또한 이용자가 액세스-어-라이드 측의 규정을 위반하면 벌점을 받게 되는데, 이는 이용 자격에 영향을 미친다. 규정에는 탑승 취소를 최소 두 시간 전에 해야 한다는 내용도 있다. 최근 뉴욕시의 액세스-어-라이드 감사 결과에 따르면 2015년에 벌점 때문에 이용을 금지당한 사람은 3만1천 명이 넘었다.

뉴욕시 교통국은 이런 부작용을 완화하려는 목적으로 액세스-어-라이드 이용자가 30분의 대기 시간 내에 차량이 도착하지 않아 택시를 탄 경우 그 비용을 환급해주는 정책을 시행하고 있다. 하지만 이는 턱없이 부족한 장애인 택시 수를 감안해봤을 때 현실적인 대안이 아니다. 게다가 환급을 받기까지는 두세 달이 걸린다. 뉴욕의 비싼 택시 요금을 미리 지출할 여력이 없는 사람도 많다.

이용자 입장에서 액세스-어-라이드는 사전 예약이 필요하고 탑승을 변경할 여지가 거의 없음에도 불구하고, 정작 이 차량을 탔을 때는 경로를 예측할 수 없다는 사실은 아이러니하다. 대부분의 대중교통 이용자들은 자신의 목적지를 향해 가는 버스나 기차를 타고 정해진 노선을 따라 정해진 정류장을 거친다. 하지만 액세스-어-라이드 이용자들은 자신이 탄 차량이 어느 방향으로 갈지, 목적지까지 몇 개의 정류장이 남았는지 알 수 없다. 이용자들을 태우고 내리느라 거의 시티 투어를 하게 되는 경우도 흔하다. 심지어 목적지를 지나쳐서 되돌아오는 일도 있다.

액세스-어-라이드 고객 서비스 담당자에게 두 시간이나 걸리는, 그리 유쾌하지 않은 출퇴근길에 대해 불평했더니 그는 어딘가에 실제로 도착해야 하는 시간을 기준으로 액세스-어-라이드를 예약하지 말라고 조언했다. (나는 물론 그렇게 하지 않는다.) 나는 행여 직장에 제시간에 도착한다고 하더라도 경로가 뒤죽박죽인 데 대한 불만이 사라지는 것은 아니라고 설명했다.

"제시간에 도착해도요?" 그가 되묻더니 말했다. "그렇다면 뭐가 문제인지 모르겠네요."

문제의 그날, 목적지 방향으로 가는 차량을 탄 것만으로도 운이 좋았다고 생각한 건 이런 이유 때문이었다.

—│—

"당장 길에서 그 엉덩이 치워!" 운전사가 창밖을 향해 소리쳤다. 버스가 다가오는데 서둘러 길을 건너고 있던 한 여자를 향해서였다. 버스는 급정거했고, 나는 앞으로 고꾸라졌다. 간신히 차를 피한 여자가 운전사를 노려봤다.

"그래서 당신 엉덩이가 길거리에 있으면 안 되는 거야!" 운전사가 다시 소리치고는 우리를 향해 사과했다.

나는 민권 변호사로서 개인의 문제보다는 시스템의 문제를 생각하는 경향이 있다. 그래서 일부 운전사들이 괴팍하고, 짜증나게 하고, 부적절하거나 불안하게 행동하더라도 가능한 한 액세스-어-라이드에는 제도와 관련한 문제를 제기하려고 한다. 개별 운전사의 행동이 규정 변화로 해결할 수 있는 시스템의 문제를 상징적으로 보여주지 않는 한 말이다. 많은 운전사들이 내가 제안한 시스템 개선안에 공개적으로 동의하기도 했다.

어느 날 저녁 집에 가는 길에는 운전사가 하품을 하며 나에게 하루 종일 운전을 해서 피곤하다고 토로했다.

"법적으로 하루에 몇 시간까지 운전할 수 있나요?"

"열 시간이요."

"오늘은 몇 시간이나 운전하셨는데요?"

"열다섯 시간이요."

나는 대체로 운전사 개개인의 성격이나 습관에는 신경 쓰지 않으려고 노력하지만 (내 목숨을 쥐고 있는 낯선 사람과 왜 언쟁을 벌이겠는가?) 가끔 운전사와 문제가 생길 때도 있다. 그들이 의식하든 아니든, 운전사들이 나를 대하는 방식에 내 외모가 영향을 미친다는 것을 나는 민감하게 느낀다. 나는 키가 150센티미터인데다 목발을 짚은 흑인 여성이다. 내가 입을 연 후 열여섯 살이 아니라는 사실을 알게 되면 대부분은 깜짝 놀란다.

어느 날 아침, 맨해튼의 금융 지구를 지나 내 직장으로 향하던 중에 운전사가 짜증을 냈다. 그는 이 길을 처음 오는 게 분명했다.

"맨해튼에서 운전하는 건 너무 싫어요." 그가 말했다. "정장을 빼입고는 차도를 마구 건너다니. 아마 변호사들이 겠죠. 자기가 어디로 가고 있는지 보지도 않는 사기꾼들 같으니. 당신도 변호사 싫어하죠?"

"네, 어떨 때는요." 내가 대답했다.

어떤 운전사들은 흑인 '소녀'가 길을 가르쳐주면 절대로 듣지 않는다.

"아가씨, 나도 내 일을 할 줄 알아요. 당신 목적지에 제대로 갈 테니까 걱정 말라고요." 내가 경로를 이야기해주자 방어적으로 쏘아붙인 남자 운전사도 있었다. 나는 자신의 휴대전화를 차 스피커에 블루투스로 연결한 채 너무나도 사적이고 긴 통화를 하는 수많은 운전사들을 견뎌냈다. 토크쇼나 드라마를 듣는 기분이었다.

"이봐요, 당신은 그냥 그와 헤어지면 될 것 같은데요. 그런 이야기를 시시콜콜하게 하기에는 너무 이른 아침이잖아요." 나는 차 스피커로 울려 퍼지는 낯선 사람의 고민 상담에 끼어들고 싶은 유혹에 시달리다가 그만 웃음을 터뜨렸다. "다시 전화할게요, 승객이 있어서요." 마침내 운전사가 그에게 말했다.

그런가 하면, 내게는 괜찮냐고 묻지도 않고 시끄러운 음악 방송을 틀었다가 백인이나 나이 많은 승객이 탈 때만 소리를 낮추는 운전사도 있다. 운행 중간에 아침을 먹기 위해 맥도날드 드라이브 스루에 들른 운전사도 있었다. (나한테는 아무것도 사주지 않았다.) 나는 이런 미세공격^{microaggression} (특정 집단 및 개인을 향해 미묘하고 사소하게 행하는 일상적인 혐오와 차별을 의미하는 말로 미국의 정신과 의사이자 하버드대 교수인 체스터 피어스가 흑인이 겪는 모욕과 배제 현상을 설명하기 위해 처음 썼다. 최근에는 여성·성소수자·장애인·빈곤층 등 다양한 소외 집단을 향한 혐오와 차별 양상을 가리키는 데 널리 쓰이고 있다.)에 주의를 기울이고, 이런 사건들은 더 큰 문제의 징후라고 생각하지만 공식적으로 불만을 제기하지는 않는다.

우리는 브루클린에 도착했다. 다른 승객의 집으로 가는 동안 운전사는 도로며 허공, 다른 운전자들, 듣고 있는 모두를 향해 무작위적으로 욕을 해댔다.

"욕해서 죄송해요." 그는 뒤쪽으로 고개를 돌려 말했다.

몇 분 후, 승객 한 명이 내렸다. 우리 집은 거기서부터 10분 거리였기 때문에 나는 곧 도착할 거라고 생각했다. 그리고 그날 저녁의 효율적인 경로에 대해 조용히 기뻐하고 있었다. 단지 운이 좋았던 것일까, 혹은 내가 열심히 문제 제기를 해서일까 생각하면서. 버스가 우리 동네에 들어섰을 때 사위는 조용했고 거리엔 아무도 없었다. 나는 헤드폰을 벗고 휴대전화를 가방에 넣고 짐을 챙겼다. 집에는 아무도 없다는 걸 알았기 때문에 열쇠를 찾기 시작했다. 운전사는 집 앞에 차를 세우고 문을 열더니, 일어나 선언했다.

"오줌 싸야겠어요." 그가 말했다. "맨해튼에서 당신을 태운 후부터 쭉 마려웠어요."

나는 찾은 열쇠를 목에 걸면서 그가 왜 그런 정보를 공유하는지 의아해했다.

그는 스티로폼 재질의 일회용 컵을 들고 내 쪽으로 다가왔다. 내가 버스에서 내리는 것을 도와줄 거라고 생각해서 목발을 건네려 했지만 그는 받지 않았다.

"그냥 이 컵에 쌀게요." 그는 대수롭지 않게 말하더니 열린 문을 지나 통로 쪽 좌석에 앉았다. 나는 무슨 일이 벌어지고 있는지 아직 이해하지 못한 상태였다. 우리 집 앞이었다. 그는 오줌이 마렵다고 했다. *왜 그런 말을 한 걸까?* 그리고 더 중요한 건, 그는 내가 내릴 수 있게 목발을 받아준 다음에 자기가 하려던 걸 해도 됐는데 왜 그렇게 하지 않앉을까? 버스에서 뛰어내려 오줌을 누려던 참이었나? 그랬다면, 그는 왜 밖으로 나가지 않았을까?

그는 바지 지퍼를 내리기 시작했고, 나는 깜짝 놀랐다. 그는 내 눈앞에서 오줌을 싸려고 했던 것이다. 로스쿨 동기 중 한 명이 최근에 자신의 백인 동료가 "깜둥이 새끼 N-word"〔흑인을 비하해 부르는 은어 'Nigger'를 가리키며 이는 수위가 높은 욕이기 때문에 언급이 불가피할 경우 앞 글자만 따서 'N-word'라고 바꿔쓴다.〕의 철자를 물어봐 충격을 받았다는 이야기를 한 것이 떠올랐다. 그는 동료가 그런 질문을 자신에게 했다는 데 너무 당황해서 어떻게 대답해야 할지 몰랐다고 했다.

"뭐라고? 그런 단어의 철자가 왜 필요했다니?"

"모르겠어."

"구글이나 사전이 뭔지 모르는 사람이야? 널 떠본 거 아냐?" 나는 화가 나서 물었다.

"나도 그게 궁금해."

"대체 왜 하필이면 흑인 여성인 너한테 물어봐야 했대?"

"모르겠어. 너무 충격받았어."

"그래서 어떻게 했는데?" 나는 알아야만 했다.

"철자를 알려줬지." 그가 말했다.

친구는 즉시 자신의 대답을 후회했다고 했다. 그는 내가 그런 일을 당했다면 어떻게든 반격했을 거라고 생각한다고 했다. 나는 우리 중 누구도 그런 상황이 실제로 벌어지기 전에는 뭘 해야 할지 모른다고, 너무 자책하지 말라고 말했다. 어떤 사람들은 너무나 뻔뻔해서 충격적이다. 그리고 낮선 사람이 내 앞에서 지퍼를 내리고 소변을 보는 순간, 나는 어떻게도 반격할 수 없다. 순식간에 수백만 가지 생각이 머릿속을 스쳐 갔지만 어떤 말도 입 밖으로 나오지 않았다.

나는 어이가 없었고 방어해야 한다고 느꼈다. 한편으로는, 그가 소변을 보는 것이 부적절하고 역겹긴 했지만 당장 내 신체에 위해를 가하는 행위는 아니라고 생각했다. 나는 고민했다. *지금 당장 비명을 질러야 할까? 그게 적절할까, 아니면 불필요하게 소란을 피우는 것일까?* 이웃 주민이 나와서 웬 소란이냐고 묻고 내가 그 남자가 오줌을 쌌다고 대답하는 장면을 상상했다. 그리고 동시에 장애인은 다른 집단보다 성폭력에 노출될 위험이 높다는 사실을 떠올리면서, 낯선 사람 앞에서 자신의 은밀한 신체 부위를 꺼내 소변을 볼 수 있는 남자라면 또 무슨 짓을 할 수 있을지 생각했다. 나는 조용히 기도했다. 나는 이미 신체적으로 불리하다. 그가 뭔가 다른 시도를 할 경우를 대비해야만 했다. 나는 맞서 싸우거나 버스에서 내려야 한다는 걸 알았다.

'존경성 정치'〔소수 집단이나 개인에게 주류/다수자적 사회의 기준에 맞는 방식으로 존중받을 수 있게 행동할 것을 요구하는 사회적 분위기. 소수자 스스로 그런 행동과 인정을 갈구하는 것도 포함해서 이른다.〕가 대중적인 전문 용어가 되기 훨씬 전부터 나는 내 인간성과 장애가 상호배타적이지 않다는 것을 다른 사람들이 인식하게 하는 데 내 학위가 도움이 될 거라고 생각했다. 유색 인종인 사람들은 "인종차별을 넘어서려면 너 자신이 두 배는 더 잘해야 한다."는 말을 들으며 자란다. 나는 내 삶에서 맞닥뜨리는 인종차별과 비장애중심주의 모두에 대처하기 위해 그렇게 해왔다. 나는 사람들에게 진지하게 받아들여지고 싶었고, 고등 교육을 받는 게 해결책이라고 생각했다.

그때까지 나는 로스쿨을 나온 후 변호사로 살아온 2년간의 기간이 내 인생에 얼마나 큰 함정이었는지 미처 알지 못했다. 나는 여전히 이 사회, 이 도시, 그리고 이 세상에서 흑인이자 여성, 장애인으로서 온갖 난관을 헤치며 살아야 한다. 운전사가 내 눈앞에서 소변을 보겠다고 결정한 순간, 내가 느낀 공포와 당황스러움, 충격과 불쾌함 사이에서 나는 내 의뢰인들이 마주했던 것이 무엇이었는지를 깨달았다. 누군가가 나를 존중하도록 만들 힘이 없다면 자신의 권리 (혹은 가치)를 아는 것만으로는 결코 충분하지 않다.

나는 생각했다. *이 남자가 무슨 짓을 해도, 내 빛나는 아이비리그 법학 학위는 나를 구할 수 없을 것이다. 내가 고정관념에 저항하고 잘못된 것들을 바로잡기 위해 해온 노력 따위는 그가 알 바 아닐 테니까.*

나는 그가 그저 오줌만 싸고 있는 거라고 되뇌었다. 동시에, 그런 합리화로 스스로를 진정시켜야 한다는 게 분했다.

그냥 가방을 두고 도망갈까, 생각도 해봤다. 하지만 나는 혼자서는 목발을 짚고 버스 계단을 내려갈 수조차 없다. 내가 난간을 붙잡는 동안 목발을 잡아줄 사람이 필요하다. 보통은 운전사들이 그렇게 해줬다. 목발을 밖으로 던진 다음 난간을 붙잡고 계단을 내려가서 목발을 주워야 하나? 나는 내가 과민 반응을 하고 있는 건지, 도망치는 게 다칠 위험을 감수할 만한 일인지 궁금했다. 집이 코앞인데도, 어디든 가려면 도움이 필요하기 때문에 이런 이상한 계산을 해야 한다는 데 좌절감이 들었다.

혹시 교통국이 나를 괴롭히고 있는 걸까? 별 생각이 다 들었다. 지금 누군가가 사무실에 앉아, 대중교통 활동가이자 개혁가 지망생이 처한 곤경을 비웃고 있는 걸까?

하지만 승객 앞에서 침착하게 소변을 볼 수 있는 사람을 공격하거나 그의 비위를 건드릴 필요는 없다고 생각해 그냥 그 장면을 보지 않기로 했다. 나는 아무 말도 하지 않고 불쾌한 마음으로 고개를 돌렸다.

마치 하루처럼 느껴진 1분이 지난 후, 그는 그 일을 마치고 내가 버스에서 내리는 걸 도와줬다. 그가 내 목발을 만지는 것이 꺼림칙했지만 선택의 여지가 없었다. 나는 그에게 목발의 아래쪽을 건넸다. 내가 잡는 손잡이 부분에 그의 손이 닿지 않기를 바라면서. 그는 아무 일도 없었던 것처럼 내 지갑이나 도시락 가방도 들어줘야 할지 물었다.

"아뇨, 괜찮아요." 나는 지갑과 도시락 가방을 목과 어깨에 주렁주렁 건 채 말했다. "제가 할게요."

그의 침착함이 나를 불안하게 했다. 의문이 가시지 않았다. 도대체 얼마나 사람을 무시해야 그 앞에서 대놓고 소변을 볼 수 있는 것일까? 그 정도로 급했다면 왜 나를 태웠던 맨해튼 근처 스타벅스로 달려가지 않았을까? 다른 운전사들은 그렇게 하는데? 왜 버스에 우리 둘만 남았을 때까지 기다렸을까? 그가 눈앞에서 오줌을 싸기로 선택한 승객이 왜 하필 나였을까? 내가 백인이었어도 그렇게 했을까?

그는 최소한 내가 볼 수 없는 버스 뒤쪽 구석으로 갈 수도 있었는데, 왜 그러지 않았을까? 오줌을 쌀 것이라는 말을 어떻게 그렇게 침착하게 할 수 있었을까? 차라리 그가 우리 집 잔디밭에서 소변을 봤다면 덜 불쾌했을 것이다. 그러면 그러는 동안 내가 그와 한 공간에 있을 필요는 없었을 테니까. 그냥 운전석에서만 했어도, 내 기분이 조금 더 나았을 것 같다. 그러면 소변을 보는 게 의도적이고 이성적인 선택이 아니라, 피할 수 없는 비상 상황으로 여겨졌을 테니까. 만약 그랬다면 그가 그렇게 할 수 있기 때문에 그렇게 한 게 아니라, 그렇게밖에 할 수 없어서 그랬다고 생각했을 것이다.

내가 버스에서 내리자 그는 우리 집 문을 열어주겠다고 말했다.

"아뇨, 괜찮습니다."

나는 서둘러 집으로 들어갔다. 손을 씻고, 목발을 닦고, 교통국에 전화해 불만을 접수했다.

그리고 할머니와 삼촌에게 이야기했다.

"이런, 말도 안돼." 삼촌이 말했다. "넌 반드시 운전면허를 따야 해."

"버스 안에 둘만 있었는데, 안 찍어놨어?" 할머니가 물었다.

"아뇨." 나는 그런 일이 일어나리라고는 상상도 못했다. "저는 그걸 안 보려고 애쓰고 있었어요."

"그럼 할 수 있는 일이 없겠네." 할머니가 말했다. "네 말뿐이잖아. 그 남자는 다르게 말할 걸. 누가 그걸 믿겠어?"

모르겠어요. 나는 생각했다. *저 자신도 믿을 수가 없네요.*

커뮤니케이션 접근을 통해
힘을 얻기

라
　티
　　프
　　　맥
　　　　클
　　　　　라
　　　　　　우
　　　　　　　드

팟캐스트 《장애 가시화》의 세 번째 에피소드인 〈보조 테크놀로지〉 내용 중
일부로 2017년 10월에 처음 방송되었다.

라티프 맥클라우드	(타이핑) 제... 이름은... 라티프... 맥클라우드입니다. 제 이름은 라티프 맥클라우드입니다. 저는 현재 캘리포니아 통합연구소 인류학과에서 사회변화 전공 박사과정을 밟고 있습니다. 저는 중증장애인들이 이 사회에서 더 강력한 정치적, 사회적 권력을 가지는 방법에 집중해 연구하려고 합니다. 미디어에 자주 노출되는 것도 권력을 갖는 데 중요합니다. 그것이 당신의 팟캐스트와 저의 글쓰기가 필요한 이유입니다. 저는 또한 새로운 시와 소설을 쓰고 있는데, 여기서도 장애 문제를 더 많이 다루려고 합니다. 또한 제가 다니는 교회의 장애 분과에서 활동하고 '보완대체 의사소통을 위한 국제사회' 위원장을 맡아 바쁘게 지내고 있습니다.
앨리스 윙	그럼, 라티프 당신이 사용하고 있고, 생활에 꼭 필요한 보조 테크놀로지에 대해 말씀해주시겠어요?
라티프	(타이핑) 없으면 안 되는 보조 테크놀로지는 전동 휠체어죠. 휠체어가 없으면 밖에 나갈 수 없으니까요. 아이패드와 아이폰으로 활용하는 프롤로그투고Proloquo2Go〔언어 장애를 가진 사람들을 대상으로 한 언어 학습 앱〕와 프롤로그포텍스트Proloquo4Text〔입력된 단어나 문장을 음성으로 들려주는 앱〕 앱도 의사소통에 꼭 필요합니다.

앨리스 네, 저도 전동 휠체어를 타고 있어요. 컴퓨터와 휠체어가 없다면 집에 꼼짝없이 갇혀 있겠죠. 두 가지는 제 삶의 필수 요소입니다.

라티프 (타이핑) 그렇죠, 노트북 없이는 살 수 없죠.

앨리스 오늘 저희는 커뮤니케이션을 돕는 보조 테크놀로지에 대해 이야기하고 있는데요, 보완대체 의사소통 augmentative and alternative communication 이라는 말을 처음 듣는 분들을 위해 이게 뭔지 설명해주시겠어요? AAC라고도 합니다.

라티프 보완대체 의사소통은 언어 장애가 있는 사람들을 위한 비언어적 의사소통입니다. 다양한 도구나 전자기기를 통해 기호, 문자, 단어 등으로 소통하는 형식입니다.

앨리스 당신은 삶에서 AAC를 어떻게 활용해왔나요? 어렸을 때부터 접했나요, 혹은 나이가 든 후에 알게 됐나요?

라티프 (타이핑) 저는 여섯 살때부터 사용했어요. 터치 토커〔그림으로 된 기호를 눌러 의사를 전달하는 휴대용 기기로 1984년에 처음 시판되었다.〕를 받았거든요.

앨리스	그렇다면 성장하면서 AAC와 다른 보조 테크놀로지들의 변천 과정을 쭉 지켜봤겠네요. 시대에 따라 다른 여러 기기들을 사용하는 건 어땠나요?
라티프	(타이핑) 제가 지금 쓰고 있는 아이패드가 다른 AAC 기기들에 비해 가장 다른 점은 대량 생산되었다는 것인데요. 그 결과 복합적인 의사소통의 요구가 있는 수요자들만을 대상으로 생산된 이전의 AAC 기기들보다 훨씬 저렴하죠. 다른 것들의 가격은 수천 달러에 달했지만 아이패드는 수백 달러니까요.
앨리스	확실히 유니버설 디자인에 대한 관심이 높아지면서 AAC와 여러 보조 테크놀로지가 더 보편화된 건 사실이지만, 아직도 장애인 대다수는 그것을 살 여력이 없거나 보험에 가입하지 않은 상황입니다. 보조 테크놀로지가 정말 필요한 장애인들이 더 쉽게 사용할 수 있으려면 어떤 조건이 필요할까요?
라티프	이 테크놀로지들이 휴대전화, 태블릿, 컴퓨터 등 사람들이 일반적으로 구입하는 기기들과 더 통합되어야 한다고 생각합니다. 그래야 간접비가 줄어드니까요.

앨리스	저도 전적으로 동의해요. 당신이 과거에 사용했던 기기들의 경우, 재활 산업계에서 의료용으로 디자인되고 만들어져왔죠. 테크놀로지는 당연히 더 그랬고요. 제가 예전에 썼던 것들은 비쌀 뿐 아니라, 저에게는 너무 못생긴데다 사용하기도 쉽지 않았어요. 이런 종류의 테크놀로지와 기기들이 장애인 당사자에 의해 개발되는 경우는 거의 없었고요. 요즘 아주 조금씩 변하고 있는 것 같아요.

(경쾌한 일렉트로닉 음악)

아이패드와 아이폰, 와이파이와 노트북 이전에 사용했던 AAC 기기 중 정말 마음에 들지 않았거나 쓰기가 어려웠던 것이 있으면 말씀해주시겠어요?

라티프	제가 처음 사용했던 터치 토커는 그림 아이콘이 있는 묵직한 기기였어요. 아이콘을 일정한 순서대로 누르면 짧은 문구가 생성되었는데, 저는 뭘 누르면 어떤 문구가 나오는지 외울 수가 없어서 그냥 철자를 하나하나 적곤 했어요.

앨리스	그렇군요. 기기가 너무 제한적이고 선택의 폭이 좁아서, 기기에 따라 많은 정보를 새로 외워야 했을 것 같네요. 여섯 살 때 처음으로 AAC를 사용했다

고 하셨는데 그 전의 삶이 어땠는지 기억하시나요?

라티프   터치 토커를 쓰기 전, 여러 단어가 쓰인 그림판을 엄마가 만들어주셨어요. 저는 단어를 짚으며 소통했고요. 저는 간단한 단어들은 발성할 수 있었고, 기본적인 수어를 할 수 있었습니다.

앨리스   장애인들에게 AAC 등 보조 테크놀로지가 왜 중요하다고 생각하시나요? 당신 자신, 그리고 장애인 커뮤니티에 있는 사람들의 경험에 비추어본다면요?

라티프   (타이핑) AAC는 복합적인 의사소통의 요구가 있는 사람들이 자기 자신을 표현하거나 커뮤니티 내 사람들과 상호작용하도록 도와주기 때문에 중요합니다.

앨리스   혹시 보조 테크놀로지와 관련한 위시 리스트가 있나요? 디자이너, 엔지니어, 개발자에게 어떤 개선 사항을 요구하고 싶으신가요? 미래에 어떤 AAC 혹은 보조 테크놀로지를 기대하시나요?

라티프   디자인은 지금 확실히 개선되고 있는 것 같고요. 가장 먼저, 그리고 가장 중요하게 해결해야 하는 건 가격 문제죠. 적정한 가격으로 제공해 접근성을 높여야 합니다. 필요하기만 하다면 누구나 가질 수 있도록 말이죠.

앨리스   저는 테크놀로지와 보조 테크놀로지의 경계가 정말 모호한 것 같아요. 그렇지 않나요? 아이폰을 가진 사람이라면 누구나 시리[Siri]를 사용할 수 있는데, 시리야말로 많은 장애인들에게 보조 테크놀로지로 쓰이죠. 더 많은 사람들이 이런 형태의 테크놀로지를 표준 기능으로 생각한다면, 모두에게 도움이 될 수밖에 없어요. 당신이 생각하기에 정말 유용할 것 같은데 아직 출시되지 않은 기능이 있다면 무엇인가요?

라티프   저는 제 AAC 기기에 적용할 수 있는 음성 아이디[ID]를 갖고 싶은데요. 사용자 자신에게 맞춰진 디지털 목소리를 사용하고 싶어요.

앨리스   그렇군요, 당신 자신의 개성을 반영한 맞춤 목소리를 사용할 수 있다면 정말 좋겠네요. 기기가 제공하는 표준화된 소리로 각자의 감정과 개성을 완전히 표현하는 건 너무 어려우니까요.

라티프   AAC를 사용하는 사람들이 이 사회에서 제대로 의사소통을 하는 데 필요한 것은 적절한 AAC만이 아닙니다. 그것을 넘어서는 많은 문제가 있죠. 어떤 사람들은 심각한 이동 장애를 겪고 있습니다. 그런 경우에는 지역사회에서 더욱 소외되어 있죠. 의사소통이 어렵기 때문에, 누구보다도 더 자주 고독과 고립에 직면합니다.

그래서 저는 지금 박사과정에서 AAC 사용자들이 사회에 더 포함되고 참여하기 위한 사회적, 정치적 힘을 가질 방법을 연구하고 있습니다. 이 문제를 해결하는 데 필요한 것은 테크놀로지만이 아니죠. AAC 사용자들을 수용할 수 있도록 사회 인식이 바뀌어야 합니다.

앨리스   전적으로 동의합니다. 라티프 당신은 시인이기도 한데요. 제가 정말 좋아하는 당신의 시 〈흉측한 법 ugly law 에 걸리기엔 나는 너무 아름답다〉를 공유해주실 수 있을까요?

라티프   난 여기 있으면 안 돼
이런 몸으로는
여기에서
당신에게 말 걸어서도 안 돼
삐걱거리며 움직이는 팔다리와
침 흘리는 미소로는
이렇게 존재한다는 사실만으로

거리에서 내쫓기곤 했지

1867년 시카고에서 시작돼

많은 미국 도시의 법전에 있는

흉측한 법은 말하네

"환자, 불구, 신체가 훼손된 자,

어떤 식으로든 기형이고 부적절한 자는

거리, 도로, 고속도로,

이 도시의 어떤 공공장소에도

출입을 금한다.

타인의 눈에 띄면 안 된다.

그들 자체가 경관을 해치는

흉측하고 추악한 사물이므로

위반할 때마다 벌금 1달러를 부과한다."

나처럼 생긴 사람은

성실한 시민들의 눈에 보이기엔

너무 역겹다고 하네

그따위 흉측한 법에 걸리기엔 나는 너무 아름답다

틀에 갇히기엔

너무 매끈하고 뛰어나며 다채롭다

거리에서 휩쓸리기엔

너무 대담한 걸음걸이

원하는 만큼 쳐다보시라

어떤 경찰도 내 머리를 부수고

시설로 데려가진 못할 거야

어떤 의사도 나를 불치병 걸린

속수무책 무능력자로 진단하진 못할 거야

몽둥이와 횃불을 든 성난 군중도

나를 마을 밖으로 쫓아내진 못할 거야

당신이 뭘 하든

내 뿌리는 굳건하네

백 년 된 나무처럼

나는 여기에 꼿꼿이 남아

당신의 흉측한 얼굴을 노려보리라

4. 연결하기

레아락시미피에프즈나사마라시냐

장애 정의는 두 사람의
장애인이 만나는
바로 그 장소에 존재한다.
부엌 식탁, 그리고
우리가 사랑을 속삭이는
침대의 온열 매트 위
같은 곳에.

기후 재난에서 살아남으려면, 퀴어와 장애인을 보라

패티 번

바네사 래디츠가 듣고 편집

전 세계의 커뮤니티들이 양적으로나 질적으로 급증하는 기후 재난에 대처하느라 어려움을 겪고 있다. 미국에서는 연방정부와 주정부, 비영리기관 들이 최근 발생한 화재, 홍수, 지진으로 타격을 받은 커뮤니티에 재정을 쏟아붓고 있다. 하지만 이런 긴급 지원 서비스는 대체로 피해를 입은 주민들의 장기적 필요에는 부응하지 못하며 인종, 계급, 젠더, 장애, 성적 지향 등 다양한 억압이 상호교차하는 지점을 구조적으로 간과하는 경우가 비일비재하다.

그런 이야기는 너무나 많다. 푸에르토리코에 허리케인 마리아가 닥쳤을 때, 퀴어 및 트랜스젠더 커뮤니티는 정신과 처방전과 호르몬제 등 필수적인 의료품을 구할 수 없었고, 많은 이들이 혐오와 폭력에 직면했다. 캘리포니아 북부에 화재가 발생했을 때 천식을 앓고 있던 흑인 퀴어 환경 정의 활동가는 호흡 곤란을 겪어서 영구적인 뇌 손상이 왔다. 노숙자 야영지부터 지역 교도소에 이르기까지 사회적·정치적·경제적으로 취약한 커뮤니티들은 생태 재난 상황에서도 최전선에 있다.

자본주의, 인종주의, 비장애중심주의, 성소수자 혐오가 지구 역사상 가장 예측 불가능한 이 시기에도 우리를 취약한 구석으로 몰아넣고 있지만, 혐오에 대응해 우리가 얻은 지혜가 기후 위기에 맞설 힘이 되어줄 것이다. 퀴어, 트랜스젠더, 장애인의 역사는 우리의 필요를 배제하는 사회에서 창의적으로 문제를 해결해온 일련의 과정이었다. 만약 우리가 상호교차적인 기후 정의 운동을 구축할 수 있다면, 우리 종에게는 생존할 기회가 생길 것이다.

우리 자신이 자연의 일탈이 아니라 자연스러운 존재임을 공공연하게 그리고 기쁘게 선포하는 것으로부터 시작하자. 우리는 급성장 중인 퀴어 생태학에서 치유와 정의를 찾을 수 있다. 산호초 어류 중 50종 이상이 평생 한 번 이상 성전환을 한다. 성전환할 때 그들의 습성, 몸, 생식기관 전체가 바뀐다.

이런 관점으로 보면, 지구에는 모두의 생존에 필수적인 생물 다양성이 있었다는 사실을 상기할 수 있다. 최근 심각하게 위협받고 있는 다양성이야말로 생태적으로나 사회문화적으로 기후 위기에 대한 최선의 방어책이다.

자신의 다양성을 생태계 개념에 비추어 바라보기 시작하면, 지구에서 벌어진 여러 재난을 나란히 자본주의의 위협의 결과들로 이해할 수 있다. 자본주의가 성소수자나 유색인종의 몸에 가한 폭력은 자본주의가 식민지를 착취한 방식과 다르지 않다.

자본주의가 생물 다양성을 위협하는 방식(연료용 단일종을 심기 위해 숲을 벌채하는 등)은 그대로 장애인을 향한다. 우리의 몸이 '생산적'이지 않다는 이유로 소외시킨다. 부를 축적하려는 자본주의의 추동은 우리의 예측을 넘어섰고, 이미 우리 종에 엄청난 손실을 입혔다.

분출하는 기후 혼란 속에서 우리는 지구의 저항을 목격한다. 우리는 질문한다. 어떻게 이 갈색 피부의, 퀴어인, 장애가 있는, 여성인 행성(지구)의 앨라이가 될 수 있을까. 지구와, 지구에 의존하는 모두의 생존을 어떻게 지속시킬 수 있을까. 기후 정의, 장애 정의, 퀴어 해방 운동 간 공고한 경계를 허무는 것은 사회구조와 제도의 무관심 속 부정의가 교차하는 최전선에 있는 사람들의 몫이다.

퀴어-트랜스-유색 인종-장애인 커뮤니티들은 이미 닥쳐온 재난 상황에서 살아남을 준비를 하고 있다. 회복탄력성에 기반한 조직화 기술을 서로 가르쳐주고, 미래에 필요한 변화를 전략적으로 만들어내고 있다. 2017년 캘리포니아 지역에 산불과 홍수가 발생했을 때 인근의 퀴어 장애인 활동가들은 마스크와 공기 필터를 나누었고, 푸에르토리코인 커뮤니티는 인슐린을 냉장 보관하기 위해 발전기를 공유했다. 2018년 유엔 기후행동정상회의가 열릴 때 활동가들은 '해법을 위한 시민사회 연대회의'를 열었다. 캘리포니아 산불을 겪은 라틴계 트랜스젠더 활동가들이 전 세계에서 온 기후 정의 활동가들을 위한 치유와 정의 워크숍을 진행했다. 그 자리에서 우리는 서로 연결되고 배웠다. 이런 움직임이 활발해지고 있지만 사회적으로는 아직도 잘 가시화되지 않는다.

다른 이들을 가치 있게 여기려면 우리 자신의 가치부터 알아야 한다. 지금은 우리가 나비와 이끼와 노인들의 귀중한 삶을 위해 싸워야 할 역사적 순간이다. 우리는 물론 모든 생명체의 삶이 이 싸움에 달려 있다. 우리는 어떤 존재가 생산할 때만 가치 있다는 사회문화적 신념을 넘어서야 한다. 생태계의 각 구성 요소가 주변의 모든 것을 지탱하는 데 중요한 역할을 하는 것처럼, 우리 하나하나도 우리의 커뮤니티, 환경, 지구를 지속시키는 데 필수적이다.

사람들은 이 시대를 살아내는 '강인함'에 대한 모델을 필요로 한다. 강인함은 한 건물에서 다른 건물로 뛰어넘는 순간적 힘만을 의미하지는 않는다. 이상적이지 않은 상황에서 버틸 수 있는 인내력이기도 하다. 장애인들이 매일 끈질기게 발휘하는 힘이다.

고통스럽고, 불편하고, 세상의 모든 잘못된 것들에 압도당해 절망할 때에도 우리는 삶과 인간성에 대한 희망을 포기해서는 안 된다. 퀴어-트랜스-장애인들은 그 점을 안다, 그것이야말로 우리가 살아온 방식이기 때문이다. 이 기후 혼란의 순간에 우리는 말한다. 우리 세계에 온 것을 환영한다. 우리에게는 모두가 살아남을 수 있도록 가르쳐줄 것이 있다. 만약 당신에게 들어볼 생각이 있다면 말이다.

장애 연대

해
  리
    엇
       터
         브
           먼
              콜
                렉
                  티
                     브

: '흑인의
목숨을 위한
비전'을
완성하기

미국 인구 중 장애인의 비율은 20퍼센트 이상이다. 소수자 집단 중 가장 큰 규모다. 특히 다양한 인종 범주 측면에서 보면 흑인 커뮤니티의 장애인 비율이 가장 높다. 거의 4분의 1에게 어떤 형태로든 장애가 있다.

그럼에도 불구하고 2016년 8월 1일에 '흑인의 목숨을 위한 운동the Movement for Black Lives'(이하 '흑인 운동')〔2012년 백인 경찰의 진압 과정에서 흑인 남성 조지 플로이드가 사망한 사건 이후 흑인 인권 운동 '흑인의 목숨도 소중하다Black Lives Matter'가 촉발, 확산되었다.〕이 "모든 흑인에게 더 정의로운 세상을 만든다."는 기치로 발표한 정책 혁신 강령에서는 장애, 비장애중심주의, 청능주의는 단 한 번도 언급되지 않았으며, 흑인을 차별하는 인종주의와의 상호교차성 역시 간과되었다. 미 전역 50개 이상의 단체가 지지한 이 강령은 여섯 항으로 구성되어 있으며 내용의 일부 는 다음과 같다.

> 우리는 가장 소외된 흑인의 경험과 리더십을 고양시키는
> 것의 가치를 믿는다. 우리는 퀴어, 트랜스, 젠더 비순응자,
> 여성, 그리고 간성인 흑인들이 직면한 국가 폭력과
> 젠더 폭력의 경험을 보다 더 가시화하고자 한다. 우리가
> 소외된 이들을 위해 중심을 잡고 투쟁하지 않는다면,
> 모든 흑인의 해방은 불가능하다. 공통의 의제를 제시하고
> 확장하는 데 협력함으로써 결국 모든 사람의 인간성과
> 존엄성이 온전히 인정되는 세계로 한 걸음 더 나아가기를
> 희망한다.

이 강령은 정부와 사회제도가 흑인을 대하는 방식의 획기적인 변화를 제안하고, 미국 내외에서 흑인이 경험하는 많은 억압의 시스템에 맞서기 위한 사고의 틀을 제시한다.

그러나 왜 이런 강령에서 장애에 관한 언급이 누락되어 있는지 의문이다. 흑인 운동이 흑인의 신체와 커뮤니티를 향한 폭력의 주범으로 지목해온 사회제도가 작동하는 데 비장애중심주의와 청능주의가 얼마나 결정적인 역할을 하는지를 고려해본다면 이 문제는 더욱 심각하다. 예를 들면 경찰에 의해 살해된 사람들의 60~80퍼센트가 장애인/농인이라는 통계가 있다.

흑인 장애인들은 다음과 같은 사회적 조건의 맥락에서 더 빈번히 국가 폭력에 노출된다.

◆ 장애인은 빈곤에 처할 가능성이 비장애인보다 두 배 높다. 빈곤이 장애의 원인이자 결과로 작동하기 때문이다.

◆ 장애아동·청소년이 형사 범죄를 저질러 소년법 적용을 받는 비율은 비장애아동·청소년의 5~6배에 달한다. 소년원에 수용된 남성의 65퍼센트와 여성의 75퍼센트는 최소 한 종류 이상의 정신질환을 갖고 있다. 전체 수용 인원 중 한 종류 이상의 장애를 가진 사람의 비율은 85퍼센트에 달한다.

◆ 주 교도소에 수감된 남성 55퍼센트와 여성 73퍼센트에게 정신질환이 있으며, 전체 수감자 세 명 중 한 명, 구치소 수감자

여섯 명 중 한 명이 입소 후 정신질환 치료를 받았다.

이들 통계에서 흑인 등 부정적으로 인종화된 사람들은 뭉뚱그려지고 왜곡되어 재현된다. 비장애중심적 사회 규범은 누군가에게 조현병, 자폐스펙트럼장애, 반사회적 성격장애, 발달장애와 지적장애 등 정신장애가 있다는 것만으로도 그들을 잠재적 범죄자로 규정한다. 게다가 흑인인 경우 학교, 경찰, 사법제도 등에서 부당하게 대우받을 가능성이 더욱 높아진다.

흑인 운동에 헌신한 많은 흑인 장애인/농인 활동가들은 인종과 장애의 상호교차성이 누락되는 현실이 운동 내에서 작동하는 비장애중심주의와 청능주의를 증명한다고 지적해왔다. 우리, 해리엇 터브먼 콜렉티브는 장애인과 농인의 서사와 리더십을 핵심에 두지 않고는 결코 해방을 이룰 수 없음을 흑인 운동에 상기시키기 위해 모였다.

우리는 강령 작성자 중 적어도 한 명 이상이 장애인이었음을 알고 있다. 그런데도 흑인 운동은 장애계와의 연결을 적극적으로 모색하지 않았고 이로 인해 인종과 장애의 상호교차점에서의 불평등, 폭력, 억압을 다루는 데 실패했다.

강령의 핵심적 제안인 흑인과의 전쟁 종식, 경제적 정의, 커뮤니티 관리, 정치적 권력 확보 등의 내용에서 흑인 장애인/농인의 경험은 명백히 삭제되어 있다. 장애에 대한 몰이해는 "다른 능력이 있는 differently abled"이라는 문구를 사용했다는 점에서 두드러진다. 장애계에서는 이런 표현을 쓰지 않는다. 왜냐하면 이런 표현은 우리 자신이 장애의 원인인 것처럼 암시함으로써, 장애가 사회적이고 제도적인 장벽에 의해 발생하는 현실을 가리기 때문이다. 이는 모욕적일 뿐 아니라 흑인 장애인/농인이 지역사회와 국가 제도에 의해 일상적으로 겪는 소외와 배제가 구현된 언어다.

흑인 장애인/농인의 곤경을 무시하면서 흑인의 삶에 관한 확고한 정치적 입장을 취하는 것은 어불성설이다. 장애의 존재 없이 이 강령은 완성될 수 없다. 흑인 장애인/농인의 참여와 리더십 없이는 어떤 흑인 운동도 성공할 수 없다.

흑인 장애인/농인은 경찰 폭력의 주요 타깃이며 이는 인종차별주의, 비장애중심주의, 청능주의가 한데 어울려 작동한 결과이므로 이들을 모두 근절하지 않고 경찰의 폭력을 종식시키는 것은 불가능하다.

흑인 청각장애인인 다넬 T. 위커는 2016년 8월 8일에 켄터키주 루이빌에서 경찰관에 의해 살해당했다. 당시 경찰관의 바디캠에는 캄캄한 밤에 경찰관이 위커에게 명령을 내리고 불과 1~2초 후 여러 차례 총을 쏘는 장면이 담겼다. 위커는 평소 입술을 읽어 의사소통을 했다. 가족들은 위커가 경찰관의 음성을 듣지 못했거나, 그 의미를 이해하지 못했을 거라고 주장했다.

이 사건과 관련해 위커가 흑인이자 청각장애인이었기 때문에 경찰관들이 그를 범죄자 취급했다는 점을 분명히 드러내는 것은 중요했다. 하지만 전국 규모의 운동 단체들 중

그의 청각장애를 이슈화한 곳은 없었다. 단 한 곳의 농/장애 정의 단체만이 경찰의 청각장애인 살해 사건들을 언급하며 (바로 전달에도 두 명의 농인/청각장애인이 사망했다.) 흑인 운동과 장애계의 연대를 촉구하는 성명을 (미국 수어^ASL, 스페인어, 영어로) 발표했을 뿐이었다. 인종 정의 운동, 장애인권 및 농인 권리 운동 간의 상호교차성 논의는 매우 부족하며, 이는 경찰 폭력 문제가 해결되는 데 도움이 되지 않는다.

이에 해리엇 터브먼 콜렉티브는 백인 우월주의에 대항하는 모든 투쟁이 비장애중심주의와 청능주의를 포함한 모든 억압의 상호교차점들을 포괄해야 한다고 제안한다.

국가 폭력으로 사망한 사람들을 위한 정의를 주장하면서 장애 정의를 배제하는 것은 무책임하다. 우리는 스스로를 "교차적"이라고 명명하는 모든 단체들이 진정으로 이러한 사고의 틀을 받아들이기를 요구하며, 그런 시도를 지원하는 네트워크가 될 것이다. 우리는 흑인 운동이 장애인/농인의 존재를 지우고 모욕하지 않기를 바란다. 경찰에 의해 살해된 사람 중 60~80퍼센트가 흑인 장애인/농인이라는 사실을 앞세워 이들이 중심이 되는 서사를 주창할 것을 요구한다.

타니샤 앤더슨, 샌드라 블랜드, 미리엄 캐리, 미셸 쿠소,

에젤 포드, 시리스 프랜시스, 코린 게인스, 에릭 가너,

프레디 그레이, 밀턴 홀, 퀸토니오 르그리에, 킴 리빙스턴,

시몬 마샬, 라콴 맥도널드, 나타샤 맥케나, 스테판 와츠,

마넬 위커, 마리오 우즈, 그리고 경찰 폭력을 당한 수많은

흑인 장애인/농인 희생자.

우리는 우리의 인간성을 부정하는 운동의 순교자가 되지 않을 것이다. 우리는 사회 정의를 위한 연합, 네트워크, 조직들에 요구한다. 경찰 폭력 희생자와 생존자들의 이야기에서 장애를 지우는 행위, 그리고 우리를 위해 싸운다고 주장하면서 흑인 장애인과 흑인 농인에게 낙인을 찍는 행위를 끝낼 것을 요구한다.

우리는 후순위가 아니다.

우리는 여기 있다.

우리는 우리 모두의 삶을 위해 싸우고 있다.

우리는 흑인이다. 우리는 장애인이다. 우리는 농인이다.

우리는 흑인이다.

우리 흑인 장애인의 목숨도 소중하다.

우리 흑인 농인의 목숨도 소중하다.

연대를 표하며,

패티 번, 카일리 브룩스, 닐 카터, 패트릭 코클리, 캔디스 콜맨, 더스틴 깁슨, 티모테우스 고든 주니어, 케리 그레이, 크리스토퍼 디앤젤로 허프, 사이리 자렐 존슨, 로렐 D. 킬패트릭, 캐럴린 라자드, 테일릴라 A. 루이스, 리로이 F. 무어 주니어, 빌리사 톰슨, 알렉시스 톨리버, 헤더 왓킨스.

나에게도 미투의 시간이 왔다

캐럴린 게릭

콘텐츠 노트

♦ 성적 학대 ♦ 친밀관계 폭력 ♦ 학대 ♦ 트라우마

나에게 가장 목소리가 필요했던 지난해에, 목구멍 안쪽에 피물집이 생겨서 나는 말을 할 수 없었다. 입 바닥에서는 새 뼈가 자라나더니 입천장까지 닿아 문제가 더 악화되었다. 나는 혀가 씹히지 않도록 주의하면서 그 뼈를 혀로 훑곤 했다.

지난해에 나는 "당신은 섹시해요."라고 말하는 사람들과 데이트를 했다. 마치 그런 아첨이 내가 풀어야 할 수수께끼라도 되는 것처럼 말이다. 그들은 장애가 있는 내 몸에서 내 매력을 분리하려 들었다.

그들이 데이트에 무성의해지고 나에게 자신을 흥분시켜달라고 요구할 때 나는 내 뼈를 혀로 훑어 보였다. 그러면 그들은 음모라도 꾸미듯 눈을 반짝이며, 내게 몸을 기울인 채 내숭 섞인 목소리로 묻곤 했다. "그래서 어떻게 해줄 건데요?"

최근에 나는 골든글로브와 타임스업Time's Up〔할리우드 제작자 하비 웨인스타인의 성폭력이 폭로된 후, 할리우드의 여성 영화인들은 성차별과 성폭력에 대항하기 위해 '그들의 시간이 끝났다.'는 뜻의 타임스업이라는 단체를 만들어 활동하기 시작했다. 2018년 골든글로브 시상식 때는 많은 영화인들이 검은 옷을 입고 타임스업 배지를 달고 나와 지지를 표명했다.〕에 대해 생각했다. 레드 카펫을 검게 물들인 여성들의 모습은 강렬했다. 또 곳곳에서 벌어지고 있는 여성들의 항의 집회에 대해서도. 하지만 이런 흐름 속에 나 자신을 대입하기는 쉽지 않았다.

장애인에게 끔찍한 일이 벌어지면 사람들은 잔뜩 움츠

러들어서는 "누가 그런 짓을 하겠어?", "상상조차 하기 어려워."라고 말하며 금세 잊어버린다. 상상조차 하기 어렵기 때문에, 우리의 현실은 부정되곤 한다. 우리의 몸이 세상에는 보이지 않는 것처럼, 현실로 증명되지 않는다.

우리는 계속해서 재현의 문제를 이야기한다. 이번 골든 글로브 수상작 중 장애를 가장 잘 재현한 작품은 〈쓰리 빌보드〉로, 정부에서 공식적으로 인정한 혐오 표현이 난무하는 현실이 그대로 담긴 영화였다. 그리고 〈셰이프 오브 워터: 사랑의 모양〉은 주인공이 장애인이고 해양 괴물이 등장하는 동화 같은 장애서사였다.

내가 세 살 때 고모 버지니아가 우리 가족과 함께 살기 시작했다. 버지니아는 당시 성인이었고 발달장애와 지적장애가 있었다. 그의 임상 진단명은 〈쓰리 빌보드〉에서도 비방의 대상이었다. 버지니아의 장애가 지원 단체에 의해 공표되는 바람에, 그는 우리 동네에서도 모욕당하곤 했다. 나 역시 성장하는 내내 학교 운동장 곳곳에서 잔인한 말을 들었다.

몇 년 전, 나는 텔레비전쇼를 편집하는 남자와 결혼했다. 그는 종종 이미지들이 어떻게 서사가 되는지를 이야기하곤 했다. 그는 웃기는 장면들을 잘라내어 이어 붙였다. 그리고 그는 주로 내가 잘 때, 내 몸속에서 나를 찢어발겼다. 나는 몇 년 동안 나에게 무슨 일이 일어나고 있는지 몰랐다. 그는 증거를 상당히 많이 남겼고, 나는 기소를 시도했다.

나의 엄마가 버지니아의 주 돌봄자였다. 직업도 있었

고, 아이가 셋이었는데도 말이다. 엄마는 버지니아가 옷을 입고 아침 식사를 한 후 보호 작업장행 버스를 타는 것을 챙겼다. 버지니아는 보호 작업장에서 주 5일, 여덟 시간씩 일했다. 엄마는 저녁이면 버지니아를 집으로 데려오고 저녁 식사를 차려주었으며 밤까지 함께 식탁에 앉아 있었다.

나는 엄마가 한 이 모든 일을 알고 있긴 하지만, 여전히 모성애가 넘치는 〈레이디 버드〉보다는 〈셰이프 오브 워터〉가 보여주는 관계의 세계에 더 공감한다. 우리는 타자와도 사랑을 나누며 오랜 시간을 보낼 수 있다.

그런데 장애와 관계를 잘 '재현'한 영화조차, 창작 과정에서는 왜 그 재현의 원칙과 논리를 적용하지 않는 것일까. 〈셰이프 오브 워터〉를 보기 전 나는 기예르모 델 토로 감독이 주연 배우인 샐리 호킨스를 파티에서 만나 "당신을 위해 영화를 쓰고 있다."고 말했다는 인터뷰 기사를 읽었다. 당신은 비장애인 배우에게 맡기려고 장애인 캐릭터를 만들었다는 걸 이해할 수 있는가. 내가 이 글에서 호킨스가 맡은 청각장애인 청소부 캐릭터의 이름 대신 계속해서 호킨스의 이름을 언급하는 건, 이 의문이 해소되지 않기 때문이다. 창작자가 장애인의 내면이 (그 캐릭터처럼) 복잡하다고 상상했는데도, 왜 그것을 표현할 기회는 실제 장애인에게 주지 않았을까?

나는 미국 수어를 못하지만, 그럼에도 불구하고 호킨스의 수어가 그렇게 훌륭하지 않았다는 것을 안다. 감독이 비장애인에게 장애인 연기를 맡긴 이유로 떠오르는 것들 중 유일하게 내가 납득할 수 있는 변명은 델 토로가 청각장애인 청소부라는 클리셰를 너무 강화하고 싶지 않았기 때문이라는 것이다. 미국 장애인법이 통과되기 3년 전인 1987년에 오스카상을 수상한 〈작은 신의 아이들〉에서 말리 매트린이 맡은 역할이 바로 그런 캐릭터였다.

엄마는 가끔 텔레비전을 봤다. 또 가끔은 오래된 사진첩을 넘기면서 자신이 어떻게 생겼었는지 또 내가 얼마나 엄마를 닮지 않았는지를 이야기하곤 했다. 사실이었다. 나는 엄마보다 버지니아를 더 닮았다. 우리 둘 다 허벅지가 굵고, 무릎이 붙어 있고, 발목이 말려 있었으며 머리카락은 짙은 적갈색이었다. 모든 가족을 통틀어 우리 얼굴이 가장 닮았고, 특히 코는 서로 이외에 다른 누구와도 닮지 않았다. 나는 아직 진단을 받기 전인 어린 시절부터 내가 버지니아와 가장 가깝다는 것을 알았다.

검은 드레스로 뒤덮인 골든글로브의 레드 카펫에서, 나는 나나 버지니아를 닮은 사람을 찾지 못했다. 거기에 있는 사람들은 누구도 장애인이 아니었다.

성적 학대를 통해서도 장애가 생길 수 있다. 언론은 이런 사건들을 매우 조심스럽게 다루고, 숨긴다. 세부 사항들은 드러나지 않기 때문에 오히려 이런 시련을 겪은 사람이 부적절하게 행동한 것처럼 보이기도 한다.

사람들은 정신적으로 불안정한 상태를 탓하고, 그것을 이런저런 상황의 핑계로 삼는다. 그 의미를 깊이 생각하거나 그런 사람을 도우려고 하지는 않는다.

나는 기소를 준비하는 과정에서 내게 벌어진 일들과 모든 가능성을, 그리고 그 의미를 다 다시 살펴야 했다. 사람들은 그 당시를 되풀이해 경험하면 기억이 떠오를 것이라고 말했고, 나는 몸에서 몇 주 동안 피가 쏟아져 병원에 입원했던 일을 이야기했다. 의사는 직장 탈장이라고 생각했지만 내가 그렇게 될 이유가 없었다. 경찰들은 그 모든 경험을 다시 떠올리게 한 후 나를 휠체어에 태워 어린이 대기실로 데려갔다. 나는 검사를 만나기 전까지 작은 가구들이 가득한 그곳에 남겨져 있었다.

—┼—

버지니아는 보호 작업장에서 여러 차례 성폭력을 당했다. 하지만 그 이야기를 꺼내는 것은 쉽지 않았다. 버지니아를 태운 버스에는 늘 가해자인 프레디도 타고 있었다. 버지니아보다 서른 살이나 많고 코털이 긴 지저분한 남자였다. 내가 대학생 때 엄마는 버지니아로부터 프레디를 떼어놓기 위해 노력했다. 며칠 동안 휴가를 내고 버지니아의 상사와 버스 운전사를 쫓아다니며 협조해달라고 부탁했다. 잠시 동안은 효과가 있었지만, 결국 작업장을 떠나게 된 건 버지니아였다.

〈셰이프 오브 워터〉에도 샐리 호킨스가 상사로부터 성적인 위협을 받는 장면이 나온다. 피해 사실을 제대로 알리기 어려운 장애인에게 일어나는 높은 성폭력 비율을 떠올려

볼 때 이런 장면은 더욱 끔찍하다.

보호 작업장에서 버지니아는 '최저임금 미만'을 받았다. 〔한국에서도 장애인 노동자는 최저임금 적용 대상에서 제외되어 있다. 최저임금법은 "정신장애나 신체장애로 근로 능력이 현저히 낮은 사람"에게 최저임금을 적용하지 않을 수 있다고 규정하고 있다. 사업주는 특정 노동자의 '작업 능력 평가'를 거쳐 고용노동부로부터 최저임금 적용 제외를 인가받는다.〕 장애인에게 노동의 대가로 푼돈을 지급하는 것은 아직도 합법이다. 버지니아는 보통 일주일에 6달러, 많으면 9달러를 받았다. 그런데도 그는 직장을 그만둬야 한다는 사실에 절망했다.

검사는 내 전 남편에 대한 기소를 거부했다. "증거가 있잖아요." 나는 항의했다.

"맞아요. 하지만 누군가가 자신의 장애인 아내에게 이런 짓을 했다는 걸 배심원들은 절대 믿지 않을 거예요." 무작위로 뽑힌 열두 명의 배심원은 나를 보고 강간이 내 지참금이었다고 판단할 수도 있었다.

전 남편은 내 몸에 구멍을 낼 뻔했지만, 나는 몇 년 동안이나 그 일을 제대로 설명하지 못했다. 이 불명확한 묘사에 담긴 공포는 그 행위에서 기인한 걸까? 혹은 트라우마에서? 혹은 둘 다 때문일까? 내 장애가 상황을 악화시킨 걸까?

보호자의 권리라는 관점으로 보았을 때 폭행은 무엇일까? 내 인간성은 정확히 어느 선에서 정의되는 걸까? 버지니아의 인간성은? 트라우마의 근원을 파악할 수 없는 우리 같

은 사람들을 위한 정의는 어떻게 구현될 수 있을까? "도대
체 누가 그런 짓을 하겠어요?"라고 되물으면, 도대체 정의
란 무엇인가?

세상은 우리에게 기대되는 역할과 우리를 분리해주지 않고,
평등을 보장해주지 않는다. 내가 뭔가를 해낼수록 더 많이
성취할수록 엄마로부터 "너는 어렸을 때의 나를 닮았구나."
라는 말을 들을 가능성이 커지겠지만, 절대 그럴 일은 없다.
나는 사진 속 엄마보다 나이 들었으며, 내 증후군은 진행형
이다. 그리고 어떻게 누군가가 다른 사람의 과거가 될 수 있
을까? 그건 미래를 아는 것보다 더 일어날 법하지 않은 일
이다.

　　내가 합의하지 않았는데도 "어떻게 그런 일이 일어났는
지"까지는 수사기관이 충분히 알아낼 수 있다. 관건은 내 전
남편이 어떤 다른 사람이 아니라 특정한 사람에게 그런 짓
을 저지르고 싶어했음을 밝히는 것이다. 단지 누군가에 대
한 통제권을 휘두르고 싶어서, 라는 이유로는 설명이 되지
않는다.

　　〈셰이프 오브 워터〉에서 샐리 호킨스는 인어와 어떻게
섹스하냐는 질문을 받는다. 이 영화가 남자 인어를 동화 속
피조물로 그리지 않았기 때문이었다. 비장애인들이라면 이
런 질문에 해부학적 설명을 하고 싶을 것이다. 나에게는 장

애인 애인들이 있었다. 그들 한 명 한 명과의 관계는 각각 우리 신체 사이에 있는 새로운 비밀들을 드러내주었다. 어떤 관계에서도 그 비밀은 반복되지 않았다. 우리는 서로에게 결코 그렇게 하지 않았다.

버지니아의 일을 두고 엄마와 논쟁을 벌였다. 엄마는 세상이 버지니아를 이런 식으로 다루는 상황을 지켜보는 게 그렇게 큰 상처가 되지는 않는다고 말했다. 버지니아가 받는 최저임금 미만의 임금, 엄마 자신의 삶에서 내주어야 했던 시간으로부터도 자신은 그렇게 큰 영향을 받지 않는다고 말이다. 엄마는 왜 그런 일들이 또 한 명의 장애여성인 나에게 영향을 미치는지 이해하지 못했다. 버지니아와 나는 다르다는 것이었다. 나는 내가 그와 닮았고, 우리는 같은 권리를 가질 자격이 있다고 설명했지만 엄마는 동의하지 않았다. 나는 공정한 임금을 받을 자격이 있지만, 버지니아는 그렇지 않다고 했다.

내가 버지니아의 몸과 맺는 관계는 샐리 호킨스와 괴물의 친밀한 관계와 비슷한 걸까? 나와 버지니아의 격차는 나와 다른 사람들 사이의 격차보다 작은가? 나조차도 이렇게 버지니아를 타자화한다. 나는 나 자신을 다시 봉합하면서, 여전히 배우는 중이다.

만약 우리가 〈셰이프 오브 워터〉의 세계에 있다면 (실제로는 그렇지 않고, 그럴 리도 없겠지만) 버지니아는 유리 수조에 갇혀 있을 것이고, 이리저리 실험당할 것이고, 그의 목소리는 묻혀버릴 것이다. 지금 이 세계에서도 버지니아는 항상 더 많은 위험을 감수한다. 이 영화에서 가장 마음에 들지 않았던 점은, 우리가 공동의 적에 맞서 연대하더라도 우리 각각이 별개의 존재로 여겨진다는 것이었다. 부인할 수 없는 진실이었다. 우리는 물속에 남겨져 있다. 나는 왜 타임스업이 장애인의 존재를 생각하지 못했는지 이해한다. 우리는 거기 없었다. 우리는 카펫 위에서도 영화 속에서도 일터에서도 보이지 않았다. 우리의 몸은 성애화되지 않았으며, 강간의 대상으로 여겨지지도 않는다. 우리와 가장 가까운 사람들조차 우리의 임금 문제를 이해하지 못한다.

할머니가 고모의 이름을 버지니아라고 지었을 때, 할머니는 알고 있었을까? 자신이 그에게 신실함 혹은 식민화의 미래라는 저주를 내리고 있음을? [버지니아 Virginia 의 어원이 '처녀', '성모 마리아'라는 점을 가리킨다.] 또 내 이름을 캐럴린이라고 지었을 때 우리 부모님은 내가 이렇게 멀리 떠나와 살게 될 거라고 생각했을까? [캐럴린 Carolyn 의 어원은 '자유인'이라는 뜻의 고대 독일어다.]

지금 이 미투의 흐름 속에서 장애인도 자신의 이름을 내걸고 나설 수 있을까?

나의 전 남편은 레드 카펫에 서는 것이 소원이었다. 하지만 그는 휠체어를 탄 나와 함께 그곳에 간다는 생각은 하지 못했다. "그게 어떻게 가능해?"라고 그는 물었다.

버지니아는 늘 자신의 방 벽에 영화배우 사진을 붙여두었고, 나에게 "네가 크면 할리우드에 데려갈 거야."라고 말하곤 했다. 나는 오랫동안 그 말을 믿었다. 결국 나는 로스앤젤레스로 이사했고 버지니아에게 가끔 엽서를 보낸다. 나는 그가 여전히 자신의 침실에서 작은 텔레비전으로 영화를 본다는 것을 안다. 버지니아는 여기 없지만, 항상 나와 함께 있다. 우리 둘 다 할리우드에는 가지 못했다.

내 입속에 새로 난 뼈는 날카로운 송곳니가 되어가는 중이다.

아직도 야생의 꿈,
세상의 끝에서
장애 정의를 꿈꾸다

레
 아
  락
   시
    미
     피
      에
       프
        즈
         나
          사
           마
            라
             시
              냐

정신병동 생존자들은 알고 있다

국경 이민자 수용소의 수용자들을 위해

구석에서 서로에게 속삭여라
잡히지 마라
도망쳐라
구석을 찾아라
적어도 한 곳은 있다
그곳이 설령 당신의 머릿속일지라도

그들이 아무리 다르게 대하더라도 당신은 여전히 인간이다
어쩌면 당신은 부분적으로 인간이 아닌 존재가 될 수도 있다
당신이 견디고 있는 것 때문이다

그것이 당신을 모자란 인간으로 만들지는 않는다
당신은 여전히 존엄하다
설령 유랑 중이라도
우리는 이전부터 여기에 있었다
우리는 이 땅에 살고 있다
우리는 당신과 함께한다

화장실은 당신의 친구다
설령 5분밖에 머물 수 없을지라도

설령 문이 없을지라도

우리가 계속 그럴 필요가 없었으면 좋겠다
속삭이고
견디고
죽은 척하고
보이지 않고
고립되고
폰섹스를 하고

조직하라
그들이 결코 눈치채지 못할 방식으로
이용하라
그들의 무능과 관할권을 둘러싼 사소한 다툼을
포르노 영상으로 주의를 흩트려라

다시 서로를 발견하라
허공으로 사라져라
기억하라
꿈꿔라
당신이 필요로 하는 한
우리에게는 기술이 있다
훗날이 있을 것이다
살아남아라

2019년을 기억하라. 당신이 살아남기 직전, 암 진단을 받은 후 수술대에 누운 당신이 암으로 혹은 외과의사의 비장애중심적 의료 행위 태만으로 죽을까 봐 우리가 걱정했을 때를. 2018년 초를 기억하라. 산불이 났고 '대규모 공기 비상사태'라는 말이 생겼고 장애인들이 네트워크를 구축해 한 달 동안 8만 개의 마스크를 나눴을 때를. 도서관에서 '장애 정의' 섹션과 오드리 로드, 리로이 무어Leroy Moore[흑인 장애인 작가, 활동가, 음악가로 자신이 하는 힙합 음악에 크립-합Krip-Hop이라는 장르명을 붙였다. 2021년 에미상을 수상했다.] 얼굴이 실린 책들이 나란히 꽂힌 것을 처음 발견했을 때를 기억하라. 연간 소득 보장 시행과 최저 임금 인상으로 사회보장장애보험 수급자들이 생계를 유지할 수 있게 되었을 때를 기억하라. 과잉 진료가 인정되어 보상금이 지급되었을 때를 기억하라. 로텐버그 판사 교육 센터[매사추세츠주 캔턴에 위치한 발달장애 및 정서장애 아동 기숙 학교로 당국의 규제에도 불구하고 치료 명목으로 전기 충격 장치를 사용한 사실이 밝혀져 논란이 되었다.]와 자폐성 장애 청소년을 대상으로 한 강제 치료 시설이 문을 닫고 애도와 축하의 행사를 열었을 때를 기억하라. 우리가 지금 살고 있는 유색 인종, 장애인, 노인들의 농장에 마스크와 물, 가스를 처음 비축하던 날을 기억하라. 우리가 잃은 모두를 위한 추모비를 세우던 날을 기억하라.

이 책의 편집자인 앨리스 웡은 내 예전 에세이 〈재난을 크립하게 만들기Cripping the Apocalypse〉를 잇는 글을 써달라고 요청했지만 너무나 쓰기가 어려웠음을 고백한다. 공포에 질려 있을 때는 꿈을 꾸기가 어려운데 지난 3년간 정말 끔찍한 시간을 보냈기 때문이다. 상상을 넘어서는 충격이 끊이지 않았다. 트럼프 행정부의 반反이민 정책과 무슬림 입국 금지령, 이민자 수용소의 참상, 캐버노 판사의 대법관 인준〔트럼프 정권하 연방대법원의 보수 성향을 강화한 사안으로 평가되며, 캐버노는 인사청문회 과정에서 학창 시절 성폭력 의혹이 다수 제기되어 큰 논란이 되었다.〕, 전 세계에 번진 산불과 양극에서 녹아내리는 빙하의 소식은 나와 주변의 많은 사람들을 달리는 차 앞에 뛰어든 사슴처럼 얼어붙게 만들었다. 세상의 종말은 확실히, 현실에서 마주치기보다 책으로 읽을 때 더 대응하기가 쉽다.

지난해에 내 신간《돌봄 노동: 장애 정의를 꿈꾸다 Care Work: Dreaming Disability Justice》를 홍보하러 다닐 때는 퀴어 라틴계 장애인 활동가인 애니 엘레이니 세가라의 티셔츠를 자주 입었다. 옷에는 "미래는 접근 가능하다 The Future is Accessible"라고 쓰여 있다. 나는 종종 청중들에게 잠깐 멈춰서 내면에 집중하며 미래를 상상해보라고 요청했다. 장애 정의 활동가인 우리는 접근성이 장애 해방의 미래로 향하는 첫걸음일 뿐, 최종 목표가 아니라는 사실을 알고 있다. 하지만 장애 정의는 차치하고 접근성이 보장된 미래만 상상해보라고 요청해도 다들 막막해 했다. 상상할 수 있는 최선은 강제 수용소에서 죽지 않는 것 정도였다.

하지만 우리 장애인들은 우리가 꾸는 꿈이야말로 우리가 가진 가장 큰 재능임을 알고 있다. 미치고, 아프고, 장애가 있고, 들리지 않는 꿈들 말이다. 비장애인들이 겨우 상상해내는 영감 포르노가 아니라 "장애가 우리를 가로막지 못하게 하는" 꿈을 꾼다. 어떤 대가를 치르더라도 걷고 보고 '정상'이 되고, 슈퍼 장애인 혹은 영감의 원천이 되길 바라는 것은 결코 우리가 인간이 되는 방식이 아니다. 나는 크립 혁명^{crip revolution}을 꿈꾸는 작고 위대하며 일상적인 방식을 이야기하고 싶다. 그것은 극심한 통증이 시작된 지 5일쯤 지난 날 거울에 비친 나를 마주하면서부터 시작된다. 나는 말한다 "오늘은 당신을 미워하지 않을 거예요." 그 마음이 장애가 있는 친지들, 지역사회의 네트워크로 뻗어나가며 사랑하고 투쟁하고 조직하는 장애인들만의 방식을 만들어낸다. 이는 아무리 뛰어난 비장애인이라 하더라도 결코 꿈도 꿀 수 없는 일이다.

지옥 같은 상황에서도 우리는 여전히 꿈을 꾸고 있다. 장애인 콜렉티브, 공동체, 돌봄 팀, 콘퍼런스, 예술 프로젝트 등을 만든다. 나는 암과 신장 수술이 잡혀 있거나 정신 건강 문제를 겪고 있는 친구들을 위한 돌봄 네트워크 회의에 일주일에 세 번씩 참석한다. 마침내, 심호흡을 하고, 친구들에게 가장 필요한 돌봄을 요청할 수 있게 되었고 나도 그들을 돌본다. 돌봄을 안전하고 가능하게 만들려고 공동으로 노력한 덕분이다. 이전처럼 많이 여행하지 않고 네브라스카나 메인주까지 가지 않고도 내 글을 쓰고 말하고 공유하는 법을 배우면서, 장애인만의 방식으로 작품을 생산하고 수행하고 근사한 삶을 살아가는 예술가들의 커뮤니티에 속하면서 나는 이전에 그토록 두려워했던 중년에 무사히 접어들었다.

우리는 기후 위기가 생존에 미치는 위협에 대응하는 장애인들만의 방식을 계속해서 시도하고 있다. 장애인과 트랜스젠더가 주도하는 풀뿌리 조직 '마스크 오클랜드'는 2018년 가을에 캘리포니아 캠프 산불로 인한 대규모 공기 비상사태가 발생했을 때 8만 개의 마스크를 무료로 나누었으며 노숙자들에게 우선권을 주었다. 2019년인 지금도 나는 킨케이드 산불 와중에 이 글을 쓰고 있는데, 열두 개의 장애 정의 단체들은 #숨쉴힘#PowertoBreathe이라는 이름하에 연결되어 활동하고 있다. 퍼시픽가스일렉트릭PG&E의 강제 단전 상황〔미국 최대 전력회사인 PG&E는 노후한 전선들을 방치해 캠프 산불 등 일련의 대형 산불에 원인을 제공했으며, 이에 대한 책임론이 불거지자 킨케이드 산불 때는 강풍 등 위험 기상 상황에서 강제 단전하는 조치를 취했다.〕에서 살아남기 위해 장애인들이 접근할 수 있는, 발전기와 공기청정기를 갖춘 허브 공간의 네트워크를 구축하는 중이다.

우리는 또한 흑인 등 유색 인종-장애인 중심의 정의를 실현하는 공공 공간을 만들고 있다. 피츠버그에서 활동하는 활동가 더스틴 깁슨은 지역의 공공 도서관 내에 장애 정의 섹션을 구성했다. 오드리 로드와 리로이 무어의 책을 나란히 배치하고 앨리스 셰퍼드, 네브, 제론 허먼 등 흑인 장애 예술가들의 작업을 한데 모아 장애예술을 새롭게 상상하는 공간을 만들어냈다.

트럼프에게 맞서 사람들을 구하기 위한 창의적이고 혁

신적이고 크립한 조직화가 연이어 일어나고 있다. 보험 회사의 서비스 거부와 의료 폭력이 야기한 죽음들에 대한 두려움과 슬픔, 분노를 넘어 '건강 정의 공동 자원Health Justice Commons'은 의료 폭력 핫라인을 최초로 운영하기 시작했다. (2019년 2월 라틴계 퀴어 장애인 활동가이자 변호사인 캐리 앤 루카스가 유나이티드 헬스케어 보험사의 항생제 보험 처리 거부로 인해 결국 사망한 사건은 아직도 너무나 가슴 아프다.) 변호사 테일릴라 루이스는 수감 중 수어 통역과 영상 통화가 제공되지 않아 부당한 대우를 받고 있는 흑인 장애인과 농인을 대변하고 있다. 장애를 가진 성 노동자, 이민자, 수감자 그리고 메디케이드와 사회보장장애보험 이용자들 모두 트럼프에 맞서 생존하기 위해 스스로 네트워크를 조직하고 있다. 그들이 있기에 메디케이드와 건강보험개혁법이 여전히 존재할 수 있으며 "시스템에 짐이 된다."는 이유로 장애인 이민자들의 입국을 막으려던 트럼프의 공공부조 규정이 무산될 수 있었다.〔공공부조 항목은 이민 및 국적법상 미국 정부가 외국인에 대한 비자 발급이나 입국 등을 거부할 수 있는 사유 중 하나로, 생계를 유지할 수 있는 능력이 없어 국가의 지원을 받아야 하는 등 공공에 부담을 지울 가능성을 말한다. 하지만 이에 대한 판단 기준은 구체적으로 정하고 있지 않아, 미국 정부는 1999년의 임시현장사무지침을 적용해왔으나 트럼프 행정부가 2019년에 공공부조 개념을 확장하고 미국에 입국하고자 하는 외국인에게 상당한 입증 책임의 부담을 지우는 내용의 규칙을 신설해 논란이 됐다. 결국 해당 규칙은 내용과 절차가 행정절차법에 위배되어 무효라는 미국 법원의 판결에 따라 2021년에 시행 중단되었다.〕

장애 정의 원칙과 흑인 등 유색 인종 장애인에 의해 추동되는 새로운 콜렉티브들이 여기저기에서 생겨나고 있다. 온타리오의 장애 정의 네트워크, 디트로이트 장애 파워, 팻 로즈 등은 장애 정의 운동의 새로운 세대를 개척하고 있다. 한국계 퀴어 장애인 활동가인 스테이시 밀번은 전 세계에서 모금된 3만 달러로 이스트오클랜드에 있는 집을 사서 '장애 정의 컬처 클럽'을 만들었다. 또한 2019년 8월에 200명의 장애인, 비만인, 노인들은 샌프란시스코 이민관세청 앞에 모여 트럼프 정부의 폭력적인 국경 이민 수용소 운영에 항의하는 '크립과 뚱뚱이들의 수용소 폐쇄 집회'를 열었다. 이들은 #누구도일회용이아니다#nooneisdisposable 라는 피켓을 들고 "대체 불가"라는 구호를 외쳤다. 시위대는 자신들의 시설(정신병원, 요양원 등) 수용 경험과 수용되어 있는 이민자들의 현실을 연결했다.

그리고 우리는 인스타그램 해시태그 및 계정 (#Disabled AndCute, @disabled_personals, @disabledhikers 등), 흑인 및 유색 인종 장애예술가가 주도하는 문화예술 모임 (어디에서나 당신과 함께하고 싶어요 I Wanna be with You Everywhere, 신스 인밸리드 Sins Invalid, 장애와 상호교차성 회담 Disability & Intersectionality Summit 등)을 통해 계속해서 서로를 찾아내고 있다. 나는 이것을 기억하고 상기시키기 위해 이 글을 쓴다. 이 모든 일들이 대단한 승리다. 우리가 두려움으로 얼어붙어 있을 때조차, 우리는 여전히 장애 정의의 미래를 함께 꿈꾸고 있다.

미래를 꿈꾸기 위해 과거를 기억하기: 우리는 항상 서로를 발견해왔다

"단지 옳은 일이라는 이유로 어떤 대가도 바라지 않고 다른 장애인을 위해 나설 수 있는 장애인을 아시나요?" 한 친구가 나에게 전화를 걸어 묻는다. 물론 알죠. 말은 하지 않지만 바로 그가 나에게 항상 그런 사람이었다.

예전에 토론토에 살 때, 우리 동네에서 그와 나의 집에만 경사로가 있었다. 아직 젠트리피케이션이 닥치지 않은 가난한 동네였다. 지금의 장애 정의 운동이 일어나기 몇 년 전부터 그의 집은 다인종, 성소수자, 빈민, 장애인들이 어울려 서로를 지지하고 작당모의하던 공간이었다. 그는 수년간 금요일 밤마다 누구나 올 수 있는 치킨 파티를 열었다. 그는 나에게 항상 다른 미친 사람들도 피해다닐 만큼 미친, 괴팍하고, 분노에 차 있고, 대하기 어려운 가장 인기 없는 장애인들을 중심에 두는 것의 중요성을 이야기하곤 했다. 그는 커뮤니티가 없는 사람들이 자신의 집을 편안하게 느끼기를 원했다. 왜냐하면 그들이야말로 비장애중심주의가 고립을 통해 죽이려고 하는 사람들이기 때문이었다.

그 전화가 오기 몇 주 전, 나는 지역의 QTPOC [Queer and Trans People of Colour] 커뮤니티 센터에서 장애인들이 필요한 돌봄을 주고받는 상호 지원 네트워크를 만드는 법을 주제로 워크숍을 진행했다. 워크숍의 전반부는 순조롭게 진행되었다. 나는 얼마나 많은 사람들이 무급으로 돌봄 노동을 하는지, 아프고 장애가 있고 유색 인종인 사람들이 돌봄을 요청하는 게 얼마나 어려운지를 이야기했다. 우리가 그 일을 공짜로 하도록 강요받아왔기 때문에 대가를 요구하는 것을 자책한다고 말하자 사람들은 고개를 끄덕이며 한숨을 지었다.

"좋아요. 그럼 여러분에게 필요한 것과, 그것을 충족하기 위해 필요한 것이 무엇인지 브레인스토밍해보세요." 내가 말하자 갑자기 분위기가 싸늘해졌다.

방 안의 온도가 10도쯤 떨어진 것 같았다. 사람들은 "죄송한데, 뭘 해야 할지 다시 설명해주시겠어요?"라고 재차 물었다. 그들은 심기가 불편해 보였다.

나는 퍼실리테이팅을 했다. "긴장감이 느껴지는데… 이유를 말씀해주시겠어요?" 그들은 자신이 받은 돌봄은 늘 모욕적이었다고 대답했다. 어떤 사람은 상호 돌봄이 가능하다고는 생각할 수도 없다고 말했다. 참가자들은 장애인들이 서로를 위해 나선다는 것 자체를 상상하지 못했다. 내가 동화 같은 소리를 하고 있다고 생각했다.

그 슬프고 분노한 사람들 앞에서 나는 마음이 복잡해졌다. 너무나 안타깝고 무력했다. 이 워크숍을 기획하면서 어떻게, 많은 장애인에게 물건처럼 다루어지지 않고 돌봄을 받아본 경험이 전혀 없다는 사실을 잊고 있었던 걸까? 사실 나 자신도 완전히 낙관적이지는 않다. 그래도 나는 계속 이끌어내야 했다. 당신이 푸드스탬프 [미국에서 저소득층에 식비를 지원하기 위해 식품 구입용 바우처나 전자 카드를 지급하는 제도] 사무소에 줄 서 있을 때 담배를 건네준 사람은 없었나요? 아플 때 먹을 걸 갖다준 사람은요?

나 역시 받아들여야 했다. 나는 장애 정의라는 개념이 소수의 상호교차적이고 급진적인 장애인들에 의해 발명된 이래 지난 15년간 이 영역이 얼마나 넓어졌는지 생각하는 동시에, 그러나 여전히 다른 사람들이 우리를 어디에서 찾아야 하는지 모른다면 우리는 얼마나 보이지 않는 존재인지를 생각했다.

나는 내가 운 좋게 경험할 수 있었던, 장애인들이 만들어낸 돌봄 사례들을 생각했다. 돌봄 콜렉티브, 집이나 장애인용 밴을 사기 위한 자금 모금 등. 비장애인들은 쉽게 접근할 수 있지만 장애인들은 지원받기 어려운 자원을 모으기 위해 우리 스스로 나섰던 사례들. 그리고 모금이나 조직보다 더 중요했던 것은, 우리가 서로를 '바로잡으려' 들지 않고 어울렸다는 점이다. 요양 시설에 있는 친구를 방문해 보드게임을 하며 우정을 나눈 것이야말로 장애인들이 서로의 삶을 구한 방식이었다.

우리는 종종 필요 이상으로 눈에 띄는 동시에 보이지 않는 존재이기도 하다. 우리는 비장애인들은 알지 못하는 방식으로 서로를 연결하며, 그것이야말로 우리가 지닌 가장 강력한 힘이라고 나는 생각한다. 미국 어디에도 당신이 회비를 내고 가입할 수 있는 장애 정의 단체는 없다. 장애 정의는 두 사람의 장애인이 만나는 바로 그 장소에 존재한다. 부엌 식탁, 그리고 우리가 사랑을 속삭이는 침대의 온열 매트 위 같은 곳에. 우리의 혁명적인 무명성 revolutionary obscurity 과 그 덕분에 가능한 수평적인 조직 방식은 우리의 취약성인 동시에 힘이다. 누구나 자기 자신의 숟가락, 몸과 마음, 커뮤니티로부터 관계를 조직해냄으로써, 장애 정의의 일부가 될 수 있다.

많은 재단은 장애 정의야말로 펀딩하기에 좋은 힙한 이슈임을 알아차리기 시작했다. 우리는 그 돈을 사용할 수 있지만 동시에 돈이 운동에 어떤 영향을 미치는지도 분명히 알고 있다. 역사적으로 비영리 산업-재단이 운동에 투자한 돈이 결국 운동을 와해시키고 조직들을 대립시킨 사례가 많다. 가장 타협적이고 백인 중심적이며 고학력의 구성원이 많은 501(c)(3)〔미국 세법상 분류 코드 중 하나로 종교, 자선, 과학, 학술, 문화, 문학, 교육 등 공공복리를 목표로 한 비영리 단체들을 이른다. 이들 단체는 정치적 활동이 제한된다.〕 조직에 돈이 몰리기도 한다. 나는 게릴라전을 공부한 급진적인 젊은 시절부터, 우리 자신의 강점을 바탕으로 적의 약한 곳을 공략할 때 가장 큰 힘을 발휘할 수 있다고 믿어왔다. 우리는 타협하거나 우리의 크립 정체성cripness을 희석하지 않아야 최선을 다할 수 있다. 외부의 돈이 있든 없든, 이해를 받든 아니든 상관없이 우리의 몸과 마음에 쌓인 장애인의 앎으로 뭔가 멋진 일을 벌여보자.

모든 것을 잃어버릴까 봐 두려울 때, 나는 우리가 우리 자신을 위한 언어를 가지기 전부터도 서로를 찾아냈다는 사실을 기억한다. 친구의 집에서, 경사로에서, 가난한 동네에서, 요양원과 교도소, 정신병원, 심지어 수용소에서조차 말이다. 나는 아무리 비참한 상황에서라도 우리가 서로를 찾아낼 것임을 안다. 왜냐하면 그것이야말로 우리가 항상 해왔던 일이기 때문이다.

들불처럼, 더 야성적으로

나는 계속해서 자생적이고 급진적인 장애운동을 이야기해왔고, 아마도 이런 것들이 다음의 과제가 될 것이다.

네트워크, 사람들, 콜렉티브 그리고 문화적 모임들이 성장하면서 우리는 더 느슨하게 조직된 소통 체계를 원하게 될까? 재단이나 권력의 구조가 우리를 경쟁시킬 때 서로 연대해 대응하는 원칙을 마련할 수 있을까? 불가피하게 피해와 권력 다툼이 발생하는 경우를 대비할 수 있을까?

급진적인 장애인들, 특히 BIPOC ^Black, Indigenous People of Color 〔흑인, 유색인종, 원주민 등 백인중심주의에 저항하는 정체성을 지닌 비백인 인구를 통칭한다.〕, 퀴어와 트랜스 등은 계속해서 글을 쓰고 창작하고 예술을 해나갈 것이다. 우리가 협업하기 위해 어떤 구조를 만들어야 할까?

소셜 미디어는 지난 10년 넘게 우리가 고립을 넘어 연결되기 위해 써온 거대한 도구였지만, 페이스북과 인스타그램 등 대부분의 소셜 미디어가 점점 더 우리의 자유를 제한하고 있다. 게시물 업로드와 노출을 방해하거나 계정을 차단하는 일이 늘고 있다. 그렇다면 이제 우리 스스로 소셜 미디어 네트워크를 만들면 어떨까?

나는 어떤 장애인도 죽지 않기를 원한다. 만약 백인 중심의 장애 연구와 인권 논의의 고루한 인종차별적 측면을 종식시킬 수 있다면 우리에게는 기회가 생길 것이다. 그렇게 될 것이다. 바로 지금, 기존의 장애운동 진영은 우리 장애 정의 활동가들이 장애라는 상태being disabled의 범위를 확장하고 있다는 이유로 우리에게 화가 나 있다. 우리는 인종차별주의자가 아니고, 정책 업무만 하지 않는다. 우리는 집home을 만드는 데에, 그리고 엄청난 숫자의 이상한 소모임과 행동, 프로젝트, 해시태그, 미디어 네트워크, 이야기, 경사로, 화학물질 과민증 툴킷을 대여하는 도서관, 주거와 성 관련 프로젝트들에 집중하고 있다. 그렇다면 이런 우리가 기존의 자립생활센터와 장애 연구 프로그램들을 장악한다면, 혹은 이와 완전히 다른 새로운 제도를 만들어낸다면 어떤 일이 벌어질까? 자립생활센터Centers for Independent Living가 아닌 연립과자립센터Interdependence and Independence Center를 만든다면?

미국에서 BIPOC 인구가 다수가 되기까지는 25년이 남았다. BIPOC 중에서도 젊은 세대는 장애인으로 정체화하거나 장애를 자신들의 운동과 결합하는 것을 점점 덜 두려워한다는 사실이 장애 정의 운동의 밝은 미래를 점치게 한다. 이 잠재력을 어떻게 활용해야 할까? 극단적인 젠트리피케이션과 해수면 상승 때문에 해안 도시에서 밀려나면, 우리는 교외와 황무지에 어떤 장애인 거주지와 커뮤니티를 지을 수 있을까? 한때 플로리다였던 섬, 러스트벨트와 원주민 보호구역에 우리가 짓게 될 크립 홈스페이스는 어떤 모습일까?

우리가 그린 뉴딜 정책을 크립하게 만든다면^{crip the Green} ^{New Deal} 어떻게 될까? 정책이 약속하는 그 모든 녹색 인프라와 일자리가 애초부터 장애 정의 원칙에 따라 설계된다면?

우리는 메디케이드를 유지하려고 노력하면서도 지금의 돌봄 노동 구조는 너무나 저임금이고, 노동자와 이용자에게 모욕적이며, 많은 사람들이 접근하기 어렵다는 것을 알고 있다. 그래서 우리는 콜렉티브 형태의 돌봄 구조를 확산시키려고 하지만 아직도 대다수는 고립, 자신의 엉덩이를 친구가 아닌 타인이 닦아주기를 바라는 욕구, 친구나 사회적 자본의 부족, 혹은 아무리 조건이 갖추어졌다 해도 사람들이 지칠 것이라는 생각 때문에 참여하지 않는다. 우리가 꿈꾸는 콜렉티브 형태의 상호 지원 네트워크란 무엇일까? 자유롭고 정의롭고 문턱 없는 장애인 주도적 돌봄이 모두를 위한 인권이 되는 사회는 어떤 모습일까? 만약 우리가 장애 정의 원칙에 기반한 전 사회적인 상호 지원 시스템을 만들 수 있다면 어떨까? 나는 어슐러 르 귄의《빼앗긴 자들》에 나오는 아나키즘적 조합주의〔노동조합이 생산의 소유권을 가져야 한다고 주장하는 아나키즘〕달나라 같은 곳을 상상한다. 주택, 일자리, 의류와 생필품이 모두에게 제공되는 사회 말이다. 모두가 그런 식으로 돌봄에 접근할 수 있다면 어떨까? 돌봄과 접근성에 대한 권리가 헌법에 포함된다면 어떨까? 연방정부, 시나 주 단위, 동네와 생태권역별로 적용되는 '돌봄 법'이 있다면 어떨까?

내 사랑하는 동지 스테이시 밀번은 주택 구입 자금을

모금하기 위해 쓴 글에서 이렇게 말했다. "장애 정의를 향한 꿈이 나를 여기까지 오게 했고, 앞으로도 나는 그 꿈에 기대어 나갈 것이다." 기후 위기로 인한 산불의 연기가 지구를 뒤덮고 있기 때문에, 우리는 5년 안에 모두 죽을지도 모른다. 하지만 나는 이전에도 우리가 총체적 난국을 뚫고 살아왔다는 것을 안다. 내가 아는 것은 이런 것들이다.

우리는 항상 이전에 가졌던 것보다 더 많은 것을 가지고 있다는 것.
애도하고, 기도하고, 견디는 법.
아주 작은 곳에서부터 저항을 시작하는 법.
서로를 찾아내고, 혼자 혹은 함께 집을 만드는 법.
슬픔과 분노로 길 한복판에 누워 교통을 막는 법.
장애인만의 방식으로 크립하게 바꾸는 법.
모두가 불가능하다고 말하는 일을 해내는 법.
기존 체제하에서 예상하지 못한 급진적인 일을 해내며 계속 나아가는 법.

두려움 없이 나아간
벤저민 레이

유진 그랜트

: 노예제 폐지
활동가이자
저신장 장애인인
그를 기리며

나는 서른한 살이 되어서야 벤저민 레이를 알았다. 나 역시 저신장 장애인이기 때문에 그의 생애는 나에게 중요하다. 저신장 장애가 있었던 역사적 인물에 대한 책이 너무나도 부족하다. 드라마 〈왕좌의 게임〉의 티리온 라니스터 캐릭터만으로는 수 세기 동안 저신장 장애인들이 겪은 조롱과 학대를 보상할 수 없다. 역사학자인 마커스 레디커가 쓴 《벤저민 레이 The Fearless Benjamin Lay》는 이제까지의 재현의 부족을 모두 벌충할 수는 없지만, 중요한 진전이다.

벤저민 레이는 누구인가? 1682년 영국에서 태어난 그는 백인이면서도 최초의 급진적 노예제 폐지론자 중 한 명이었다. 그는 독학했으며 선원, 장갑 제작자, 책 판매상이자 작가였다. 세계 최초로 노예제 폐지론을 주장한 글 〈무고한 이를 속박하는 모든 노예 소유자들, 배교자들 All Slave-Keepers That Keep the Innocent in Bondage, Apostates〉을 쓰기도 했다. 그는 독실한 퀘이커교도이기도 했는데, 교회에서 노예 소유자를 쫓아내라고 촉구하기도 했다. 또 노예가 생산한 상품은 보이콧했다.

그는 바다에서 보낸 시간, 특히 바베이도스에서의 경험을 통해 노예제에 대한 증오심을 키웠다. 〔벤저민 레이는 서인도제도 바베이도스의 퀘이커 공동체에 정착했을 때 흑인 노예들의 참상을 보고 분노했으며, 노예 제도를 무너뜨리는 것을 인생의 목표로 삼게 됐다.〕 또한 그는 퀘이커교도들의 모임에 참석해 연극 형식의 시위를 벌이는 것으로 악명 높았다. 1738년 필라델피아 연례 회의에서는 붉은 액체로 가득 찬 '방광'을 숨긴 책을 칼로 찌른 후 그 '피'를 혼비백산한 노예 소유자들에게

흩뿌리기도 했다.

당시 많은 퀘어커교도들은 노예제 폐지론에 저항했다. 레이가 교회에서 노예 소유자들을 쫓아내라고 촉구하자 그들은 도리어 레이를 교회에서 쫓아냈다. 그는 배척당했고 그의 책은 비난받았다. 비판자들은 레이가 공개적으로 발언하는 것을 막았고, 종종 그를 건물 밖으로 밀어냈다. 교회는 심지어 레이와 아내 사라의 결혼증명서도 발급해주지 않았다.

레이의 삶에 대해 이야기하고 트윗하면서 나는 그의 업적을 강조하기 위해 저신장 장애를 언급하지 않는 것이 최선이라고 생각하는 사람들을 마주쳤다. 그것은 선의였다. 하지만 이런 관점은 세상이 저신장 장애를 공포나 혐오의 감정으로 바라보는 현실을 반영한다. 누군가는 그의 저신장 장애를 삭제함으로써 그를 "정상인으로 만들 수 있다."고 생각하는 것이다.

하지만 레이가 강한 신념을 가질 수 있었던 것은 저신장 장애가 있는 몸으로 살았기 때문이다. 그는 오늘날 저신장 장애인들처럼, 동등한 존재로 인정받기 위해 고군분투했다. 《벤저민 레이》에는 레이가 자신을 모욕하는 이들에게 맞선 사건들이 나온다. 보통 키의 한 남성이 비웃음조로 "내가 당신의 하인"이라고 말하며 다가오자 레이는 발을 내밀며 "그럼 신발 좀 닦아달라."고 날카롭게 대꾸했다. 저신장 장애를 삭제하면 그의 삶을 바라보는 우리의 시야가 제한된다. 레이와 아내 사라(사라 역시 저신장 장애인이었다.)의 관계도 온전히 이해할 수 없다. 레디커는 레이가 저신장 장애인이라는 이유로 일부 역사가들이 그를 "작은 꼽추"로 치부해 그 삶의 의미를 축소하고 역사적 인물로 다루지 않았다고 지적한다.

레이의 저신장 장애를 논의의 중심에 두어야 하는 또 다른 이유는 저신장 장애인들에 대한 잘못된 고정관념이 계속해서 대중문화에서 재생산되고 있기 때문이다. 작은 신체를 구경거리로 삼고, 저신장 장애인들을 향한 폭력을 무비판적으로 재현한 영화 〈오스틴 파워〉나 〈더 울프 오브 월스트리트〉 등이 수억 달러의 흥행을 하는 것이 현실이다. 나 역시 열 살 때 일곱 난쟁이 이야기를 들었고 열세 살 때 불쾌한 미니미 캐릭터가 유행하는 것을 보면서 자랐다. 벤저민 레이에 대해 알기까지는 30년의 세월이 필요했다.

《벤저민 레이》의 가장 중요한 특징은 저자가 레이의 저신장 장애를 다루는 태도다. 저신장 장애인을 주인공으로 한 기존의 전기에서는 그들의 신체를 모욕하고, 그들이 해낸 투쟁의 의미를 축소하는 태도가 느껴졌다. 그 점을 알아차리는 서평도 드물었다. 하지만 레디커는 그렇지 않다. 그는 저신장 장애인들을 위한 비영리단체인 '미국의 작은 사람들'로부터 조언을 구했고, 우리가 일상적으로 경험하는 "종종 폭력적인 규범적 신체 이미지에 따른 차별"을 명시했다. 저신장 장애인 정체성에 자긍심이 있는 나는 그 구절을 읽자 코르셋이 벗겨지고 폐에 산소가 가득 차오르는 기분이 들었다.

레이는 단순한 롤 모델이 아니다. 그는 *저신장 장애가 있는* 롤 모델이다. 나에게 아이가 생긴다면 (그들 역시 저신장 장애를 타고날 확률이 높다) 잠자리에서 레이의 삶을 들려줄 것이다. 그리고 우리 집 책장에서는 이 위대한 인물에 대한 기념비적인 기록인《벤저민 레이》가 아이들을 기다리고 있을 것이다.

사랑은 아무 말도
할 필요가
없다는 뜻이다

제
　이
　　미
　　　슨

　　　　힐

PART 4.
연결하기

섀넌과 몇 달간 데이트를 한 후, 나는 그에게 하고 싶은 말이 있었지만 할 수 없었다. 긴장되거나 어떤 표현을 써야 할지 몰라서가 아니었다. 내가 말을 할 수 없었기 때문이다. 내 폐와 후두는 마음에 떠도는 말을 밖으로 내뱉는 데 필요한 공기압과 진동을 만들어내지 못한다.

이것이 우리의 현실이다. 나는 섀넌에게 아무 말도 할 수 없다. 날씨에 대해, 하루가 어땠는지, 당신이 얼마나 아름다운지도 이야기할 수 없다. 심지어, 사랑한다고도 말할 수 없다.

내가 이전에 사랑했다고 생각했거나 혹은 전혀 사랑하지 않았던 여성들과의 관계에서는 이런 문제가 없었다. 그때까지만 해도 나는 목소리를 낼 수 있었고, 그들은 매일 내 말을 들었다. 하지만 그들은 내가 실제로 무슨 생각을 하는지는 전혀 몰랐다.

당시에는 내가 질병을 감추고 건강한 척할 정도는 됐다. 데이트를 하고, 전화 통화를 하고, 여자친구 집으로 가서 하룻밤을 보내고 올 수도 있었다. 내가 정상인 것처럼 보였기 때문에 그들은 내 몸이 얼마나 고통스러운지 알지 못했다.

하지만 시간이 갈수록 내 상태는 악화되었다. 라임병이 내가 앓고 있던 근육통증성 뇌척수염을 악화시켰기 때문이다. 이는 한 번에 몇 년 동안이나 말하거나 먹을 수도 없게 만드는 염증성 다계통 질환이다.

나는 지금 스물아홉 살이고, 병에 걸린 지는 8년이 됐다. 최근 3년간은 거의 말도 못하고 딱딱한 음식은 못 먹는 채로 병상에 누워 지냈다. 나는 매일 몇 시간씩 운동을 하는 보디빌더였는데 건강이 급격히 악화되는 바람에 다른 어떤 것에도 눈을 돌릴 수가 없었다. 나 자신을 돌보지 못했을 뿐만 아니라 연애는 물론 인생의 많은 일들을 제쳐 두었다. 몸 상태가 안정화되기만을 기다렸다.

그러던 중 섀넌이 내 인생에 들어왔다.

섀넌의 집은 내가 사는 캘리포니아에서 3,200킬로미터나 떨어진 오타와에 있었다. 우리는 요즘 다들 그렇듯이 온라인에서 만났다. 하지만 우리의 관계에는 참고할 만한 선례나 지침이 없었다. 우리는 매우 사랑하지만, 동시에 매우 아픈 한 쌍이었다.

섀넌도 나와 같은 질환을 앓고 있었다. 청소년 때부터 오래 아팠지만, 다행히도 언어 능력은 잃지 않았다. 대신 끊임없는 메스꺼움에 시달렸고 음식을 소화하는 데 애를 먹었다. 그러다 보니 종종 영양실조 상태가 됐다. 키가 165센티미터인데 몸무게는 채 45킬로그램도 되지 않았다.

우리 둘 다 혈액량이 적었다. 그 때문에 섀넌은 걸을 때마다 현기증을 겪었고, 나는 침대에서 일어나 앉으려면 극심한 통증과 쇠약감을 느꼈다.

내가 병상에 누워 있었기 때문에 그가 미 대륙을 가로질러 오지 않으면 우리는 만날 수 없었다. 하지만 자신의 건강을 위태롭게 하면서까지 그 긴 여정을 감수하는 섀넌의 의지에도 불구하고 우리는 몇 달씩 떨어져 있어야만 했다.

함께 있을 때 우리는 대체로 서로를 껴안은 채 침대에 누워 몇 주를 보낸다. 마치 깨진 접시 조각들을 다시 붙인 것처럼 몸을 맞대고 있다. 내가 말을 할 수 없기 때문에 서로 안고 있는 와중에도 이야기는 문자 메시지로 나눈다.

그 기간은 마치 한 달간의 밤샘 파티 같고 초현실적으로 느껴진다. 온몸이 스멀거리는 끔찍한 상황에 갇혀 있지만, 비슷한 일을 겪고 있는 소울메이트가 바로 옆에 있다는 사실에 위안을 얻는다.

물론 우리의 상황은 조금 다르다. 섀넌은 화장실에 가거나 씻기 위해 일어날 수 있고 컨디션이 좋은 날에는 혼자 식사도 할 수 있다. 반면 나는 이를 닦고 씻고 '화장실'에 가는 것까지 모두 침대에서 해야 한다. 배변을 받아내기 위한 비닐봉지와 튜브로 연결된 양동이를 사용한다. 이것들은 물론 섹시하지는 않지만 우리 삶의 일부다.

처음에는 섀넌과 몇 초 전에 키스를 나누던 곳에서 소변을 눠야 하는 게 당황스러웠다. 그래서 그에게 눈을 돌리고 내 모습을 상상하지 말아달라고 부탁했다. 하지만 그 후 이 모든 것이 삶을 공유하는 과정임을 알게 되었다. 우리가 병에 걸리기 전 경험했던 침실의 낭만과는 거리가 멀지만, 병상에서 지내는 내 생활이 섀넌에게 불편하지 않다는 것을 알자 그가 더 사랑스럽게 느껴졌다.

섀넌과는 다르게 조금만 불편해도 언짢아하는 여자들과 사귄 적도 있다. 한 여자친구는 내가 깎은 턱수염이 화장실 배수구를 막는다고 불평하며 헤어지자고 했고, 어떤 여자친구는 관계의 문제를 내 불면증 탓으로 돌렸다.

이런 실패한 연애를 통해 우리는 두 사람 사이에서 이해하기 어려운 불일치가 발생할 수 있음을 경험한다. 하지만 적합한 상대를 만나면 어떤 난관도 사랑으로 극복할 수 있다는 것을 알게 된다.

우리가 사귀기 전, 같은 병을 앓고 있는 동지로서 몇 시간씩 문자를 주고받던 시절에 나는 섀넌에게 물었다. "두 사람이 다 아픈데 함께할 수 있다고 생각해?" "그럼, 둘 다 아픈 건 장점이기도 하고 단점이기도 하지." 그가 대답했다.

"서로를 돌봐주는 게 힘들 것 같은데." "하지만 지금 네가 혼자 있다고 해서 돌봐줄 건강한 사람도 없잖아."

나는 두 명의 아픈 사람들이 성공적으로 커플 관계를 맺을 수 있다고는 생각해보지 않았다. 둘은 서로를 돌볼 수 없으므로 한 명은 반드시 건강해야 한다고 추정했다.

하지만 섀넌과 나는 불가능하다고 생각했던 방식으로 서로를 돌보고 있다. 나는 그를 위해 식사를 준비할 수는 없지만 음식을 배달시킬 수는 있다. 섀넌이 나를 간병해줄 수는 없지만 간병인을 찾는 구인공고를 올릴 수는 있다. 우리는 미 대륙의 반대편에서 서로를 위해 많은 일들을 해낸다.

우리에게는 같은 처지의 두 사람만이 느낄 수 있는 공감대가 있다. 우리는 상대의 상태가 좋지 않은 날이 어떤지를, 의사에게 눈에 보이지 않는 증상을 설명하고 회의적인 반응을 대하는 것이 얼마나 화나는지를 안다. 그리고 이렇게 빠르게 움직이는 세상에서 꼼짝할 수 없다는 게 무엇인지도.

그럼에도 불구하고, 우리는 서로에 대해 모든 것을 알지는 못한다. 우리는 서로가 건강했을 때 어땠는지를 모른다. 지금의 나와 아프기 전 나 사이의 차이, 그동안 성숙하고 단단해진 변화 과정을 모른다. 그리고 가장 중요하게는, 서로 목소리로 대화해본 경험이 없다.

섀넌은 내 목소리를 한 번도 들어보지 못했다. 내가 텔레마케터에게 화를 내거나 오타를 낸 후 혼잣말을 하는 것을 들은 적이 없다. 내가 썰렁한 건배사를 하거나 진부한 농담을 하는 것도, 자신의 귀에 속삭이거나 재치 있게 대답하는 것도, 누군가에게 질문을 하거나 마음을 털어놓는 것도 들은 적이 없다.

그리고 앞으로도 결코 그런 것들을 듣지 못할지 모르지만, 괜찮다. 섀넌은 나를 판단하려 들지 않고, 할 말은 휴대전화에 쓰는 나를 있는 그대로 사랑해주는 사람이다.

이전에 만났던 어떤 여자친구도 섀넌만큼 사랑한 적이 없다. 나는 섀넌과의 동지애가 나에게 얼마나 큰 의미인지 말해주고 싶다. 몇 번 시도했지만 성공하지는 못했다.

그래도 계속 시도해야 한다고 생각했다. 어떻게든 문자로 쓰지 않고 내 감정을 전해야만 할 것 같았다. 문자 메시지는 적절하지 않고 손짓으로 표현하는 것도 한계가 있었다. 손을 하트 모양으로 만드는 건 너무 유치하지 않은가.

그래서 나는 목소리를 내려고 애써봤다. 놀랍게도, 몇 달 만에 처음으로 내 입에서 소리가 나왔다. 턱은 닫혀 있었지만 나는 꽉 문 이빨 틈으로 속삭였다. "사… 랑… 해…."

"뭐라고?" 섀넌이 놀라며 물었다.

나는 심호흡을 하고 내 목과 턱에 느껴지는 극심한 통증과 싸웠다. 눈에는 눈물이 고이기 시작했다. 나는 다시 온 힘을 쥐어짜서 속삭였다. "사⋯ 랑⋯ 해⋯."

"아, 자기야. 정말 미안해. 무슨 말인지 모르겠어."

나는 말을 할 수 없어서 느끼는 감정적인 고통과 말을 하려고 애쓰는 데 따르는 신체적인 고통 중 무엇이 더 심한지 잘 모르겠다. 살아남기 위해 병상에서 몇 달간 고군분투한 후 마침내 인생의 사랑을 찾았는데, 그 사람에게 사랑한다고 말할 수조차 없다니.

다행히도, 결국은 말하지 않아도 됐다. 마치 영화 〈러브 스토리〉의 감동적인 장면에서처럼 섀넌은 내 손을 잡고 부드럽게 키스하며 말했다. "아무 말도 안 해도 돼. 사랑해!"

몇 달이 지난 지금도 그 말은 여전히 유효하다. 우리에게 사랑은, 아무 말도 하지 않아도 된다는 뜻이다.

양말의 계보

스테이시
밀번

: 내가 물려받은
장애운동의 유산

내가 제일 좋아하는 부츠는 양말이다. 장애인의 크립한 양말. 이 양말은 갈색 가죽 재질이어서 신발처럼 보인다. 휠체어 사용자인 내가 밖에서 신고 있어도 사회적으로 무리가 없다. 나는 이 양말이 너무 좋아서 하나도 부끄러워하지 않고 매일 신다가, 2년 전 회사 화장실에서 미끄러지고 말았다. 실제 신발과 달리 이 양말에는 미끄럼이 방지되는 밑창이 없었기 때문이다. (아예 밑창이 없다.) 비장애인 동료가 화장실 바닥에 쓰러져 있는 내 상태를 확인해야 했다. 사고 신고를 하지는 않았지만, 어린 시절에 장애인으로서 겪은 굴욕이 완전히 되살아났다. 나는 신체적 부상을 입힐 수 있는 양말을 좋아한 자신에게 실망하고 분노해 그것을 치워버렸다.

내가 모든 의류에 대해 이렇게 강렬한 감정을 느끼는 것은 아니다. 이 부츠-양말은 특별하다. 나에겐 영웅과도 같은 두 명의 장애인 원로들, 이제는 돌아가셔서 조상이 된 해리엇 맥브라이드 존슨과 로라 허시가 신었던 것이기 때문이다.

작가이자 장애인권 변호사인 해리엇 맥브라이드 존슨은 사우스캐롤라이나에서 비장애중심주의자인 피터 싱어, 제리 루이스에 맞설 때 이 양말을 신었다. 해리엇의 자매가 직접 바느질해서 만들었다고 한다. 해리엇의 글은 나에게 너무나 큰 의미가 있었기 때문에, 나는 누군가의 이름을 짓는 영광스러운 순간이 올 것에 대비해 '해리엇'을 마음속에 간직해 두었다. 해리엇이 사망했을 때 이 양말은 콜로라도에 살던 친구 로라 허시에게 남겨졌다.

퀴어 장애인 시인이자 뛰어난 페미니스트 사상가인 로라도 근사한 사람이었다. 그의 시는 대다수의 사람들이 헤아리지 못하는 경험을 묘사하며, 어떤 삶의 배경을 지닌 독자의 마음도 움직이는 힘이 있다. 예전에도 그랬고 지금도 여전히 그렇다. 해리엇이 내가 가장 좋아하는 작가인 것처럼 로라도 내가 가장 좋아하는 시인이다. 로라가 세상을 떠났을 때, 나와는 잘 모르는 사이였던 그의 파트너 로빈이 내게 주소를 물었다. 그리고 2주 후 부츠 양말이 이곳 캘리포니아에 도착했다. 어쩌다 내가 행운의 주인공이 되었는지 모르겠지만 이 계보를 잇게 되어 영광이다. 양말을 신으니 힘이 솟고 기분이 좋았다. 그리고 그것이 내가 넘어졌을 때 그토록 실망한 이유이기도 하다. 마치 조상들이 나를 넘어뜨린 것 같았다. 그들이 더 잘 헤아리지 못해서 그런 일이 벌어진 것처럼 충격을 받았다. 물론 그들이 내 감정을 안다면 억울해하거나 납득하지 못하겠지만, 나는 그렇게 느꼈다.

나는 장애 역사의 계승crip ancestorship에 대해 자주 생각한다. 이는 장애인 원로를 향한 존경crip eldership과도 연관되어 있으면서도 또 다른 주제다. 많은 장애인들이 단명한다. 전반적으로는 의료 서비스의 부족, 적절하지 않은 주거 환경, 깨끗한 공기와 물에 대한 기본적인 요구의 불충족 등 '건강의 사회적 결정요인' 때문이다. 하지만 해리엇과 로라, 그리고 내가 공통적으로 겪은 신경근육 질환처럼, 짧은 수명 역시 단지 우리의 심신bodyminds의 진실 중 하나에 지나지 않는다. 나는 영성이나 사후 세계에 대해서는 잘 모르지만, 한국계이자 장애인이자 퀴어로 살아오면서 지상에서의 심신은 일부에 불과하며 조상을 고려하지 않으면서 우리 존재를 깊숙이 들여다볼 수는 없다고 믿게 되었다. 사람들은 종종 조상을 생물학적 관계로 떠올리지만 퀴어적이고 장애인적인 관점에서는 조상을 우리가 연결되고 기리기로 선택한 사람들이자 일상적으로 맺는 가장 깊은 관계의 대상으로 이해한다.

조상을 생각하는 마음은 마치 사랑의 감정처럼 인간이 만든 경계들, 예를 들면 핵가족 모델이나 지역을 인위적으로 가르는 국경을 넘어 확장된다. 나의 조상은 시설에서 창밖을 바라보며 더 나은 삶을 꿈꿨던 장애인들이다. 내가 '좋은 삶'을 떠올릴 때, 필요한 지원을 받는 일만큼이나 누군가에게 기여할 기회도 중요하다고 생각하게 된 것은 그들 덕분이다. 전쟁과 이주로 인해 사랑하는 것들을 잃은 사람들도 나의 조상이다. 그들의 경험 때문에 내가 어디에 있고 누구와 있고 무엇을 가졌는지와 상관없이 집이라고 부를 수 있는 공간을 갖는 것의 힘을 알게 되었다. 미국 남부에 살았던 퀴어들도 나의 조상이다. 그들로 인해 관계와 장소, 그리고 어떤 위험에도 불구하고 대범하게 살아가는 일의 중요함을 배웠다. 나의 조상들은 모두 열망했다. 열망은 종종 우리가 연결되는 지점이다.

나는 조상들이 우리와 함께 웃고, 울고, 상처받고, 분노하거나 축하하고 있다고 믿는다. 우리가 그들로부터 배웠던 것처럼, 그들도 우리와 함께 배운다고 믿는다. 우리는 그들과 함께 지식과 운동을 확장한다. 우리는 그들과 함께 장애인의 방식으로 크립하게 만드는 미래를 상상한다. We crip futurism. 우리는 그들과 함께 세상에 다른 관점을 요구하고, 변화를 이끌어나간다. 우리는 그들과 함께 스스로 성장한다. 그들은 우리를 통해 배운다. 우리가 조상이 되어서도, 우리는 계속 배울 것이다.

나는 그레이스 리 보그스 Grace Lee Boggs 〔미국의 작가, 사회운동가, 철학자, 페미니스트로 2015년에 100세로 사망할 때까지 평생을 차별 철폐 및 민권 운동에 헌신했다. 아시아계 미국인 운동사의 핵심 인물로 여겨진다.〕가 장애와 관련한 지금의 논의들을, 그것들이 인간의 의미와 경계를 재차 묻는다는 맥락에서 환영할 것이라고 추측한다. 그레이스의 친구인 활동가 피알카-펠드먼 남매가 지난주에 나에게 말했듯이, 사회 정의의 한 범주로 장애 정의를 추가해야 하는 이유는 그것이 단지 다양성이나 대표성 측면에서 또 하나의 요소라서가 아니라 장애 정의(그리고 장애 그 자체)에 삶의 질과 목적, 노동, 관계, 소속에 대해 우리가 생각하는 모든 것을 근본적으로 변혁할 잠재력이 있기 때문이다. 새로운 동지인 리아 다스굽타가 '대학 교정을 크립하게 만들기'를 주제로 한 이번 주 회의에서 단언했듯 "우리는 더 이상 '덧붙이고 뭉개는' 식의 정치는 하지 않을 것이다."

나는 제3의 물결 페미니즘을 주도한 급진적인 유색 인종 여성 사상가들이 우리를 지켜보고 있다고 생각한다. 우리가 자기 자신의 심신, 있는 그대로의 나를 인정해나가는 과정을 말이다. 트랜스 해방 운동은 젠더에 대해 말하는 방식을 바꾸고 있다. 그들은 과체중과 장애의 상호교차점을 두 커뮤니티 모두 가장 피하고 싶어 하는 방식으로 드러내는 실험을 하기도 한다. 모야 베일리^{Moya Bailey}〔흑인 페미니스트 학자로 미술사와 시각문화에서의 '흑인여성협오^{misogynoir}'를 처음으로 개념화했다. 그는 장애학이 사회적으로 기대되는 생산 속도에 모든 인간이 맞출 수 있지 않다는 점을 상기시키며 신체와 시간을 재고하는 역할을 해왔다고 강조한다. 그리고 소외되고 배제된 인간을 위한 윤리적 삶의 속도를 만드는 과제를 제시했다.〕가 말하는 "속도의 윤리"에 관해 우리가 던지는 질문이 조상들의 뇌를 간질이고 있을 것이다. 수많은 대화의 타래들이 있지만 결국 현대 정치란 원래 아끼는 사람들이 욕구를 충족하고, 기쁨을 경험하고, 사랑하고, 해야 할 일을 하면서 자유롭게 살기를 바라는 데에서 출발한 실용적인 행위라고 조상들은 말할 것이다. 우리 모두는 미래 세대와 우리 자신, 그리고 조상들을 위해 더 나은 세상이 되기를 원한다.

나는 얼마 전 세상을 떠난 캐리 앤 루카스^{Carrie Ann Lucas}〔장애인권 변호사이자 활동가로 2019년에 사망했다.〕도 곧 조상으로 여겨질 것이라고 생각한다. 그는 후대에 모든 일에 치열하게 맞서고 물러서지 않는 태도를 상기시킬 것이다. 이곳에서 그랬던 것처럼 자신이 있는 어디에서든 길을 개척할 것이다. 우리가 세상에 대해 생각하고 존재하는 방식을 계속해서 변혁할 것이다. 특히 자신을 내보이고, 열렬히 사랑하고, 의식^{ritual}을 기억하고, 받은 것의 곱절로 주고, 남들은 (어리석게도) 그렇게 하지 않을 때도 자기 자신과 서로를 믿고, 스스로 원하는 커뮤니티/외양/경험/일을 만들어내는 것의 중요성을 일깨울 것이다.

나는 부츠를 신는다. 타일 바닥을 디뎌야 하는 날만 빼고 최대한 자주 신는다. 나는 조상들과 함께 배우고 사랑한다.

크립 스페이스의
아름다움

s. e. 스
미 스

극장은 어둡고 충분히 따뜻해서, 나는 가져온 스웨터를 삐걱대는 나무 의자에 걸쳐두었다. 우리는 숨을 죽이고 무대인 경사로에 불이 켜지기를 기다리고 있었다. 앨리스 셰퍼드와 로렐 로슨이 공동으로 안무한 공연 〈하강 Descent〉이 시작될 참이었다. 공연 제작 과정 중 내가 가장 좋아하는 순간이다. 무슨 일이든 일어날 수 있을 것만 같은, 바로 *직전*의 순간. 그리고 여기, 우리 사이의 모든 장벽이 사라진 곳에서.

셰퍼드와 로슨이 등장했다.roll out〔굴리다라는 뜻이 있는 roll이라는 단어를 사용함으로써 휠체어를 탄 무용수들이 경사로에 휠체어를 굴려 등장한 장면을 전달하고 있다.〕그들의 신체와 휠체어가 직조해내는 복잡한 패턴을 마이클 매그의 조명이 감싸고, 음악이 울려 퍼지기 시작한다. 음성 해설사의 낮고 리드미컬한 목소리는 음악과 어울리고 퍼포먼스와 상호작용한다.

분위기는 묵직하고 신성하다.

장애인으로서 어떤 공간에 진정으로 속해 있거나 그 공간을 장악하고 있다고 느끼는 일은 매우 드물다. 기껏해야 용인되거나 포함되는 정도가 최선이었다. "이곳은 나를 위한 공간이야." 나는 조용히 혼잣말을 한다. 옆에 있는 친구도 같은 느낌인 것 같다. 이곳은 우리를 위한 공간이다.

나는 사로잡힌다. 관객의 풍경에 압도당한다. 경사지게 배치된 좌석 맨 앞쪽의 휠체어 사용자들과 무대 옆 선명한 검은 옷의 수어 통역사를 바라보며 목구멍에 뭔가가 치밀어 오르는 것을 느낀다. 좌석 등받이에는 지팡이들이 걸려 있고 안전등 불빛에 의족들이 빛나고 있다. 아랫줄에 앉은 한 맹인 여성은 작은 무대 모형을 든 채 음성 해설에 따라 손가락으로 무대를 따라가고 있다.

"내가 아는 모든 장애인 친구들이 여기 있었다면 좋았을 텐데." 나는 나중에 회상하며 말했다.

많은 사람들에게 그날의 공통 경험은 하나의 시금석이 되었다. 다들 예상치 못했던 강렬한 소속감과 이런 경험을 계속하고 싶다는 열망을 표현했다. 어떤 이들은 이 공연을 자신과 같은 사람들이 가득한 공간에 처음 들어간 순간으로 기억했다. 이전까지 장애인들이 함께 있었던 공간은 종종 병원과 집단 치료 프로그램 등 의료적 환경이었다. 우리의 고립은 의도적 결과다. 두 명 이상의 장애인이 한 공간에 있으면 폭동을 일으키거나 다른 사람들을 불편하게 만들지 모르므로.

바로 이런 곳이 장애인을 위한 공간임을 깨닫게 하는 *사회적* 환경은 매우 중요하며, 오래 지속되어야만 한다. 나에게 그런 인식의 순간이 언제였는지는 정확히 기억이 나지 않는다. 샌프란시스코에서 열린 홈 파티였거나 미술 전시회, 혹은 카페에서 친구들을 만났을 때였는지도 모른다. 이런 경험이 쌓여서 크립 스페이스의 감각을 만들어낸다. 자신의 존재를 설명하거나 정당화할 필요 없이 깊은 *당위성*과 공동체적 소속감을 느끼는 공간들. 그곳은 설령 떠들썩하고 활기한 분위기일지라도 우리에겐 진정한 휴식처이다.

크립 스페이스는 장애가 축복받고 포용되는 특별한 장

소이다. 전 세계의 많은 지역에서 (그 공간에 속한 사람들이 느끼기에도) 급진적이거나 터부시되는 공간들이다. 우리에게 우리 자신의 공간이 필요하며, 또 우리가 이런 공간들을 번창시키려 한다는 생각은 골칫거리로 여겨진다. 그건 우리의 정체성에 대한 사회적 인식이 부정적이기 때문이다. 우리는 이런 질문을 받는다. 왜 당신들은 다른 장애인들과 함께 자신을 세상에서 분리하려고 하나요? 새롭게 장애인이 된 사람들에게 크립 스페이스는 기대와 다른 경험이고, 위협적이거나 무서워보일 수도 있다. 이제 막 엄청난 삶의 변화를 겪기 시작했지만, 아직 장애에 대한 자긍심을 느낄 준비는 되어 있지 않기 때문이다. 이들에게는 좀 더 친절하고 점잖은 진입로가 필요하다.

명백히 소외된 사람들만을 위한 공간을 만드는 일은 늘 논란거리였다. 이런 공간의 옹호자들은 커뮤니티 내부의 상호작용을 촉진시키고, 복잡한 이슈들에 대해 충분히 대화할 수 있는 안전한 환경이 꼭 필요하다고 주장한다. 특히 커뮤니티로부터 배제된 경험이 있는 사람들이 권한을 가질 수 있는 가능성이 커진다고 말이다.

물론 이것이 비장애인 관객은 〈하강〉 공연에서 환영받지 못한다는 뜻은 아니다. 하지만 이 공간은 비장애인의 요구에 맞추거나 그들의 편의를 고려해 설계되지 않았기 때문에 좀 어색할 수 있다. 그들의 이해와 기대의 경계를 넘어서는 경험일 것이다.

공연이 끝난 후 질의응답 시간이었다. 무용수들이 휠체

어를 밀며 앞으로 나왔고 수어 통역사가 뒤따라왔다.

"질문이나 코멘트가 있나요?" 누군가가 질문을 하면 동시에 통역사의 손도 빠르게 움직인다. 관객들 모두 질문에 집중하느라 잠시 멈춘다. 장애인들은 아직 공연의 여운에 잠겨 있다. 우리는 너무 좋아서 약간 아찔할 정도다. 평소 꽁꽁 숨겨둔 마음 깊은 곳을 우리의 공통된 언어로 조용하고도 아름답게 드러낸 작품이다. 비장애인들은 망설이고 긴장해 있다. 우리 모두가 목격자로 초대된 이 진행 중인 작품에 대해 뭐라고 말해야 할지 확신하지 못한 채로.

"저는… 경사로가 좋았어요." 비장애인 관객 중 한 명이 주저하면서 무대를 가리킨다.

우리의 공간에 초대된 것이 그에게는 분명히 불편한 경험이었을 것이다. 접근성에 따라 나뉜 세계의 이편에, 지금까지 누린 접근성 없이 서 보는 것 그리고 장애인들이 날개를 펼치고 날아오르는 장면을 보는 것 말이다. 그는 휠체어가 신체의 강력한 연장extension이 되어, 두 발로 걷는 사람들에게는 불가능한 일을 무용수가 해내는 광경을 목격했다.

권력자들은 다른 사람들이 닫힌 문 뒤에서 자신에 대해 이야기하는 것을 두려워한다. 문을 밀고 들어오려고 집요하게 주장한다. 이런 공간이 분열을 초래하며, 이런 공간을 조직하는 사람들은 연대하지 않는다고 폄훼한다. 이 세계에서 자신들에게 개방되지 않은 몇 안 되는 공간을 발견했을 때 그들이 터뜨리는 분노가 외려 이런 공간들의 필요성을 정확히 강조한다.

바로 그것이야말로 이런 공간이 필요한 이유다. 우리 자신의 영역을 주장하는 것이 적대적인 행위로 취급되기 때문에, 우리에게는 우리의 영역이 있어야 한다. 크립 스페이스에서 만들어지는 장애인 커뮤니티의 감각이 필요하다. 그러나 모든 영역이 그렇듯 여기에도 연약한 지점과 함정이 있고 풍경이 늘 균일하지는 않으며 심지어 위험할 때도 있다. 우리가 서로를 위해 개척해낸 이 세계의 구석 자리에 누군가는 소속감을 갖지만, 모두가 환영받는다고 느끼지는 않는다. 이것이 크립 스페이스의 역설일 수 있다. 우리는 각자 다른 삶의 경험을 했다는 점을 고려하지 못한 채 우리 자신을 포용하려는 열정으로 다른 사람을 소외시키기도 한다. 어떻게 하면 모두가 포용의 감각을 공유하고 어렵지만 의미 있는 대화를 나누는 공간을 일굴 수 있을까.

크립 스페이스는 생태적으로 훼손되기 쉬운 자연환경과 비슷하다. 계절의 변화와 시간의 흐름에 따른 변화에는 열려있되, 그 안에 있는 깨어지기 쉬운 것들을 보존해야만 한다. 공간을 보호하려면 때때로 희생과 어려운 과제, 불편한 질문들을 견뎌내야 한다. 그럴 가치가 있다. 누구에게나 크립 스페이스가 제공하는 피난과 포용을 누릴 자격이, '집'처럼 여겨지는 곳에서 내 편을 만들고 뿌리를 내릴 자격이 있기 때문이다.

공연과 질의응답이 모두 끝나고 로비에서 음료와 간식을 먹은 후 애석하게도 우리는 12월의 차가운 밤 속으로 다시 뿔뿔이 흩어져야 했다. 극장 바깥은 변화 중인 구도심 지역이었고 스트립쇼 바와 힙스터 바가 나란히 있었다. 여기 저기 새똥이 떨어져 있고 휠체어 바퀴와 지팡이에 달라붙는 끈적끈적한 것들로 얼룩진 거리를 가로질러 우리는 크립 스페이스 너머 세계로 돌아가야 했다. 다시 장벽이 나타나기 시작했다.

길 건너편에서 한 아이가 우리, 휠체어 무리에 손가락질을 하며 소리쳤다. "엄마, 저것 봐요!" 한 휠체어 사용자가 활동지원사 없이, 용감하게도 혼자서, 자기 차 뒷자리에 휠체어를 밀어 넣은 후 운전해서 사라지는 광경을 어른 두 명이 놀란 눈으로 바라봤다. 거리에는 값비싼 독일제 엔진의 조용한 윙윙 소리만 맴돌았다.

모퉁이를 돌아 도착한 지하철역의 엘리베이터는, 늘 그렇듯, 고장 나 있었다.

투쟁을 멈출 수 없다. 장애인의 삶은 멈출 수 있는 것이 아니기 때문이다

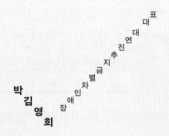

박김영희 장애인차별금지추진연대 대표

:⟨아직도 야생의 꿈, 세상의 끝에서 장애 정의를 꿈꾸다⟩에 부쳐

자유롭게 돌아다니고 / 눈치 보지 않고

시설에서 나와 / 사람들과 함께 살아가는 것

이것이 이동권이고 / 살아갈 권리입니다.

— 피플퍼스트의 '시민 호소문' 중

이것은 지난 8월 아침 국회의사당역 장애인권리예산 농성장
에서 발달장애인 당사자 단체 피플퍼스트 활동가들이 부른
노래 가사 중 일부다. 이 농성이 시작된 지 어느덧 3년이 넘
었다. 매일 아침 여덟 시 전국장애인차별철폐연대(이하 '전장
연') 연대 단체들과 장애인·인권문제에 동의하는 시민들이
모여서 선전전을 한 후 지하철을 타고 출근하는 캠페인을
하고 있다.

 "장애인도 지하철을 타고 출근하고 싶다."는 요구를 하
며 휠체어 장애인 몇 명이 지하철을 타는 행동을 하면서 장
애인 이동권이 이슈가 되기 시작했다. 처음에는 시민들에게
불편을 준다는 이유로 온갖 혐오와 비난을 받아야 했다. 여
당의 유명 정치인은 장애인과 시민을 갈라치기했다. 장애인
을 시민이 아닌 사회적 폭력 집단으로 매도하며 장애인에 대
한 혐오를 더욱 조장했다. 하지만 장애인과 함께 살지 않았
던 사회가 이상했음을 인식하는 사람들이 생겼고, 이는 큰
성과였다. 우리는 이렇게 20년 넘도록 투쟁해왔다. 그동안
누구도 관심을 보이지 않더니 출퇴근 일상에 들어가서 시민
들의 연대를 바라는 호소를 하니 드디어 우리를 보기 시작
했다. 전장연은 벌금 부과와 연행 등 온갖 탄압을 받으면서

도 계속 아침 여덟 시 국회의사당역에서 지하철을 타고 오후 여섯 시 혜화역 버스 정류장에서 버스를 타며 선전전을 하고 있다.

나는 운동을 하기 전에는 장애여성을 '만년 소녀'로 이미지화하는 주변 시선에 의해 천사 같은 장애여성으로 살았지만, 장애여성 운동과 장애운동을 하면서 장애인에 대한 뿌리 깊은 차별을 알게 됐다. 장애인의 목소리는 언제나 허공에 흩어졌다. 비장애 중심, 정상성 중심의 벽을 부수어내려면 나부터 투쟁을 해야 했다. 나의 권리를 주장하기 위해서는 권리가 제도로 보장되어 있어야 하는데 그조차 안 되어 있었다. 법이 필요 없는 사람은 이 사회에 존재하지 않는 사람, 이 사회가 인정하지 않는 사람이다. 나는 법 밖에 있는 사람이었다. 권리를 제도화하는 일부터 해내야 했다.

나의 이동권을 보장받기 위해 교통약자이동보장법률 제정 투쟁을 했다. 그런데 법을 제정하기 위해서는 불법을 하지 않을 수 없었다. 우리가 지하철과 버스를 타려고 하면 경찰이 비장애인 시민을 불편하게 한다며 못 타게 막았다. 왜 우리만 막느냐고 항의를 하면 공무방해죄가 되었고, 불법집회로 집시법 위반이 되면서 나는 '불법자'가 되었다. 이후 장애인활동지원법을 제정하기 위해 또 장애인차별금지법을 제정하기 위해 또 여러 장애인 관련법을 제정하기 위해 나는 계속해서 불법자가 되어 경찰 유치장에 들어가고 판사 앞에서 재판을 받았다.

장애인이 20년 넘도록 이렇게 투쟁했기 때문에 지금 지하철에 엘리베이터가 설치되었고 도로에 저상버스도 다닌다. 우리는 하루도 멈춤 없이 투쟁해왔다. 우리는 세상의 끝에서 장애인 차별의 거대한 벽에 금을 내고 결국 하나씩 깨부수어내며 쉼 없는 투쟁을 한다. 투쟁이 바로 우리 자신이 되었다.

장애인권 활동가 엘리스 웡이 기획해 미국 장애인법[ADA] 30주년에 나온 《급진적으로 존재하기》를 읽었다. 여러 장애와 직업과 정체성을 가진 장애인 당사자들의 에세이 모음집이다. 영웅적이거나 대단한 활동을 중심으로 쓰인 에세이들이 아님에도 나는 오히려 장애인의 삶은 어디에서나 매 순간이 끊임없는 투쟁이라는 생각이 들었다. 어떤 직업과 정체성을 갖고 어떤 활동을 하고 있다 해도 장애가 있다는 것은 순간순간 촉수를 세우고 바짝 긴장하고 두리번거려야 할 것만 같은 상태….

한국에서는 올해가 장애인차별금지법 제정 15주년이다. 장애인은 여전히 일상적으로 차별을 경험하고 있으며 늘 당황스럽고 긴장의 연속이다. 장애가 있다는 이유만으로 태어나자마자 죽임을 당하고, 시설에서 몇십 년을 살아야 하고, 교육 현장에서 또 노동 현장에서 거부당하거나 쫓겨나야만 한다. 이런 상황에서 장애인차별금지법은 우리가 가진 연약한 무기다. 우리는 장애인차별금지법으로 고발하고 진정하고 소송하면서 오늘도 투쟁하고 있다.

우리는 투쟁을 멈출 수 없다. 장애인의 삶은 멈춰지는 것이 아니기 때문이다.

우리는 더 이상 조용하거나 침묵하지 않는다. 조용히 있지 않고 움직일 것이며, 침묵이 아닌 불화를 만들 것이다. 차별에 저항하며 존재해갈 것이다.

《급진적으로 존재하기》에서 미국 장애인과 여기 한국 장애인의 삶이 연결되는 질기고 강한 끈을 발견할 수 있을 것이다.

내 삶의 방식,
장애를 더 사랑하게
되었다

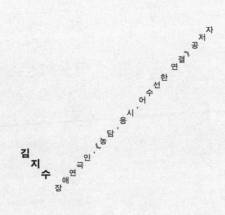

김지수 장애연극인 '농담' 응시, '어수선한 연결' 저자

나에게 장애는 세상을 바꾸는 조건이자 나의 '라이프 스타일'이다.

《급진적으로 존재하기》에는 찬란한 라이프 스타일의 주인공들이 가득하다. 일상다반사로 맞닥뜨리는 비장애중심주의에 대한 호탕한 반격과 너무나 맞는 말이어서 웃음이 쿡 터져 나오는 소수자 중심적 생각과 상상이 가득하다. 장애배우의 연기로 무대화하고 싶은 일상으로 꽉 차 있다.

비장애인들의 나은 삶을 위해 장애인의 생명과 삶을 무가치한 것으로 폄훼하는 사람들을 비난하거나 거부하지 않고, 오히려 그들과 만나고 서로를 겪을 수 있는 기회를 주는 해리엇 맥브라이드 존슨의 〈말로 다 할 수 없는 대화〉를 몇 번이나 다시 읽었다. 그리고 〈당신이 듣지 못한 임신중지 금지 법안〉을 이어 읽으며 비장애중심적 사회와 법제도 안 장애인 당사자들은 끝없이 모습을 드러내고 말하는 '급진적으로 존재하기'를 멈출 수 없음을 실감했다.

〈급진적으로 존재하기: 장애인-퀴어의 패션 개혁 운동 선언〉을 읽으면서는 장애배우가 리버스 가먼츠 의상을 입은 무대를 만들겠다고 다짐했고, 〈내 소설을 친구 매디에게 바치는 이유〉가 말하는 장애문학을 넘어서는 장애예술의 의미 확장에 공감하며 뿌듯했다.

이 책을 읽으며 소수자에게 각박한 세계를 사랑하고, 장애인에게 우호적이지 않은 사회를 사랑하고, 존재하는 그대로 인정하도록 돕는 '라이프 스타일'을 선사해준 나의 장애를 더 사랑하게 되었다.

◆ **A. H. 리움** A. H. Reaume 은
페미니스트 활동가이자 작가로,
2017년 머리 부상으로 인해
인생이 바뀌었다. 그 이후로 글을
쓰는 일이 고통스러워졌지만,
자기 자신과 다른 장애인의
목소리를 내기 위해 계속해서
글을 쓰고 있다. 칼럼니스트이며
2019년에 첫 책《미완성: 소설
Unfinished: A Novel》을 완성했다.

—

트위터 @a_h_reaume

공식 홈페이지 ahreaume.com

◆ **앨리스 셰퍼드** Alice Sheppard 는
장애가 있는 몸과 춤추는 몸에
대한 관습적인 이해에 도전하는
움직임을 창조해낸다.
장애예술, 문화, 역사에 관심을
갖고 있으며 장애, 젠더, 인종의
상호교차성에 주목한다.
앨리스는 장애, 무용, 디자인,
정체성, 기술의 교차 영역에서
협업하는 '키네틱 라이트 Kinetic
Light'의 창립자이자 예술
디렉터다. 학술 저널과《뉴욕

타임스》 등에 글을 게재한
이력이 있다.

◆ **에어리얼 헨리** Ariel Henley 는
북부 캘리포니아에 거주하는
작가다. 아름다움, 평등,
인간관계, 트라우마를 주제로
《뉴욕 타임스》, 《워싱턴
포스트》, 《애틀란틱》 등에
글을 실었다. 그는 장애를
둘러싼 낙인을 없애고 주류
문화가 신체적 차이를 가진
사람들을 포용하도록 하기
위해 자신의 이야기를 공유한다.
회고록 《피카소를 위한 얼굴
A Face for Picasso》을 출간했다.

◆ **브리트니 윌슨** Britney Wilson 은
뉴욕 브루클린 출신의 민권
변호사이자 작가다.
하워드대에서 학사 학위를,
펜실베이니아대 로스쿨에서
법학박사 학위를 받았다.
그의 삶은 《더 네이션 The Nation》,
HBO의 〈브레이브 뉴 보이스

Brave New Voices〉, 라디오·팟캐스트인
〈디스 아메리칸 라이프 This American
Life〉 등에 소개되었다.

◆ **다이애나 세하스** Diana Cejas 는
노스캐롤라이나 더럼의 소아
신경과 전문의다.
미국의학협회지 등 의학 관련
매체에 에세이를 게재했으며,
다양한 매체에 논픽션과
단편 소설을 발표했다. 현재
의사이자 환자로서의 삶을
담은 에세이집을 쓰고 있다.

—

트위터 @DianaCejasMD

◆ **엘런 새뮤얼스** Ellen Samuels 는
위스콘신대 매디슨 캠퍼스의
부교수이자 《정체성이라는 환상:
장애, 젠더, 인종 Fantasies of
Identification: Disability, Gender, Race》의
저자다. 다양한 포럼에서

장애와 만성질환에 관한 비판적이고 창의적인 글을 발표하고 있으며, 새 책 《아픈 시간: 장애, 만성, 미래 Sick Time: Disability, Chronicity, Futurity》를 쓰고 있다.

◆ **엘사 주네슨** Elsa Sjunneson은 휴고상 및 오로라상 수상작을 편집한 이력이 있으며, 빈티지 드레스를 입은 혜성 같은 시청각장애인이다. 《언캐니 매거진 Uncanny Magazine》과 《파이어사이드 매거진 Fireside Magazine》의 편집 작업을 했다. CNN, 《보스턴 글로브》 등에 기고했다. 이외에도 작가들에게 장애를 존중하는 글쓰기를 교육하는 활동을 한다. 안내견과 함께 전 세계를 여행하며 건강한 회의주의자다.

◆ **유진 그랜트** Eugene Grant는 저신장 장애 커뮤니티에서 활동하는 작가이자 활동가다.

◆ **헤이벤 거마** Haben Girma는 하버드대 로스쿨을 졸업한 최초의 시청각장애인이며, 장애인에게 동등한 기회를 마련하는 일에 앞장서고 있다. 미국 오바마 대통령은 그를 백악관 '변화를 이끈 챔피언'으로 선정했다. 헬렌 켈러 공로상을 수상했으며 《포브스》의 '30세 이하 리더 30인' 목록에 이름을 올렸다. 헤이벤은 장애가 혁신의 기회라고 믿으며 전 세계에서 포용의 가치에 대해 강의하고 있다. 2019년에는 첫 책 《헤이벤: 하버드 로스쿨을 정복한 시청각장애여성 Haben: The Deafblind Woman Who Conquered Harvard Law》을 출간했다.

◆ **해리엇 맥브라이드 존슨** Harriet McBryde Johnson은 사우스캐롤라이나 찰스턴에서 평생 살았던 장애인권 활동가이자 변호사, 작가다. 《뉴욕 타임스》에 기고했고, 회고록 《요절하기에는 이미

늦었다 Too Late to Die Young》와 청소년 소설 《자연의 사고 Accidents of Nature》를 출간했다. 이들 작업을 통해 장애인의 삶과 가치에 대한 고정 관념에 도전하면서, 독자들이 자신을 바라보기보다 자신의 눈으로 보도록 했다.

◆ **해리엇 터브먼 콜렉티브** Harriet Tubman Collective 는 급진적인 포용과 공동의 해방을 지향하는 흑인 농인 및 장애인 활동가, 커뮤니티 조직가, 몽상가들의 연대체다.

◆ **제이미슨 힐** Jamison Hill 은 소노마 주립대를 졸업했으며 《뉴욕 타임스》, 《워싱턴 포스트》, 《맨즈 저널》, 《로스엔젤레스 타임스》, 《복스 Vox》, 《바이스 Vice》 등의 매체에 에세이를 기고했다. 치명적인 다발성 질환인 근육통성 뇌척수염에 관한

다큐멘터리 〈잊힌 병 Forgotten Plague〉과 미스터리한 질병에 관한 넷플릭스 시리즈에 출연했다.

◆ **젠 디어인워터** Jen Deerinwater 는 오클라호마 체로키 네이션의 시민이며 양성애자, 두 영혼 Two-Spirits 과 중복 장애가 있는 저널리스트, 교차적 관점으로 지역사회가 직면한 문제를 다루는 조직가다. 《트루스아웃 Truthout》에 기고하며 '크러싱 콜로니얼리즘 Crushing Colonialism'의 창립자, '프리덤웨이즈 리포팅 프로젝트 Freedomways Reporting Project'의 펠로우이기도 하다. 《두 영혼은 여기에 속한다 Two-Spirits Belong Here》와 《성스럽고 파괴적인 Sacred and Subversive》에 글을 실었다. 수많은 매체에서 그의 작품에 대한 인터뷰를 진행했으며, 《애드보케이트 The Advocate》가 2019년 프라이드 챔피언으로 선정했다.

◆ **제레미 우디** Jeremy Woody 는 네브래스카 오마하에서

태어났으며, 두 살 때 자신이 청각장애인임을 알게 된 후 미국 수어를 배웠다. 아이오와 농아학교를 8학년까지 다녔고, 이후 조지아로 이주했다. 10살 때부터 7년 이상 전국 BMX 레이스에 출전했으며, 미국 내 유일한 청각장애인 선수였다.

◆ **제시카 슬라이스** Jessica Slice 는 노스캐롤라이나 더럼에서 남편 데이비드, 아들 칼릴, 졸린 개 배트맨과 함께 살고 있다. 데이비슨대를 졸업했고 컬럼비아대에서 사회복지학 석사 학위를 받았다. 장애인을 위한 양질의 정신 건강 관리와 고등 교육 접근성을 확대하는 활동을 한다. 후천적 장애, 고통, 인종이 다른 아이 입양, 모성애 등을 주제로 회고록을 쓰고 있다.

◆ **질리언 와이즈** Jillian Weise 는 시인, 퍼포먼스 예술가, 장애인권 활동가다. 《절단장애인을 위한 섹스 가이드 The Amputee's Guide to Sex》, 《이별의 책 The Book of Goodbyes》, 《사이보그 탐정 Cyborg Detective》 등 세 권의 시집, 찰스 다윈과 피터 싱어가 주인공으로 등장하는 소설 《식민지 The Colony》를 냈다. 와이즈는 존재론적 경험 없이 사이보그 이론을 만드는 비장애인을 지칭하기 위해 '트라이보그 tryborg'라는 단어를 발명했다. 소셜 미디어에서는 팁시 툴리반 Tipsy Tullivan 이라는 이름으로 활동한다. 《퍼블릭 스페이스 A Public Space》, 《그란타 Granta》, 《생명윤리의 서사 연구 Narrative Inquiry in Bioethics》, 《뉴욕 타임스》 등에 글을 게재했다.

◆ **준 에릭 - 우도리** June Eric-Udorie 는 스무 살의 영국 작가이자 페미니스트 활동가다. 전 세계 여성 할례와 강제 결혼에 맞서 싸우는 이니셔티브인 '유스 포 체인지 Youth for Change'의 공동 창립자이며 교실, 사우스뱅크 센터의 세계 여성 축제, 유엔 등을 무대로 여성 인권 활동을

한다. 《가디언》, 《인디펜던트》,
《ESPN 더 매거진》, 《퓨전》 등에
기고했으며, 2017년에는
영국판 《엘르》가 '올해의 여성
활동가'로 선정했다. 현재
듀크대에 재학 중이며, 멜린다
게이트 재단 장학금을 받고
있다.

◆ **캐럴린 게릭** Karolyn Gehrig은
퀴어 장애인 예술가이자 작가,
퍼포먼스 예술가다.
로스앤젤레스에 거주한다.

◆ **키아 브라운** Keah Brown은
《글래머》, 영국판 《마리끌레르》,
《바자》, 《틴 보그》 등에
기고하는 저널리스트이자
작가다. 2019년에 출간한 첫
에세이집 《예쁜이》에는
뇌성마비가 있는 젊은 흑인
여성의 경험을 담았다.

—

공식 홈페이지
keahbrown.com

◆ **케시아 스콧** Keshia Scott은
시러큐스대에서 장애학과 교육
문화 기초 석사 과정을 밟고
있다. 억압의 여러 경로를 밝히고
억압의 다양한 양식이 어떻게
상호 작용하는지 연구하는 데
초점을 맞춘다. 특히 성차별,
인종차별, 비장애중심주의 등의
상호교차성에 관심을 두고 있다.
교차적 페미니스트이며 모든
종류의 파스타와 빵, 구술 문화를
매우 좋아한다.

◆ **라티프 맥클라우드** Lateef McLeod는
작가이자 연구자다. 캘리포니아대
버클리 캠퍼스에서 영어학을
전공했고, 밀스 칼리지에서
문예창작 석사 학위를 받았다.
2010년에는 장애가 있는 흑인
남성인 자신의 삶을 기록한 첫
시집 《사랑의 몸의 선언 Declaration
of a Body of Love》을 출간했다. 현재
소설 《제3의 눈이 울고 있다
The Third Eye Is Crying》(가제)와 시집
《크립 사랑의 속삭임, 크립

혁명의 외침 Whispers of Krip Love, Shouts of Krip Revolution》을 쓰고 있다. '블랙디스에이블드멘토크닷컴 blackdisabledmentalk.com'에서 팟캐스트를 진행한다.

—

공식 홈페이지
lateefhmcleod.com

◆ **레아 락시미 피에프즈나-사마라시냐** Leah Lakshmi Piepzna-Samarasinha는 버르거 / 태밀 스리랑카계이자 아일랜드 / 로마계의 퀴어 장애인 논바이너리 여성 작가이자 장애 정의 활동가다. 람다상 수상자로《혀 파괴자 Tonguebreaker》,《꽃의 다리 Bridge of Flowers》,《돌봄 노동: 장애 정의를 꿈꾸다 Care Work: Dreaming Disability Justice》,《더러운 강 Dirty River》,《사랑 케이크 Love Cake》,《합의된 제노사이드 Consensual Genocide》를 썼으며《생존을 넘어: 변혁적 정의 운동의 전략과 이야기 Beyond Survival: Strategies and Stories from the Transformative Justice Movement》,《혁명은 가정에서 시작된다

The Revolution Starts at Home》의 공동 편집자다. 2009년부터는 장애 정의 퍼포먼스 콜렉티브인 '신스 인밸리드 Sins Invalid'의 리드 예술가로 활동하고 있다. 백인 엄마를 둔 스리랑카인, 마흔이 넘은 여성, 풀뿌리 지식인, 죽이기 힘든 생존자이기도 하다.

◆ **리즈 무어** Liz Moore는 만성질환이 있는 신경다양성·장애인권 활동가이자 작가다. 워싱턴 D.C. 대도시 지역의 도난당한 피스개터웨이 코노이 부족의 땅에서 생활하고 있다. 에이다 로웰 Ada Lowell이라는 필명으로 장애 중심 로맨스도 쓴다.

—

공식 홈페이지
liminalnest.wordpress.com

◆ **마리 람사왁** Mari Ramsawakh은 장애인이자 논바이너리 작가이자 워크숍 퍼실리테이터, 팟캐스트 제작자다.《엑스트라 매거진 Xtra

Magazine》,《뉘앙스 Nuance》등
매체에 기고했으며《하트 하우스
리뷰 Hart House Review》와《토론토
2033 Toronto 2033》에 픽션을
실었다. 팟캐스트〈식 새드 월드
Sick Sad World〉의 공동 진행자이자
프로듀서다. 장애, 퀴어성,
성 건강, 예술과 관련된
워크숍을 진행하고 있으며,
'20 : 20 : 학생을 위한, 학생에
의한 서밋', '플레이그라운드
컨퍼런스', '메이크 체인지
컨퍼런스'에서 강연을 했다.
모든 형태의 미디어에서 인종,
성소수자, 장애인의 재현을
넓히는 데 중점을 두고 작업한다.

◆ **메이순 자이드** Maysoon Zayid 는
배우, 코미디언, 작가, 장애
옹호자다. 뉴욕 아랍계 미국인
코미디 페스티벌의 공동
창립자 / 총괄 프로듀서이며
국내외에서 투어를 진행했다.
CNN의 해설자로도 활동한다.
《또 다른 꿈을 찾아라 Find Another
Dream》를 썼고 드라마〈제너럴
호스피털〉에 출연하고 있다.
그의 강연 '나에게는 99가지

문제가 있는데… 마비는 그중
하나에 불과하다 I got 99 problems...
palsy is just one'는 2014년 테드 TED
강연 중 가장 많은 조회수를
기록했다.

◆ **패티 번** Patty Berne 은 유색 인종,
퀴어, 성소수자인 장애
예술가들을 중심으로 장애
정의에 기반한 퍼포먼스
프로젝트인 '신스 인밸리드 Sins
Invalid'의 공동 창립자이자 총괄
예술 감독이다. 번은 국가 폭력
및 대인 관계 생존자의 트라우마
치유에 초점을 맞춘 임상
심리학을 공부했다. 폭력
생존자의 정신건강을 위한
지원 및 재생산 유전학
테크놀로지 분야에서 LGBTQI와
장애인의 관점에 전문성이 있다.
번은 퀴어이고 장애가 있는
아이티계 일본인 여성으로서의
삶의 경험을 바탕으로 소외된
목소리들의 해방구를 만들고자
한다.

◆ **레베카 코클리**Rebecca Cokley는 미국진보센터의 장애 정의 이니셔티브 디렉터이다. 이전에는 전미장애위원회에서 4년간 일했다. 2009년부터 2013년까지 오바마 정부의 교육부, 보건복지부, 백악관에서 근무했다. 레베카는 교육 리더십 연구소에서 경력을 시작했으며 시민 단체인 '커먼 커즈Common Cause', 지역사회 사법 개혁 연합, 시민자유연맹ACLU의 이사로 활동 중이다. CNN, 넷플릭스 시리즈 〈익스플레인: 세계를 해설하다〉, 존 올리버가 진행하는 〈라스트 위크 투나잇〉 등에 출연했다. 캘리포니아대 산타크루즈 캠퍼스에서 정치학을 전공했다.

◆ **레이마 맥코이 맥데이드**Reyma McCoy McDeid는 아이오와주 중부 자립생활센터(디모인 시민인권위원회로부터 2018년 올해의 조직상을 수상한 기관)의 전무 이사로, 전국 자립생활위원회와 '자폐인의 자기결정 네트워크'의 재무를 담당한다. 그녀는 2019년 AT&T의 '휴머니티 오브 커넥션Humanity of Connection' 상을 수상했으며, 2018년 출마 당시 노동가족당, 아시아계 및 라틴계 연합, '진보적 변화를 바라는 아이오와 여성들'의 지지를 받았다. 《바이스VICE》, 《타임》, 《디모인 레지스터the Des Moines Register》, 《가제트The Gazette》, 《프로그레시브 보이스 오브 아이오와Progressive Voices of Iowa》 등에 소개되었다. 싱글맘이며 노동 계급, 유색 인종, 장애인, 종교적 소수자 등 소외된 사람들이 정치 과정에 참여하도록 독려하는 것을 소명으로 삼고 있다.

◆ **리카도 T. 손턴 시니어**Ricardo T. Thornton Sr.는 컬럼비아 특별구 내 장애인 시설인 포레스트 헤이븐의 전 거주자다. 그는 성인 장애인 지원 연합인 '프로젝트 액션!Project ACTION!'의 공동 대표이며, 스페셜 올림픽의 홍보대사이자 지적장애인을 위한

대통령 위원회에서 활동한
경력이 있다. 마틴 루터 킹 주니어
기념 도서관에서 40년 이상
근무했다. 포레스트 헤이븐에
거주했던 도나와 결혼했으며,
미국 최초로 결혼한 발달장애인
부부 중 한 쌍이 되었다. 아들
한 명과 손자 세 명이 있다. 영화
〈지극히 정상 Profoundly Normal〉에
출연했다.

S

◆ **샌디 호** Sandy Ho 는 장애 커뮤니티
조직가이자 활동가, 장애 정책
연구자다. 2년에 한 번씩 소외된
장애인의 경험과 지식을
중심으로 열리는 전국 콘퍼런스
'장애와 상호교차성 서밋 Disability &
Intersectionality Summit'을 창립했다.
앨리스 윙, 미아 밍거스와
공동으로 캠페인 '접근은
사랑이다 Access Is Love'를 진행한다.
장애 정의, 인종 정의,
상호교차성, 장애 연구 등이 주
관심사다. 장애가 있는 아시아계
미국인 퀴어 여성의 관점으로

온라인 매체 《비치 Bitch》에 글을
싣고 있다.

◆ **s.e. 스미스** s.e.smith 는
북부 캘리포니아에 거주하는
저널리스트이자 작가로
《에스콰이어》, 《롤링 스톤》,
《인 디스 타임스》, 《비치》,
《더 네이션》, 《가디언》 등에
기고하고 있다. 그는 일부의
해방은 누구의 정의도 아니라고
믿으며 도발적인 대화와 신진
작가 양성에 초점을 맞춘다.

◆ **쇼샤나 케소크** Shoshana Kessock 는
'피닉스 아웃로 프로덕션'의
CEO이자 몰입형 예술 설치팀인
'미야오 울프'의 서사 책임자다.
롤플레잉 보드게임 제작자로
수십 개의 보드게임 작업에
참여했으며, 게임 '말해지지 않은
위험 Dangers Untold',
'서비스 SERVICE'의 저자다.
전 세계의 여러 몰입형 이벤트의
크리에이터를 맡았다. 게임
외에도 소설, 만화, 시나리오를
쓴다. 뉴욕 브루클린 출신으로
현재 뉴멕시코주 산타페에서

열아홉 살 고양이 릴로와 함께 산다.

—

트위터 @ShoshanaKessock

◆ **스카이 쿠바컵**Sky Cubacub은 일리노이 시카고 출신의 논바이너리 퀴어 장애인이자 필리핀계 예술가다. 다양한 사이즈, 인종, 연령의 퀴어 장애인에 초점을 맞춤으로써 주류적 미의 기준에 도전하는 의류 브랜드 '리버스 가먼츠 Rebirth Garments'를 운영한다. 잡지《래디컬 비저빌리티 진 Radical Visibility Zine》의 편집자이기도 하다. 퀴어 장애인의 삶의 필요와 기쁨에 관심을 두고 다양한 분야의 예술가로 활동한다.《시카고 트리뷴》이 2018 올해의 시카고인으로 선정했다.

◆ **스테이시 밀번**Stacey Milbern은 캘리포니아 오클랜드의 초케뇨 올론 부족 영토에 기반을 둔 장애 정의 커뮤니티 조직자이자 작가다. 그녀는 한국계와 백인 부모로부터 태어났으며, 비규범적 신체를 가진 퀴어 장애인으로서의 삶의 경험을 바탕으로 글을 썼다. 그는 모두의 해방을 위해 서로, 그리고 지구와 연립해야 한다고 믿었다.

◆ **테일릴라 A. 루이스**Talila A. Lewis는 변호사, 교육자, 조직가로 인종차별, 계급주의, 비장애중심주의, 구조적 불평등 간 불가분의 연관성을 사람들에게 이해시키는 작업을 한다. 루이스는 미국 내 유일한 시각/청각장애인 수감자 데이터베이스를 구축했으며, 교차적 장애 폐지 조직인 '허드 HEARD'의 디렉터로서 장애인에 대한 부당한 유죄 판결을 바로잡고 예방하기 위해 노력하고 있다. 해리엇 터브먼 콜렉티브를 공동 창설했으며 로체스터 공과대와 노스이스턴대 로스쿨에서 강의했다. 잡지

《퍼시픽 스탠다드 Pacific Standard》가 선정한 '30세 미만 사상가 30인'에 포함되었으며 2015년 백악관의 '변화를 이끈 챔피언' 상을 비롯해 다수의 수상 이력이 있다.

함께 거주한다. 글을 쓰거나 테이크아웃 주문을 하며 하루를 보낸다. 책을 한두 권 내고 이탈리아 시골로 은퇴하기 전까지 가능한 한 여행을 많이 할 계획이다.

◆ **완다 디아즈 메르세드** Wanda Diaz-Merced는 천문학 데이터를 탐구하는 과정에서 음향이 중요한 특징을 감지하는 연구자의 민감도를 높인다는 사실을 입증한 천문학자다. 현재 콜로라도 볼더대에 재직 중이다.

◆ **지포라 에이리얼** Zipporah Arielle은 메인주 작은 마을 출신의 작가다. 주로 장애, 퀴어, 유대인 관련 이슈를 중심으로 사회 정의에 관한 글을 쓴다. 현재 테네시 내슈빌에 안내견과

논픽션

Andrews, A. *A Quick & Easy Guide to Sex & Disability*. Portland: Limerence Press, 2020.

Bascom, Julia. *Loud Hands: Autistic People, Speaking*. Washington, D.C.: Autistic Self Advocacy Network, 2012.

Berne, Patty, and Sins Invalid. *Skin, Tooth, and Bone: The Basis of Movement Is Our People, A Disability Justice Primer*. Second edition. Sins Invalid, October 2019. https://www.sinsinvalid.org/disability-justice-primer.

Brown, Keah. *The Pretty One: On Life, Pop Culture, Disability, and Other Reasons to Fall in Love with Me*. New York: Atria Books, 2019.

Clare, Eli. *Brilliant Imperfection: Grappling with Cure*. Durham: Duke University Press Books, 2017.

Findlay, Carly. *Say Hello*. Sydney: HarperCollins Australia, 2019.

Fries, Kenny. *In the Province of the Gods*. Madison: University of Wisconsin Press, 2017.

G, Nina. *Stutterer Interrupted: The Comedian Who Almost Didn't Happen*. Berkeley: She Writes Press, 2019.

Galloway, Terry. *Mean Little deaf Queer: A Memoir*. Boston: Beacon Press, 2010.

Girma, Haben. *Haben: The Deafblind Woman Who Conquered Harvard Law*.

급진적으로
존재하기

New York: Twelve, 2019.

Heumann, Judith, and Kristen Joiner. *Being Heumann: An Unrepentant Memoir of a Disability Rights Activist*. Boston: Beacon Press, 2020. 주디스 휴먼, 크리스틴 조이너, 《나는 휴먼: 장애 운동가 주디스 휴먼 자서전》, 김채원, 문영민 옮김 (파주: 사계절, 2022).

Huber, Sonya. *Pain Woman Takes Your Keys, and Other Essays from a Nervous System*. Lincoln: University of Nebraska Press, 2017.

Ikpi, Bassey. *I'm Telling the Truth, but I'm Lying*. New York: Harper Collins, 2019.

Johnson, Harriet McBryde. *Too Late to Die Young: Nearly True Tales from a Life*. New York: Picador, 2006.

Kafer, Alison. *Feminist, Queer, Crip*. Bloomington: Indiana University Press, 2013. 앨리슨 케이퍼, 《페미니스트, 퀴어, 불구: 불구의 미래를 향한 새로운 정치학과 상상력》, 이명훈 옮김, (파주: 오월의봄, 2023).

Khakpour, Porochista. *Sick: A Memoir*. New York: Harper Perennial, 2018.

Kurchak, Sarah. *I Overcame My Autism and All I Got Was This Lousy Anxiety Disorder*. Vancouver: Douglas & McIntyre, 2020.

LaSpina, Nadina. *Such a Pretty Girl: A Story of Struggle, Empowerment, and Disability Pride*. New York: New Village Press, 2019.

Leduc, Amanda. *Disfigured: On Fairy Tales, Disability, and Making Space*. Toronto: Coach House Books, 2020.

Longmore, Paul. *Why I Burned My Book and Other Essays on Disability*. Philadelphia, PA: Temple University Press, 2003.

Mairs, Nancy. *Waist-High in the World: A Life Among the Nondisabled*. Boston, MA: Beacon Press, 1997.

Montgomery, Sarah Fawn. *Quite Mad: An American Pharma Memoir*. Columbus: Ohio State University Press, 2018.

Moore Jr., Leroy F. *Black Disabled Art History 101*. San Francisco: Xochitl Justice Press, 2017.

Ortiz, Naomi. *Sustaining Spirit: Self-Care for Social Justice*. Berkeley: Reclamation Press, 2018.

OToole, Corbett Joan. *Fading Scars: My Queer Disability History*, 2nd ed. Berkeley: Reclamation Press, 2019.

Palmer, Dorothy Ellen. *Falling for Myself*. Hamilton: Wolsak & Wynn Publishers Ltd., 2019.

Piepzna-Samarasinha, Leah Lakshmi. *Care Work: Dreaming Disability Justice*. Vancouver: Arsenal Pulp Press, 2018.

Pottle, Adam. *Voice: On Writing with Deafness*. Regina: University of Regina Press, 2019.

Rousso, Harilyn. *Don't Call Me*

Inspirational: A Disabled Feminist Talks Back. Philadelphia: Temple University Press, 2013.

Ryan, Frances. Crippled: Austerity and the Demonization of Disabled People. New York: Verso Books, 2019.

Sherer Jacobson, Denise. The Question of David: A Mother's Journey Through Adoption, Family and Life. CreateSpace Independent Publishing Platform, 1999.

Vargas, Dior. The Color of My Mind: Mental Health Narratives from People of Color. Self-published, 2018. http://diorvargas.com/color-of-my-mind.

Virdi, Jaipreet. Hearing Happiness: Deafness Cures in History. Chicago: University of Chicago Press, 2020.

Wang, Esmé Weijun. The Collected Schizophrenias: Essays. Minneapolis: Graywolf Press, 2019. 에즈메이 웨이쥰 왕, 《조율하는 나날들: 조현병에 맞서 마음의 현을 맞추는 어느 소설가의 기록》, 이유진 옮김 (서울: 북트리거, 2023).

Alshammari, Shahd. Notes on the Flesh. Rabat, Malta: Faraxa Publishing, 2017.

Bardugo, Leigh. Six of Crows. New York, NY: Henry Holt & Co., 2015.

Finger, Anne. A Woman, in Bed. El Paso: Cinco Puntos Press, 2018.

Franklin, Tee, Jenn St-Onge, Joy San, and Genevive FT. Bingo Love Volume 1. Portland: Image Comics, 2018.

Griffith, Nicola. So Lucky: A Novel. New York: Farrar, Straus and Giroux, 2018.

Nijkamp, Marieke. Before I Let Go. Naperville: Sourcebooks Fire, 2018.

——, and Manuel Preitano. The Oracle Code. Burbank: DC Comics, 2020.

Nussbaum, Susan. Good Kings Bad Kings: A Novel. New York: Algonquin Books, 2013.

Shang, Melissa and Eva Shang. Mia Lee is Wheeling Through Middle School. San Francisco, CA: Woodgate Publishing, 2016.

픽션

Al-Mohamed, Day. The Labyrinth's Archivist: A Broken Cities Novella. Charlotte: Falstaff Books, 2019.

앤솔러지

Brown, Lydia X.Z., E. Ashkenazy, and Morénike Giwa Onaiwu. All the Weight of Our Dreams: On Living Racialized Autism. Lincoln: DragonBee Press, 2017.

Catapano, Peter, and Rosemarie Garland-Thompson, eds. *About Us: Essays from the Disability Series of the New York Times*. New York: Liveright, 2019. 피터 카타파노, 로즈마리 갈런드-톰슨, 《우리에 관하여: 장애를 가지고 산다는 것》, 공마리아, 김준수, 이미란 옮김, (파주: 해리북스, 2021).

Cipriani, Belo Miguel, ed. *Firsts: Coming of Age Stories by People with Disabilities*. Minneapolis: Oleb Books, 2018.

Clark, John Lee, ed. *Deaf Lit Extravaganza*. Minneapolis: Handtype Press, 2013.

Findlay, Carly, ed. *Growing Up Disabled in Australia*. Melbourne: Black Inc. Books, 2020.

Gordon, Cait, and Talia C. Johnson. *Nothing Without Us*. Gatineau: Renaissance Press, 2019.

Jensen, Kelly, ed. *(Don't) Call Me Crazy. 33 Voices Start the Conversation about Mental Health*. Chapel Hill: Algonquin Young Readers, 2018.

Luczak, Raymond, ed. *QDA: A Queer Disability Anthology*. Minneapolis: Squares & Rebels, 2015.

Nijkamp, Marieke, ed. *Unbroken: 13 Stories Starring Disabled Teens*. New York: Farrar, Straus and Giroux, 2018.

smith, sb., ed. *Disabled Voices Anthology*. Nanoose Bay: Rebel Mountain Press, 2020.

Wong, Alice. *Resistance and Hope: Essays by Disabled People*. Disability Visibility Project, 2018. https://www.smashwords.com/books/view/899911.

문학

Alland, Sandra. "My Arrival at Crip: Poetic Histories of Disability, Neurodivergence, and Illness in Tkaronto/Taranto/Toronto, 1995–2007." *Hamilton Arts & Letters* 12 (2019-20). https://samizdatpress.typepad.com/hal_magazine_issue_twelve/my-arrival-at-crip-by-sandra-alland-1.html.

——, Khairani Barokka, and Daniel Sluman, eds. *Stairs and Whispers: D/deaf and Disabled Poets Write Back*. Rugby, Warwickshire: Nine Arches Press, 2017.

Barrett, Kay Ulanday. *More Than Organs*. Little Rock, AR: Sibling Rivalry Press, 2020.

——, *When the Chant Comes*. New York: Topside Heliotrope, 2016.

Day, Meg, and Niki Herd, eds. *Laura Hershey: On the Life and Work of an American Master*. Warrensburg, MO: Pleiades Press, 2019.

Erlichman, Shira. *Odes to Lithium*. Farmington, ME: Alice James

Books, 2019.
Johnson, Cyrée Jarelle. *Slingshot*.
    New York: Nightboat Books,
    2019.
Kaminsky, Ilya. *Deaf Republic*.
    Minneapolis: Graywolf Press,
    2019.
Piepzna-Samarasinha, Leah
    Lakshmi. *Tonguebreaker*.
    Vancouver: Arsenal Pulp
    Press, 2019.
Weise, Jillian. *Cyborg Detective*.
    Rochester: BOA Editions Ltd.,
    2019.

온라인 매체 및 웹사이트

Deaf Poets Society https://www.
    deafpoetssociety.com
Disability column by *The New York
    Times* https://www.nytimes.
    com/column/disability
Disability Acts: Disability Essays,
    Screeds, and Manifestos by
    Disabled People for All People
    https://medium.com/
    disability-acts
Disability Visibility Project https://
    disabilityvisibilityproject.com
Everybody: An Artifact
    History of Disability in
    America, National Museum of
    American History https://
    everybody.si.edu
"In Sickness," Bitch Media, 2018
    https://www.bitchmedia.org/
    topic/sickness
Patient No More: People with
    Disabilities Securing Civil
    Rights, Paul K. Longmore
    Institute on Disability https://
    longmoreinstitute.sfsu.edu/
    patient-no-more
Reclamation Press https://www.
    reclapress.com
Rooted in Rights https://
    rootedinrights.org
Skin Stories, Medium.com https://
    medium.com/skin-stories
*Uncanny Magazine 30: Disabled
    People Destroy Fantasy!*,
    September/ October 2019
    https://uncannymagazine.
    com/issues/uncanny-mag
    azine-issue-thirty
*Uncanny Magazine 24: Disabled
    People Destroy Science
    Fiction!*, September/October
    2018 https://
    uncannymagazine.com/
    issues/uncanny-magazine-
    issue-twenty-four
*Wordgathering: A Journal of
    Disability Poetry and
    Literature* http:// www.
    wordgathering.com

팟캐스트, 라디오 프로그램, 오디오북

Contra* https://www.mapping-
    access.com/podcast
Disability Visibility https://
    disabilityvisibilityproject.
    com/podcast-2
Pigeonhole http://whoamitostopit.
    com/podcast-2 Power Not
    Pity http://www.

급진적으로
존재하기

powernotpity.com Reid My
Mind http://reidmymind.com

The Accessible Stall https://www.
theaccessiblestall.com

Tips and Tricks on How to Be Sick
http://sicktipsandtricks.com

"We've Got This: Parenting with a
Disability," *Life Matters*,
Australian Broadcasting
Corporation, 2018 https://
www.abc.net.au/radio
national/programs/
lifematters/features/
weve-got-this-parenting-
with-a-disability

Zayid, Maysoon. *Find Another
Dream*. Audible, 2019 https://
www.audible.com/pd/
Find-Another-Dream-
Audiobook/B07YVLM9NZ

급진적으로 존재하기

장애,
상호
교차성,

삶과
정의에
관한

최전선의
이야기
들

초판 1쇄	2023년 9월 25일
초판 2쇄	2023년 11월 17일

지은이 앨리스 셰퍼드,
엘런 새뮤얼스,
해리엇 맥브라이드 존슨,
질리언 와이즈,
레아 락시미 피에프즈나–
사마라시냐 등

엮은이 앨리스 웡
옮긴이 박우진
감수 김도현
디자인 봄밤
제작 세걸음

펴낸곳 가망서사
등록 2021년 1월 12일
(제2021-000008호)
주소 서울시 은평구 통일로78가길
33-10 401호
메일 gamangeditor@gmail.com
인스타그램 @gamang_narrative

ISBN 979-11-979719-3-8
(03330)